Preface

어렵다고 하는 IT!
신 개념의 IT 교재인 Nwe My Love 시리즈는 독자 여러분에게 보다 쉽고도 친근하게 다가갈 수 있도록 정성을 다했습니다.

실습 위주의 따라하기 구성
기본 기능 및 실무에서 꼭 필요한 예제 중심으로 실습 체계를 구성하여 누구나 쉽게 따라하면서 경험을 쌓을 수 있도록 하였습니다.

베테랑 교사들의 알찬 노하우 수록
일선에서 강의하면서 학생들의 집중적인 질문을 받았던 핵심 사항들을 'Tip', 'Note', '알아두기' 코너를 만들어 담아놓아 학습 능률을 배가시켰습니다.

시원하고 미려한 디자인
학습 능률을 UP시킬 수 있도록 시원한 디자인과 글꼴 크기를 키웠습니다.

한달 단위로 마스터하도록 구성
전체 20단원으로 나누어 한달 단위 교육 커리큘럼에 맞추어 학습을 진행할 수 있도록 하였습니다.

스스로 해보는 풍부한 문제 수록
각 단원이 끝날 때마다 난이도 별로 기초 문제와 심화 문제로 분류한 문제를 수록하여 학습 이해도 및 응용 능력을 키울 수 있도록 하였습니다.

홈페이지에서 자료 다운로드
본 교재에 사용된 각종 예제 및 결과 파일들은 교학사 홈페이지(www.kyohak.co.kr)-[IT/기술/수험서]-[도서자료]-[뉴마이러브]에서 다운받아 실습에 사용할 수 있습니다.

Preview

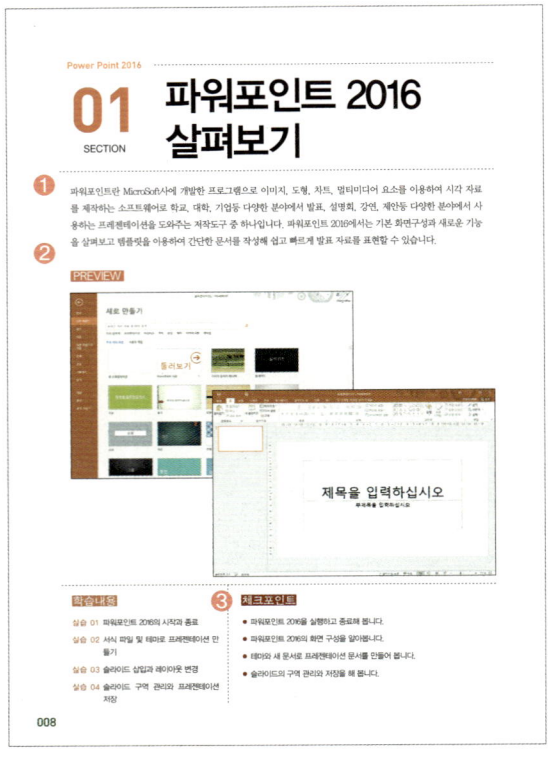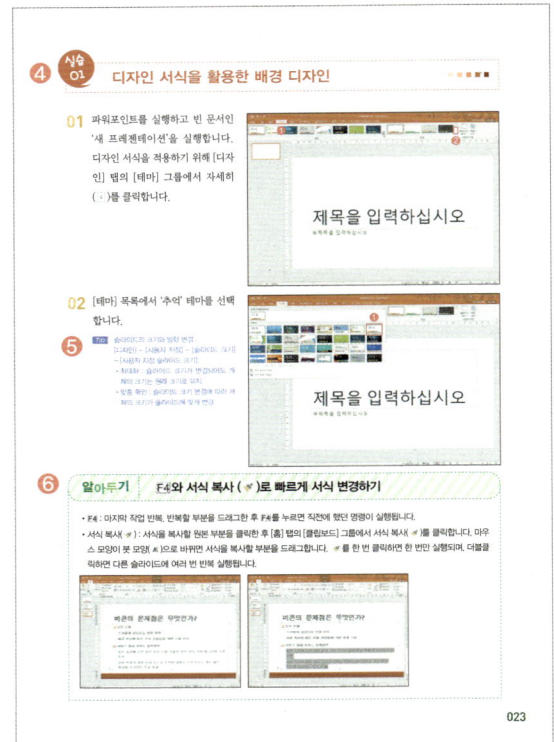

❶ **섹션 설명** : 섹션에서 다룰 내용에 대한 전체적인 개념을 설명합니다. 본문에 대한 이해도를 높이기 위한 코너이므로 꼭 읽어주세요.

❷ **완성파일 미리보기** : 섹션에서 만들어볼 결과를 '핵심 기능'과 함께 미리 보여주어 전체적인 흐름을 잡을 수 있습니다.

❸ **체크포인트** : 섹션에서 배울 내용 중에 엑기스만을 모아 한눈에 들어올 수 있도록 간단 명료하게 정돈해 놓았습니다.

❹ **실습** : 하나의 섹션에는 하나 이상의 따라하기식 실습 과제가 나타납니다. 실제로 만들어가는 과정을 하나하나 따라해가다 보면 쉽게 기능을 이해할 수 있을 것입니다.

샘플 예제

New My Love 시리즈의 예제 파일 및 결과 파일은 교학사 홈페이지(www.kyohak.co.kr)에서 다운 받으실 수 있습니다.

➡ [IT/기술/수험서]에 마우스 커서를 올려놓은 후 [도서자료] 클릭합니다.

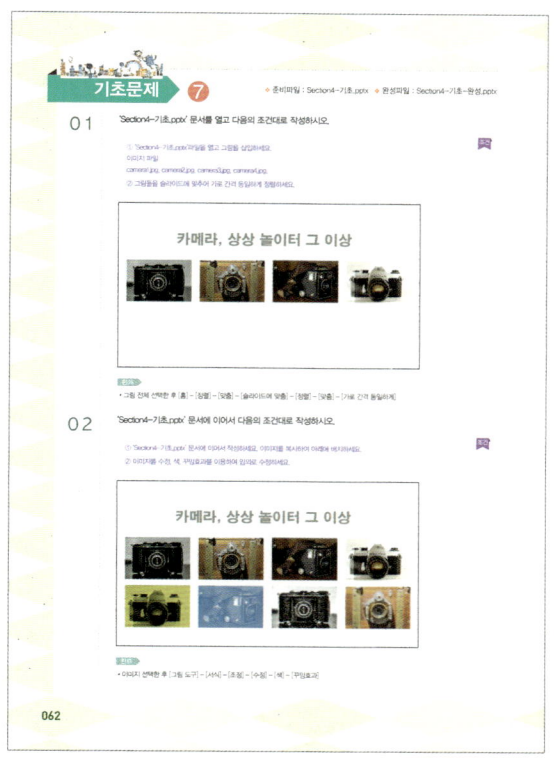
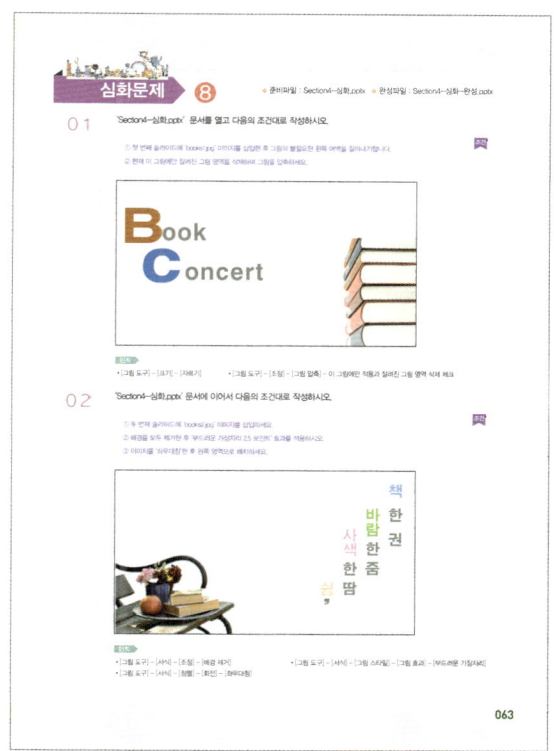

❺ **Tip** : 실습을 따라하면서 꼭 기억해 두어야할 핵심 사항이나 주의해야 할 부분, 즉 학생들의 집중적인 질문을 받았던 내용들을 수록하여 이해도를 높이도록 해줍니다.

❻ **알아두기** : 실습에서 다루지는 않았지만 알아두면 큰 도움이 될 내용이나 좀더 고급적인 기능들을 담았습니다.

❼ **기초문제** : 하나의 섹션을 끝낸 후 스스로 풀어볼 수 있는 문제를 담아 배운 기능을 복습할 수 있도록 하였습니다.

❽ **심화문제** : 기초문제가 끝난 후 좀더 난이도가 높은 문제를 풀면서 응용 능력을 키우도록 하였습니다.

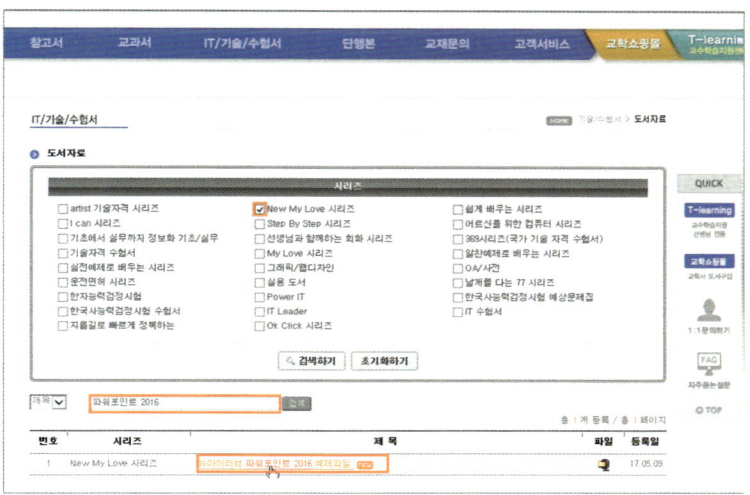

→ New My Love 시리즈에 체크표시 합니다.

→ 검색란에 파워포인트 2016을 입력합니다.

→ 해당 도서명의 게시물을 클릭하여 첨부파일을 다운 받습니다.

→ 다운 받은 후 압축 프로그램을 이용하여 압축을 풀어 사용합니다.

Contents

01 SECTION · 파워포인트 2016 살펴보기 — 008
- 실습 01 | 파워포인트 2016의 시작과 종료 — 009
- 실습 02 | 서식 파일 및 테마로 프레젠테이션 만들기 — 012
- 실습 03 | 슬라이드 삽입과 레이아웃 변경 — 015
- 실습 04 | 슬라이드 구역 관리와 프레젠테이션 저장 — 017
- 기초문제 | 심화문제

02 SECTION · 디자인 서식으로 만드는 텍스트 슬라이드 — 022
- 실습 01 | 디자인 서식을 활용한 배경 디자인 — 023
- 실습 02 | 텍스트 입력과 편집 — 025
- 실습 03 | 글머리 기호 입력 — 028
- 실습 04 | 줄 간격과 단락 조절 — 031
- 기초문제 | 심화문제

03 SECTION · 프레젠테이션 저장과 웹 앱 저장 — 036
- 실습 01 | 이전 버전과의 호환 문서 저장하기 — 037
- 실습 02 | PDF 문서로 저장하기 — 040
- 실습 03 | 이미지 프레젠테이션 저장과 그림 파일로 저장하기 — 042
- 실습 04 | ONE 드라이브에 저장하기 — 044
- 기초문제 | 심화문제

04 SECTION · 설득력을 높이는 이미지 슬라이드 — 050
- 실습 01 | 그림 삽입과 다양한 효과 — 051
- 실습 02 | 그림 자르기와 그림 바꾸기 — 054
- 실습 03 | 투명 그림과 불필요한 배경 지우기 — 058
- 기초문제 | 심화문제

05 SECTION · 메시지 전달을 높이는 도해 슬라이드1 — 064
- 실습 01 | 기본 도형 그리기와 도형 편집 — 065
- 실습 02 | 도형 스타일과 도형 정렬 — 068
- 실습 03 | 도형 모양 변형과 도형 채우기 — 072
- 기초문제 | 심화문제

SECTION 06 | 메시지 전달을 높이는 도해 슬라이드2 — 078
- 실습 01 | 도형의 투명도 활용하기 — 079
- 실습 02 | 도형의 그라데이션 활용하기 — 081
- 실습 03 | 도형과 도형의 결합 활용 — 084
- 기초문제 | 심화문제

SECTION 07 | WordArt로 꾸미는 텍스트 — 090
- 실습 01 | 일반 텍스트의 WordArt — 091
- 실습 02 | WordArt 삽입과 스타일 — 093
- 실습 03 | WordArt 변형 활용하기 — 095
- 기초문제 | 심화문제

SECTION 08 | 직관적인 전달력 SmartArt — 100
- 실습 01 | 일반 텍스트의 SmartArt 변환 — 101
- 실습 02 | 직관력 전달력 SmartArt 그래픽 — 104
- 실습 03 | 제한적인 SmartArt 활용 — 106
- 기초문제 | 심화문제

SECTION 09 | 내용의 요약 정리표 — 110
- 실습 01 | 표 삽입과 표 스타일 — 111
- 실습 02 | 표 레이아웃 편집 — 113
- 실습 03 | 내용을 강조하는 셀 서식 — 115
- 기초문제 | 심화문제

SECTION 10 | 수치를 표현하는 차트 — 120
- 실습 01 | 차트 삽입과 차트 스타일 — 121
- 실습 02 | 콤보 차트 변경과 차트 요소 — 123
- 실습 03 | 꺾은 선 차트의 활용 — 126
- 기초문제 | 심화문제

Contents

11 SECTION
임팩트 있는 전달력 동영상 — 130
- 실습 01 | 동영상 삽입과 동영상 스타일 — 131
- 실습 02 | 동영상 옵션 동영상 트리밍 — 133
- 실습 03 | 온라인 동영상 삽입 — 135
- 기초문제 | 심화문제

12 SECTION
감성을 전하는 오디오 — 138
- 실습 01 | 오디오 삽입과 오디오 스타일 — 139
- 실습 02 | 지정 범위 슬라이드 오디오 삽입과 오디오 트리밍 — 141
- 기초문제 | 심화문제

13 SECTION
핵심 포인트를 강조하는 애니메이션 — 144
- 실습 01 | 나타내기와 타이밍 옵션 — 145
- 실습 02 | 강조와 애니메이션 효과 옵션 지정 — 148
- 실습 03 | 이동경로 애니메이션과 시작 옵션 — 149
- 기초문제 | 심화문제

14 SECTION
이동과 연결을 위한 하이퍼링크 — 154
- 실습 01 | 텍스트를 이용한 슬라이드 이동과 편집 — 155
- 실습 02 | 실행을 이용한 슬라이드 이동 — 157
- 실습 03 | 그림을 이용한 웹 사이트 연결 — 159
- 기초문제 | 심화문제

15 SECTION
영화처럼 화면 전환 효과 설정하기 — 164
- 실습 01 | 화면 전환 효과 설정하기 — 165
- 실습 02 | 자동 실행 타이밍 설정 — 167
- 기초문제 | 심화문제

SECTION 16 당당한 발표를 위한 슬라이드 쇼 — 170

- 실습 01 | 슬라이드 쇼와 슬라이드 재구성 — 171
- 실습 02 | 슬라이드 숨기기와 슬라이드 쇼 설정 — 174
- 기초문제 | 심화문제

SECTION 17 자동 실행 슬라이드쇼와 리허설 — 178

- 실습 01 | 슬라이드 예행 연습과 자동 실행 저장 — 179
- 실습 02 | 슬라이드 발표자 도구 — 181
- 기초문제 | 심화문제

SECTION 18 제작 시간을 단축시키는 슬라이드 마스터 — 184

- 실습 01 | 동이한 양식 절정과 로그 넣기 — 185
- 실습 02 | 제목 슬라이드와 개별 슬라이드 디자인 — 188
- 실습 03 | 내 맘대로 꾸미는 사용자 지정 마스터 — 191
- 실습 04 | 서식 파일 저장과 불러오기 — 194
- 기초문제 | 심화문제

SECTION 19 슬라이드 노트와 유인물 마스터 — 198

- 실습 01 | 슬라이드 노트 작성과 마스터 — 199
- 실습 02 | 슬라이드 유인물 마스터 — 202
- 기초문제 | 심화문제

SECTION 20 프레젠테이션의 제작과 인쇄 — 206

- 실습 01 | 슬라이드 비디오 만들기와 CD패키지 저장 — 207
- 실습 02 | 슬라이드의 다양한 인쇄 — 210
- 실습 03 | 용지 여백을 최소화하여 인쇄하기 — 212
- 기초문제 | 심화문제

Power Point 2016

01 SECTION
파워포인트 2016 살펴보기

파워포인트란 MicroSoft사에 개발한 프로그램으로 이미지, 도형, 차트, 멀티미디어 요소를 이용하여 시각 자료를 제작하는 소프트웨어로 학교, 대학, 기업등 다양한 분야에서 발표, 설명회, 강연, 제안등 다양한 분야에서 사용하는 프레젠테이션을 도와주는 저작도구 중 하나입니다. 파워포인트 2016에서는 기본 화면구성과 새로운 기능을 살펴보고 템플릿을 이용하여 간단한 문서를 작성해 쉽고 빠르게 발표 자료를 표현할 수 있습니다.

PREVIEW

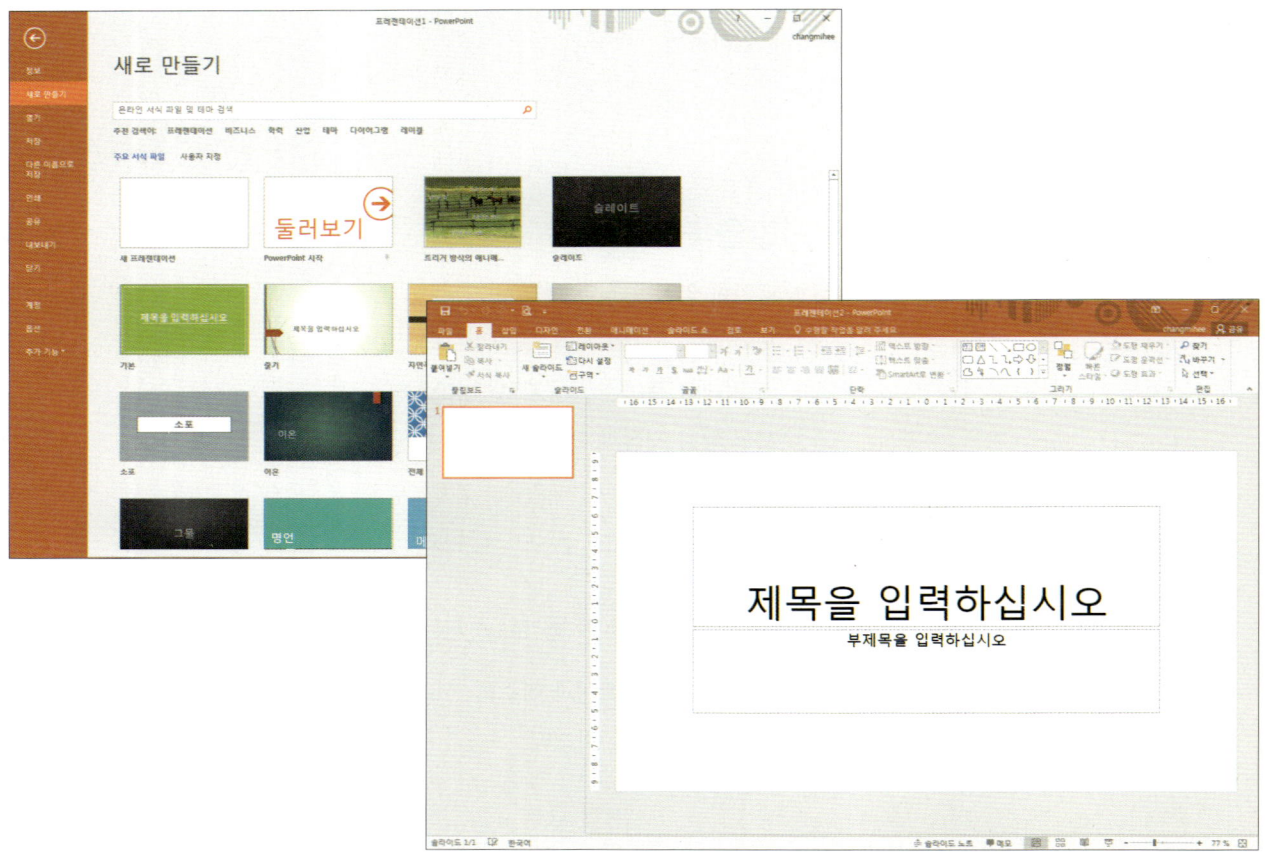

학습내용

- 실습 01 파워포인트 2016의 시작과 종료
- 실습 02 서식 파일 및 테마로 프레젠테이션 만들기
- 실습 03 슬라이드 삽입과 레이아웃 변경
- 실습 04 슬라이드 구역 관리와 프레젠테이션 저장

체크포인트

- 파워포인트 2016을 실행하고 종료해 봅니다.
- 파워포인트 2016의 화면 구성을 알아봅니다.
- 테마와 새 문서로 프레젠테이션 문서를 만들어 봅니다.
- 슬라이드의 구역 관리와 저장을 해 봅니다.

 ## 파워포인트 2016의 시작과 종료

01 파워포인트 2016을 실행하면 최근 항목과 서식 파일을 선택할 수 있는 시작 화면이 표시되면 [새 프레젠테이션]을 클릭합니다.

02 파워포인트 작업을 할 수 있는 새 슬라이드가 열립니다. 새 슬라이드를 추가하기 위해 [홈] 탭의 [슬라이드] 그룹에서 [새 슬라이드] - [제목 및 내용]을 클릭하면 슬라이드가 추가됩니다.

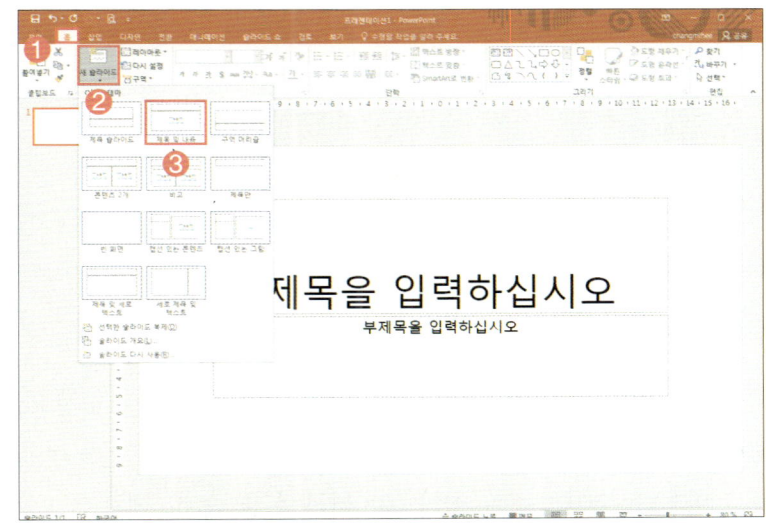

03 파워포인트 2016을 종료하려면 파워포인트 창의 오른쪽 상단의 닫기(❌)를 클릭합니다.

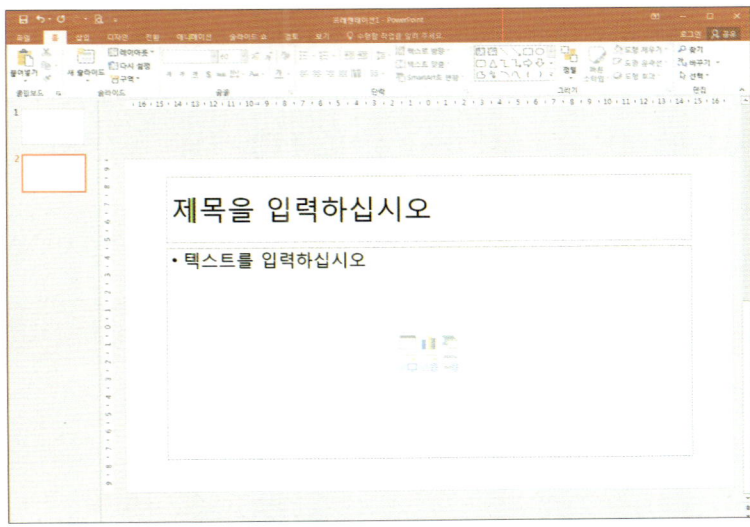

파워포인트 화면 구성 살펴보기

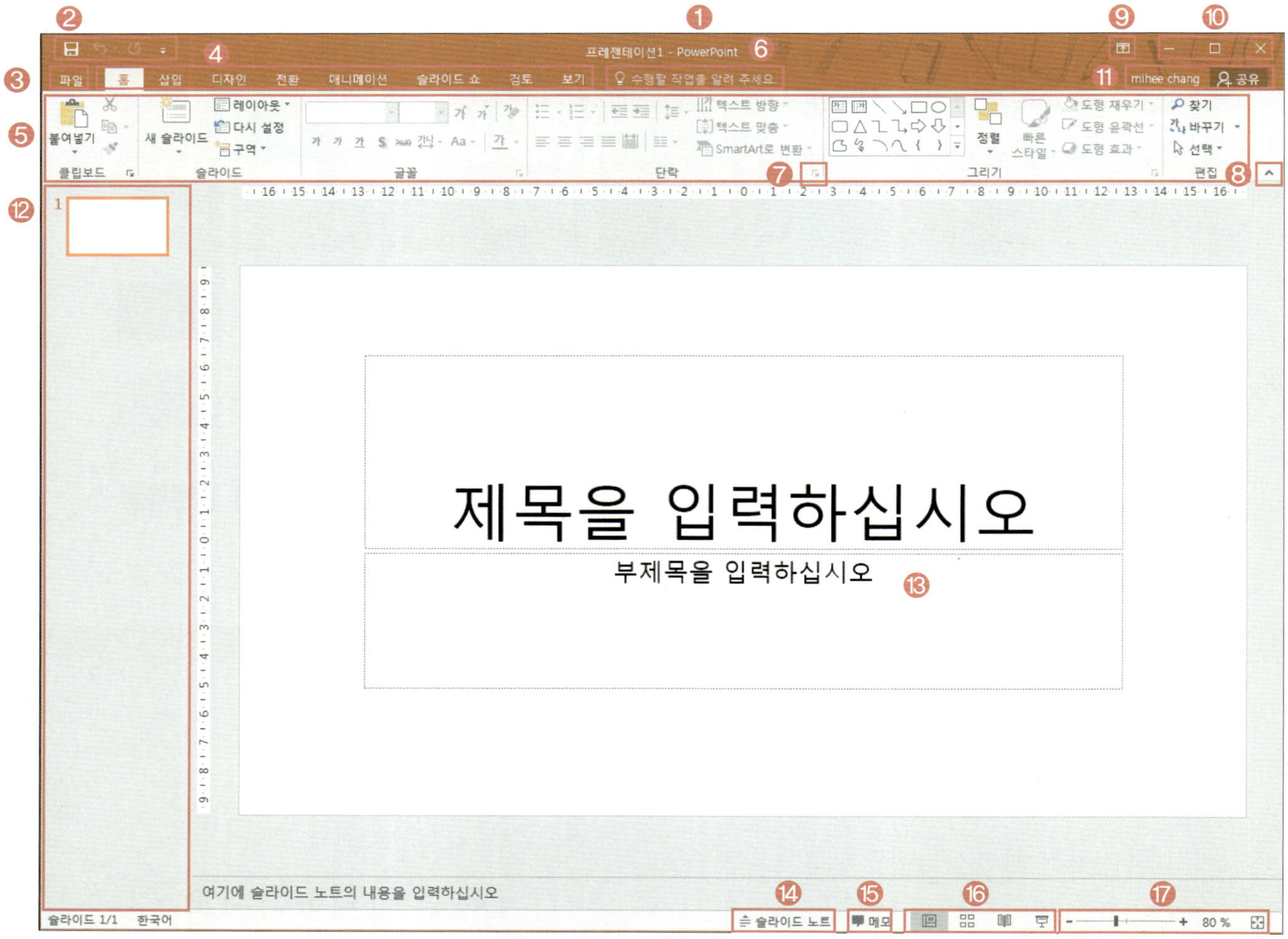

① [제목 표시줄] : 현재 작업 중인 프레젠테이션 문서의 저장 파일명이 표시됩니다.
② [빠른 실행 도구 모음] : 자주 사용하는 명령을 등록하는 도구 모음으로 원하는 명령을 추가, 삭제할 수 있습니다.
③ [파일] 탭 : 새로 만들기, 열기, 저장하기, 인쇄, 옵션, 계정 추가 기능 등을 지정할 수 있습니다.
④ [탭] : 파워포인트에서 제공하는 명령들을 모아 제공하며 그림, 도형, 비디오, 오디오 등의 개체를 삽입하면 개체를 편집할 수 있는 상황 탭이 생성됩니다.
⑤ [리본 메뉴] : 메뉴 탭을 누르면 각 해당 탭에 자주 사용되는 명령들이 그룹별로 묶어져 표시됩니다. 그룹별 우측 하단의 자세히 단추를 누르면 세부 명령을 선택할 수 있습니다.
⑥ 텔미(Tell Me) : 수행할 작업을 단어로 검색하여 빠르게 실행할 수 있습니다.
⑦ [자세히] : 메뉴의 세부 명령을 설정할 수 있습니다.
⑧ [리본 메뉴 축소 단추] : 리본 메뉴를 감추는 기능으로 워크시트를 넓게 사용합니다. 또는 임의의 메뉴 탭을 더블클

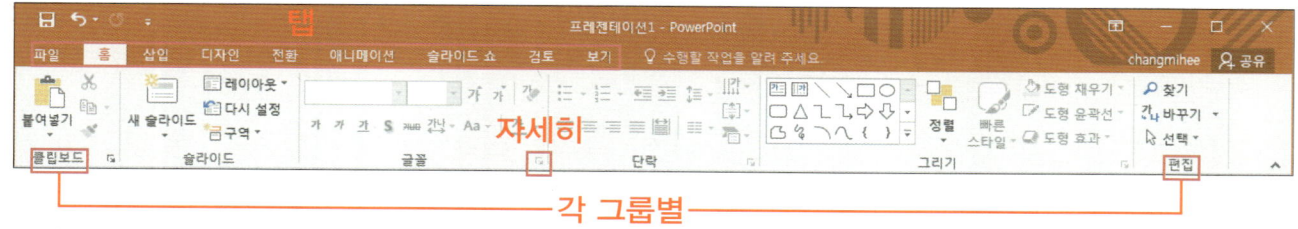

릭하면 다시 나타나며 또 다시 더블클릭하면 축소됩니다.

⑨ [리본 메뉴 표시옵션] : 리본 메뉴 자동 숨기기, 탭 표시, 탭 및 명령 표시가 있습니다.

⑩ [창 크기] : 창의 최소화, 최대화, 종료 단추입니다.

⑪ [로그인 정보] : 사용자의 로그인 정보를 확인합니다.

⑫ [슬라이드 / 개요] : 슬라이드의 미리보기와 슬라이드의 텍스트 상자에 입력된 내용들을 표시하는 개요 보기가 가능합니다. 슬라이드의 삭제, 추가, 복사, 이동 등 편집 기능을 할 수 있습니다.

⑬ [슬라이드] : 파워포인트의 작업 창입니다.

⑭ [슬라이드 노트] : 클릭하면 슬라이드 노트 창이 화면의 하단에 열려 시나리오 등을 작성할 수 있습니다.

⑮ [메모] : 여러 사람이 공동 작업할 때 의견 또는 변경 내용 등을 확인합니다.

⑯ [화면 보기] : 슬라이드의 화면 보기를 변경합니다. 기본 보기(▣)는 슬라이드 축소판과 개요 보기를 한 번씩 클릭할때마다 번갈아 보여줍니다. 여러 슬라이드(▦) 보기는 작성한 슬라이드를 축소판으로 보여주며 슬라이드의 구성을 재 편집할 때 편리합니다. 읽기용(▤) 보기는 슬라이드 쇼의 미리보기로 프레젠테이션을 검토할 때 사용합니다. 현재 슬라이드 쇼(▽) 보기는 현재 선택된 슬라이드부터 '슬라이드 쇼'가 진행됩니다.

⑰ [확대/축소 슬라이더] : 슬라이드 화면을 확대/축소할 수 있으며 확대 비율이 표시됩니다. 현재 창 크기에 맞춤(▣)은 슬라이드를 현재 창 크기에 맞출 수 있습니다.

알아두기 | Back stage 알아보기

① 최근 항목 : 최근에 열어본 프레젠테이션 목록으로, 이 목록을 클릭해서 빠르게 문서를 열 수 있습니다.

② 서식 검색 창 : 온라인 서식 파일 및 테마 검색으로 서식을 다운로드 할 수 있습니다.

③ 새 프레젠테이션 : 새 문서를 열 수 있습니다.

④ 서식 파일 목록 : 기본으로 제공되는 서식 파일목록입니다.

⑤ 빠른 메뉴 : 최근 항목의 파일 위에서 마우스 오른쪽 단추의 메뉴를 이용하여 목록을 제거하거나 고정할 수 있습니다.

서식 파일 및 테마로 프레젠테이션 만들기

01 파워포인트 2016을 실행합니다. 첫 화면에 '최근 항목'과 빠르게 프레젠테이션을 할 수 있는 '테마'와 '서식 파일'이 표시됩니다.

02 표시된 테마에서 '이온'을 클릭합니다.

> **Tip** 테마는 색, 글꼴, 효과, 배경 스타일 등이 미리 설정되어 있습니다.

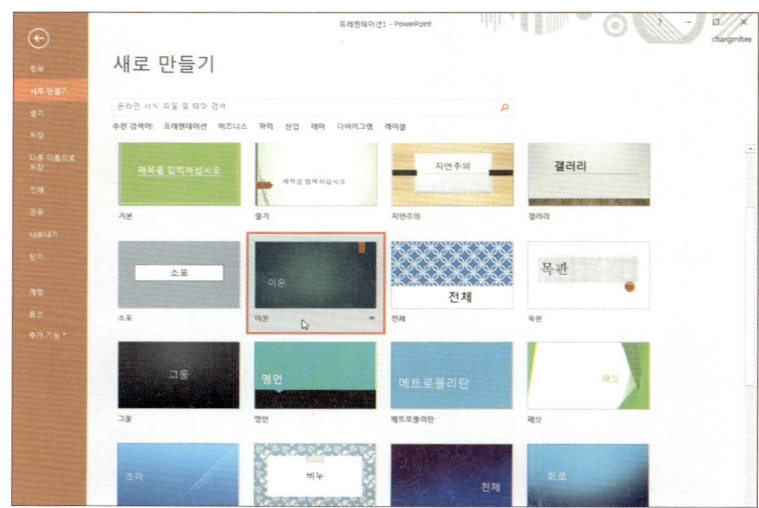

03 '이온' 테마가 열리면 오른쪽에 나열된 색상표에서 원하는 색상을 선택한 후 [다른 이미지]의 '▶'를 클릭하여 테마가 적용된 슬라이드를 확인한 후 만들기(📄)를 클릭합니다.

04 '이온' 테마가 설정된 슬라이드가 열립니다. 제목과 부제목의 글꼴, 배경 서식 등이 설정되어 있습니다. 이번에는 다른 서식 슬라이드를 열기 위해 [파일] 탭을 클릭합니다.

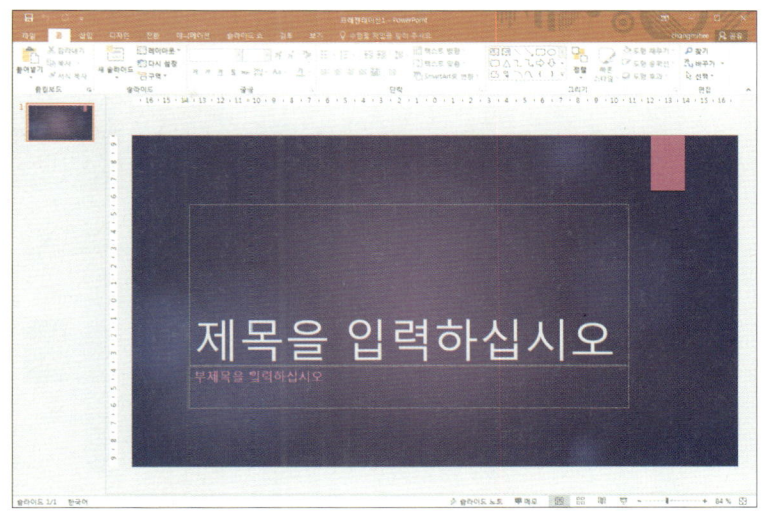

05 [Back Stage] 화면에서 [새로 만들기]를 선택합니다. [온라인 서식 파일 및 테마 검색] 입력란 아래의 검색어 중 '프레젠테이션'을 선택합니다.

> **Tip** [온라인 서식 파일 및 테마 검색] 입력란에 검색어를 입력하면 '온라인' 서식 파일이나 테마를 사용할 수 있습니다.

06 '프레젠테이션' 검색어로 검색된 서식 파일이 열리면 오른쪽의 [범주] 항목에서 [여름]을 선택합니다.

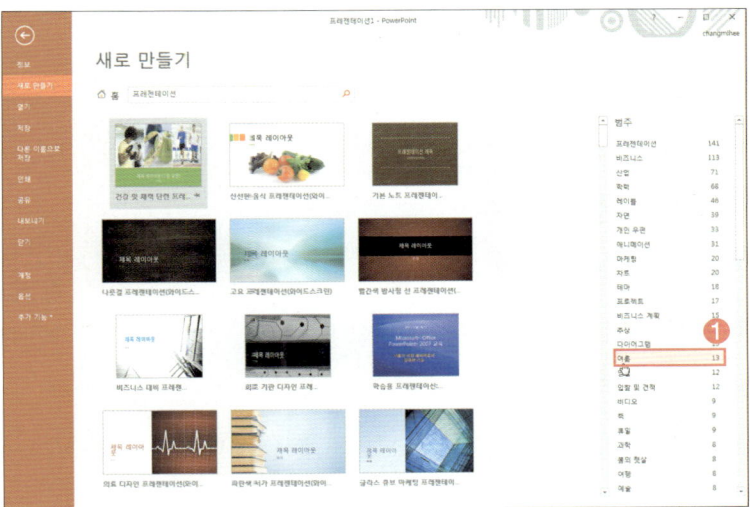

07 [바다 그림 프레젠테이션]을 선택한 후 만들기( )를 클릭합니다.

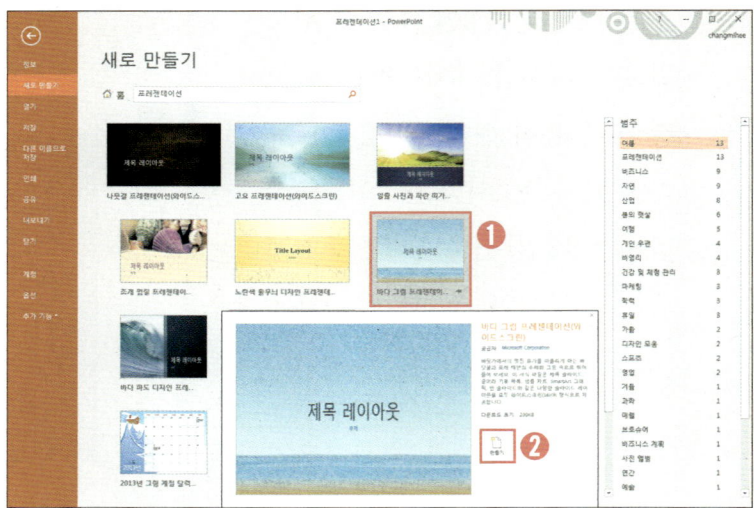

08 선택한 서식 프레젠테이션이 열립니다.

> Tip '서식 파일'은 테마와 내용 슬라이드를 한꺼번에 다운로드받아 사용할 수 있습니다.

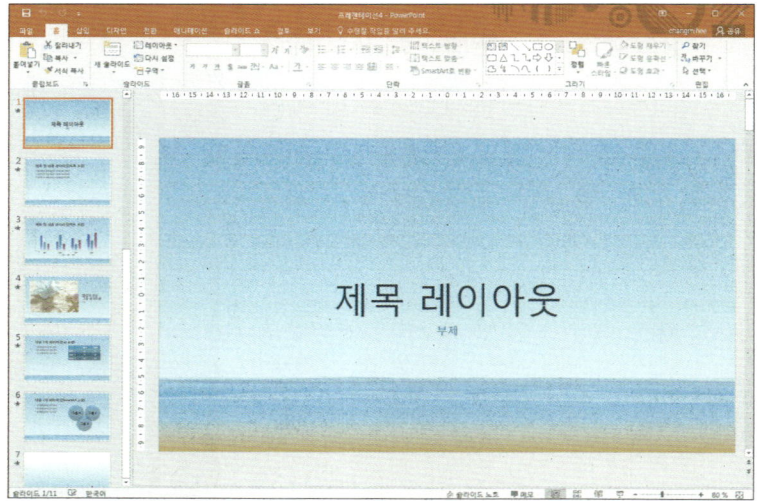

알아두기 　 온라인 서식 및 테마 검색란 알아보기

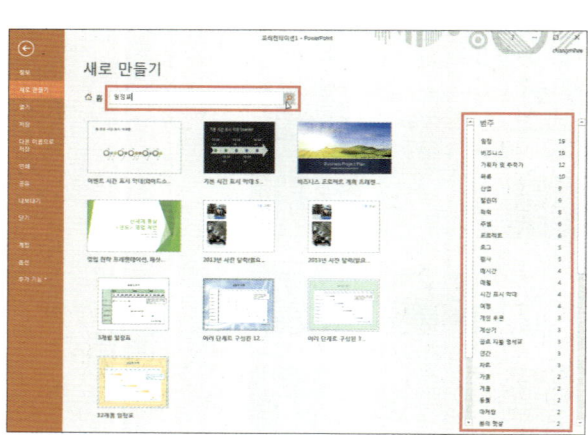

'온라인 서식 및 테마 검색'란에 '검색어'를 입력하여 목록을 불러온 후 '범주 목록'에서 해당하는 범주를 선택하면 빠르게 원하는 서식 파일을 찾을 수 있습니다.

슬라이드 삽입과 레이아웃 변경

01 제목 슬라이드 다음에 '빈 화면' 슬라이드를 삽입하기 위해 1번 슬라이드를 선택한 후 [홈] 탭의 [슬라이드] 그룹에서 새 슬라이드(새 슬라이드)를 클릭합니다. 슬라이드 레이아웃 중에서 [빈 화면]을 선택합니다.

> **Tip** 를 클릭하면 '제목 및 내용' 슬라이드가 삽입되며 새 슬라이드 를 클릭하면 슬라이드 레이아웃 중에서 선택하여 삽입할 수 있습니다.

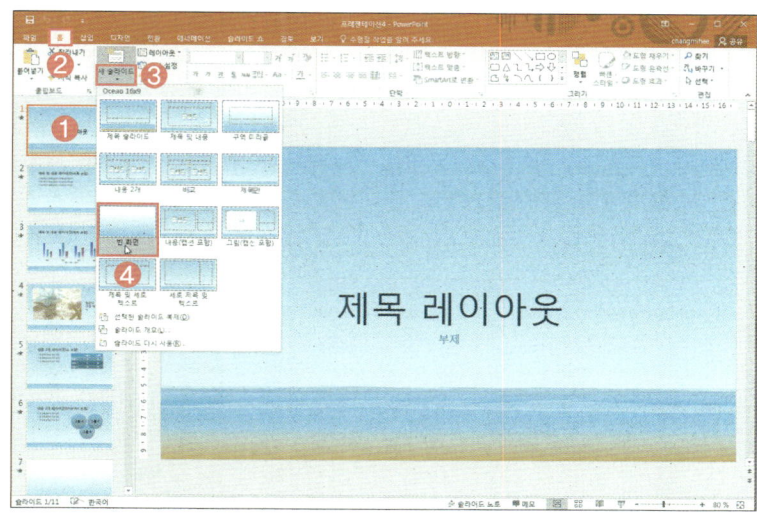

02 1번 제목 슬라이드 다음에 '빈 화면' 슬라이드가 삽입되었습니다. 이번에는 선택한 슬라이드와 동일한 슬라이드를 빠르게 삽입하기 위해 2번 슬라이드를 선택한 후 Enter 를 누릅니다. 선택한 슬라이드와 동일한 슬라이드가 삽입됩니다.

> **Tip** 현재 선택된 슬라이드와 동일한 슬라이드를 삽입하려면 Enter 또는 Ctrl + M 을 누릅니다.

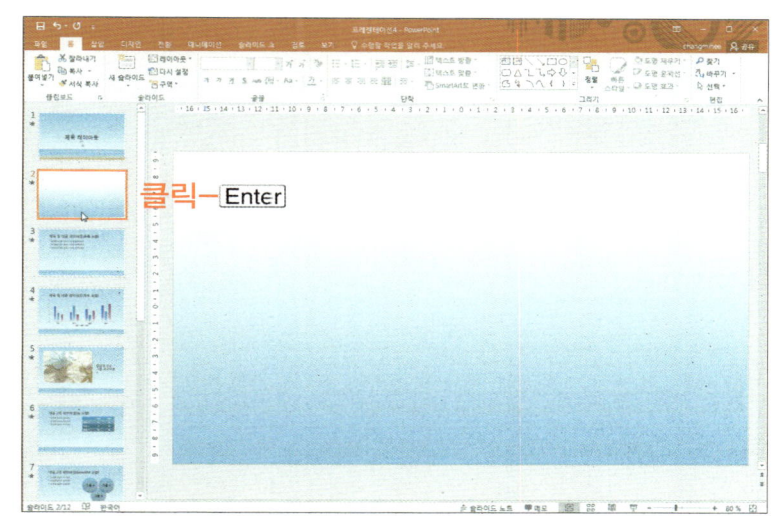

03 선택된 슬라이드를 다른 슬라이드로 변경하기 위해 3번 슬라이드를 선택합니다. [홈] 탭의 [슬라이드] 그룹에서 레이아웃(레이아웃 ▾)을 클릭한 후 [제목 및 내용] 슬라이드를 선택하면 슬라이드가 변경됩니다.

> **Tip**
> • 슬라이드 삽입 : [홈] – [슬라이드] – [새 슬라이드]
> • 슬라이드 변경 : [홈] – [슬라이드] – [레이아웃]

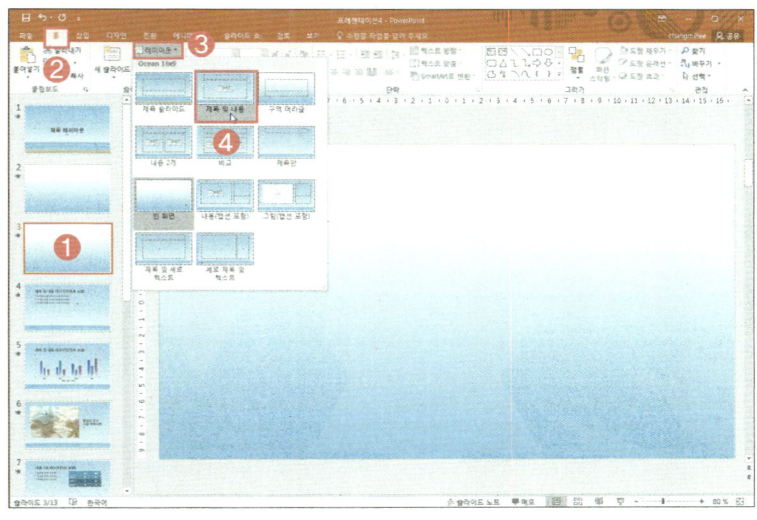

015

04 필요 없는 슬라이드를 삭제하기 위해 3번 슬라이드를 선택한 후 마우스 오른쪽 단추를 눌러 슬라이드 삭제(☒)를 클릭합니다.

> **Tip** ⌈Del⌋을 눌러도 삭제할 수 있으며, 여러 슬라이드를 삭제할 때에는 ⌈Ctrl⌋ 또는 ⌈Shift⌋를 이용하여 삭제할 수 있습니다. 슬라이드를 삭제하면 슬라이드 번호도 변경되니 슬라이드 번호가 아닌 내용을 보고 삭제해야 합니다.

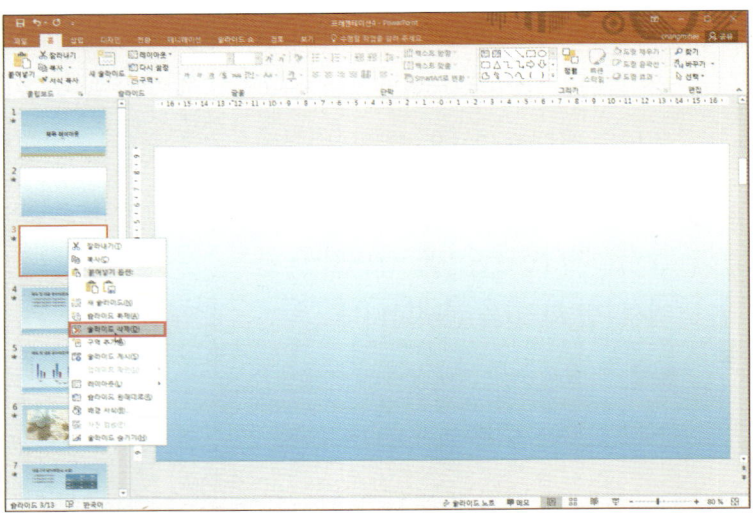

05 내용이 입력된 현재 슬라이드와 똑같은 슬라이드를 복제하기 위해서는 '슬라이드 복제' 기능을 사용합니다. 2번 슬라이드를 선택한 후 마우스 오른쪽 단추의 슬라이드 복제(🗐)를 클릭합니다.

> **Tip**
> - ⌈Enter⌋ 또는 ⌈Ctrl⌋+⌈M⌋ : 선택한 슬라이드의 빈 슬라이드만 삽입
> - 슬라이드 복제(⌈Ctrl⌋+⌈D⌋) : 현재 슬라이드 다음 슬라이드로 복제
> - 슬라이드 복사(⌈Ctrl⌋+⌈C⌋) : 원하는 위치에 붙여넣기(⌈D⌋+⌈V⌋) 가능

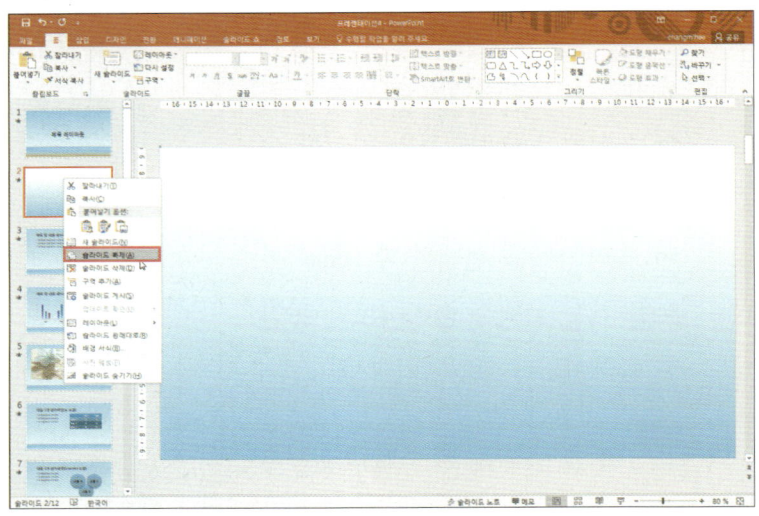

06 슬라이드 사용을 미루거나 참고 슬라이드로 사용하기 위해 슬라이드를 숨길 수 있습니다. 3번 슬라이드를 선택한 후 마우스 오른쪽 단추의 슬라이드 숨기기(⊿)를 클릭합니다. 숨겨진 슬라이드는 슬라이드 번호에 ⊠이 표시됩니다.

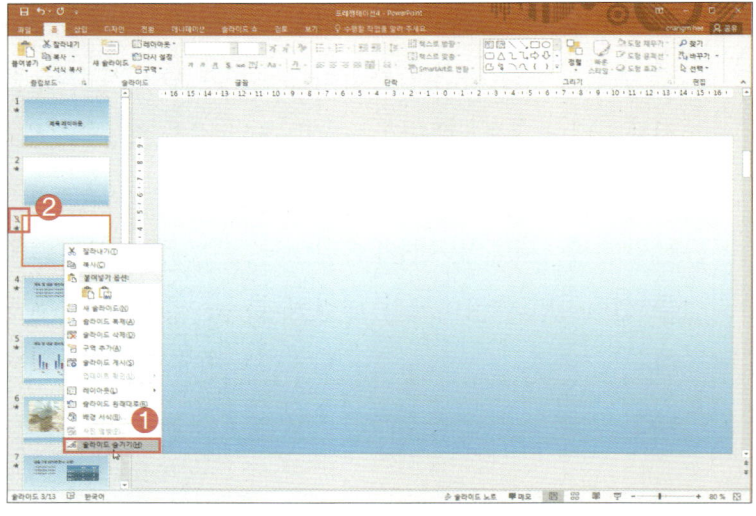

슬라이드 구역 관리와 프레젠테이션 저장

01 여러 슬라이드를 한꺼번에 펼쳐 프레젠테이션의 전체 구성을 확인하거나 슬라이드 관리를 할 수 있습니다. 슬라이드 오른쪽 하단의 여러 슬라이드 보기(🔡)로 전환합니다. `Ctrl`+마우스 휠을 이용해 전체 슬라이드가 보이도록 확대/축소합니다.

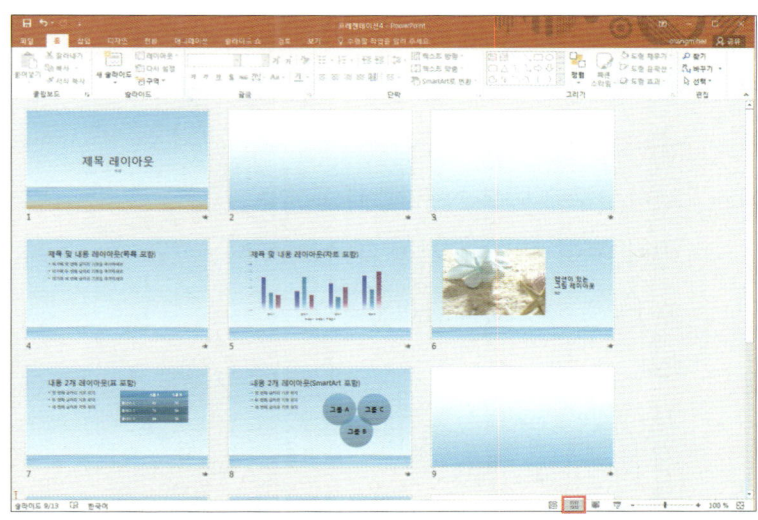

02 슬라이드를 내용에 맞게 그룹화하기 위해 1번 슬라이드와 2번 슬라이드 사이를 클릭한 후 마우스 오른쪽 단추의 구역 추가(📑)를 클릭합니다.

> **Tip** 슬라이드를 내용별로 그룹화하면 전체적인 구성을 파악할 수 있으며, 이동 및 삭제 등 관리를 쉽게 할 수 있습니다.

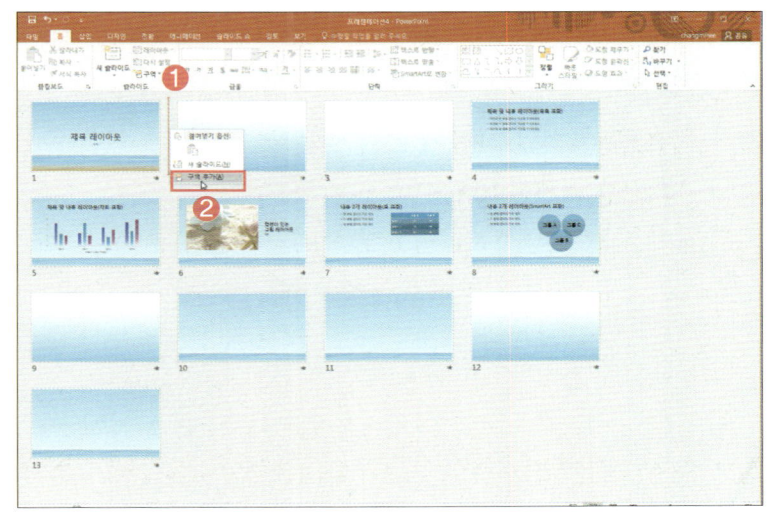

03 첫 번째 슬라이드와 나머지 슬라이드가 분리되었습니다.

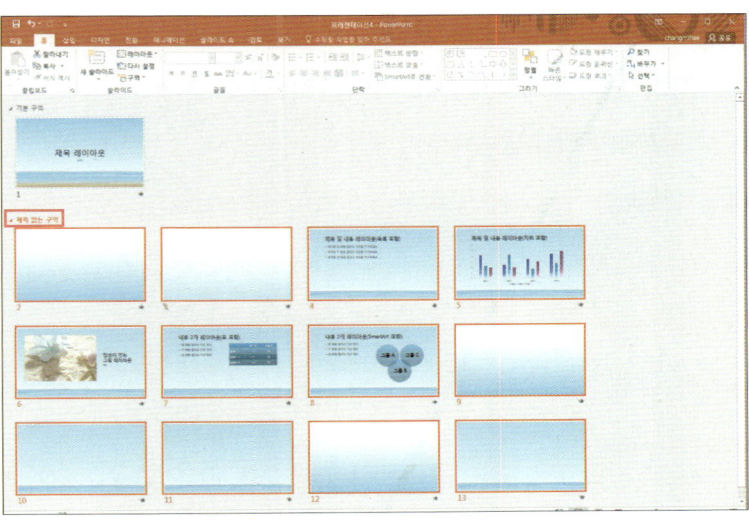

017

04 구역의 이름을 바꾸기 위해 '제목 없는 구역' 위에 마우스 오른쪽 단추의 [구역 이름 바꾸기]를 클릭합니다. [구역 이름 바꾸기] 대화상자에서 구역 이름을 '목차'로 입력한 후 [이름 바꾸기]를 클릭합니다.

Tip • 이름바꾸기: F2

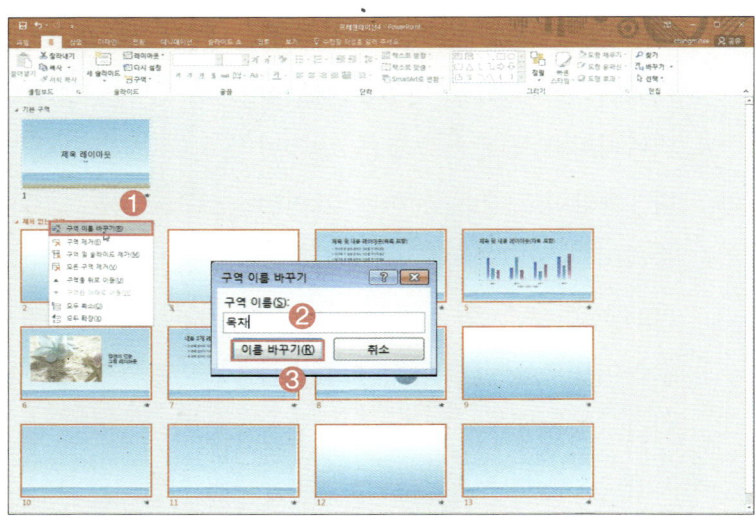

05 2번과 3번 슬라이드 사이를 클릭한 후 마우스 오른쪽 단추의 구역 추가(📑)를 클릭합니다. 구역의 이름을 '주제'로 변경합니다.

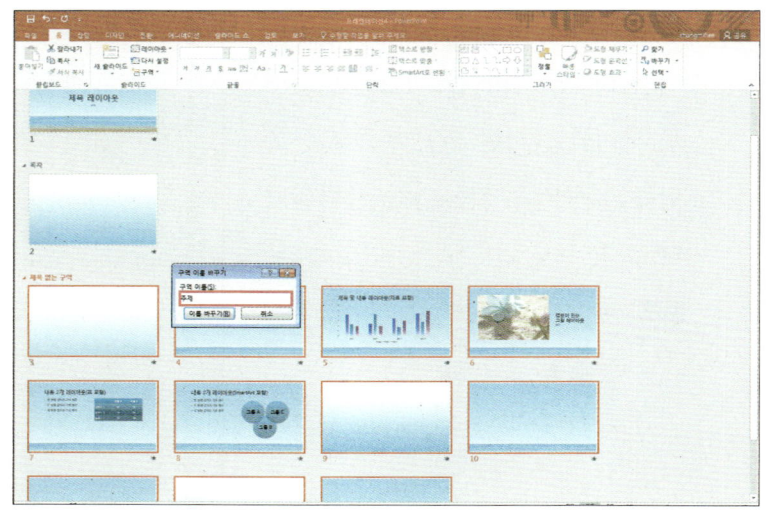

06 구역 이름 앞의 ▲를 클릭하면 구역이 축소되고 한 번 더 클릭하면 구역이 확대됩니다.

Tip 마우스 오른쪽 단추를 눌러 구역 추가, 삭제와 이름 바꾸기 등 구역에 대한 메뉴를 사용할 수 있습니다.

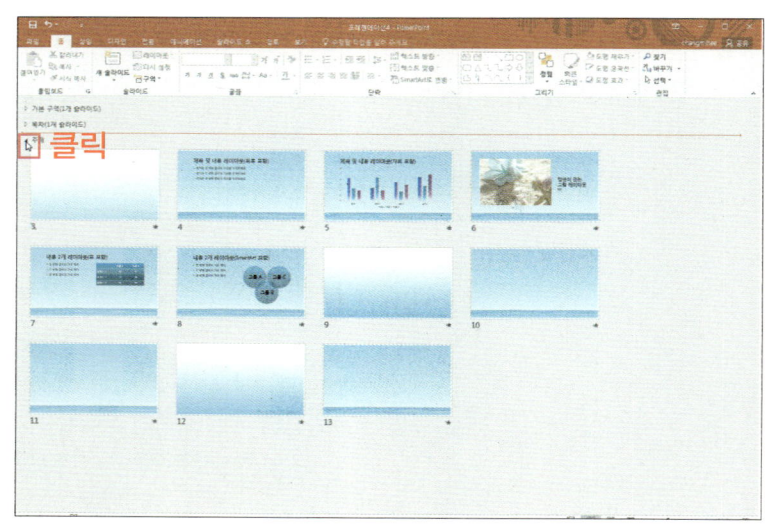

Section 01 | 파워포인트 2016 살펴보기

07 오른쪽 하단의 기본 보기(□)를 클릭하여 슬라이드를 편집창으로 전환합니다.

> Tip 슬라이드를 더블클릭해도 '기본 보기' 창으로 전환됩니다.

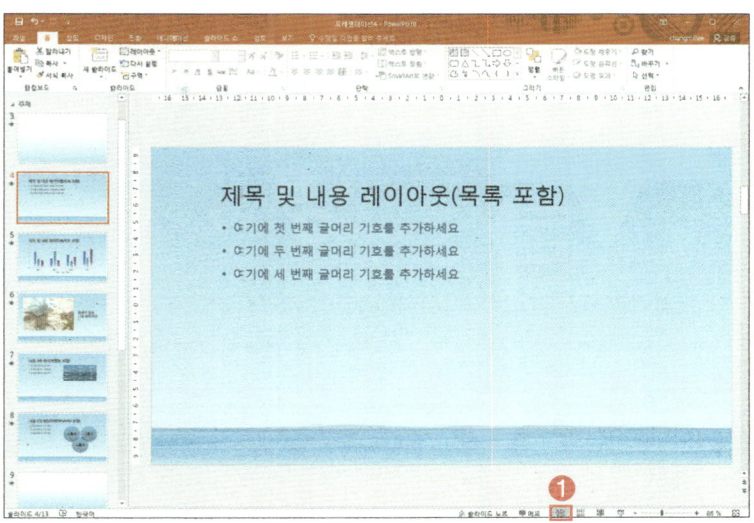

08 [파일] 탭을 클릭한 후 'Back Stage'에서 [다른 이름으로 저장]을 선택한 후 [이 PC]를 더블클릭합니다. [다른 이름으로 저장] 대화상자에서 '문서' 폴더에 파일명은 '여름프레젠테이션'으로 입력한 후 [저장]을 클릭합니다.

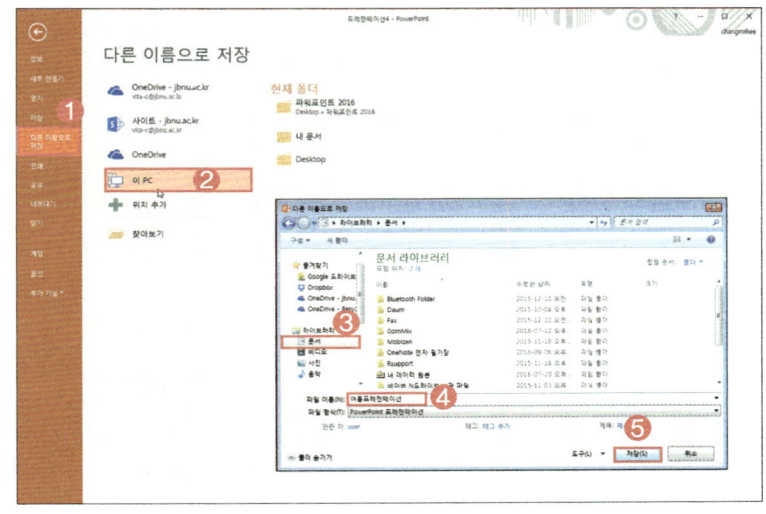

09 프레젠테이션이 저장되고 상단의 제목 표시줄에 파일명이 표시됩니다.

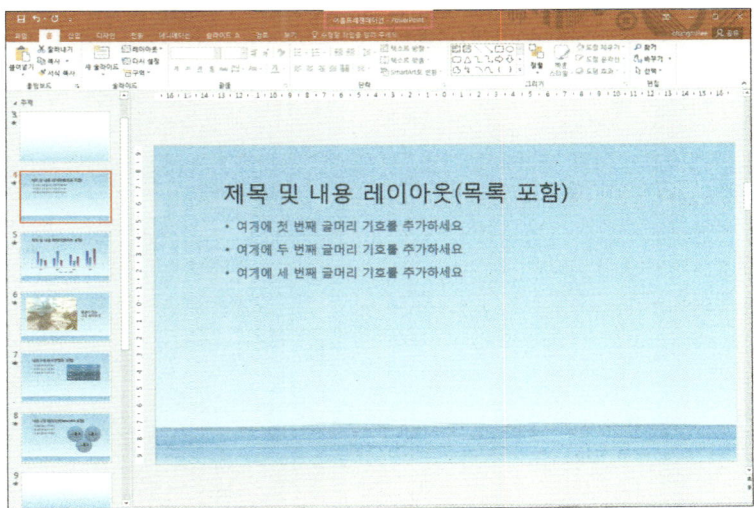

기초문제

01 파워포인트 2016을 실행시킨 후 '갤러리' 테마를 이용하여 새 프레젠테이션을 시작하세요.

> **힌트**
> [새로 만들기] – [갤러리] 검색

완성파일 : Section01-기초-01.pptx ▶

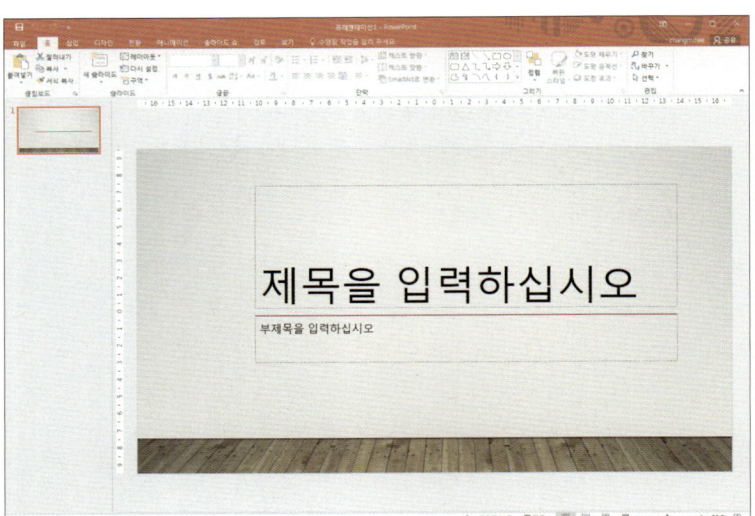

02 빈 프레젠테이션인 '새 프레젠테이션'을 시작하세요.

> **힌트**
> [파일] – [새로 만들기] – [새 프레젠테이션]

완성파일 : Section01-기초-02.pptx ▶

03 '계획'을 검색한 후 [마케팅] 범주의 '비즈니스 대비 프레젠테이션(와이드스크린)'을 시작하세요.

> **힌트**
> [파일] – [새로 만들기] – [온라인 서식 파일 및 테마 검색] – '계획' – [범주] – '마케팅'

완성파일 : Section01-기초-03.pptx ▶

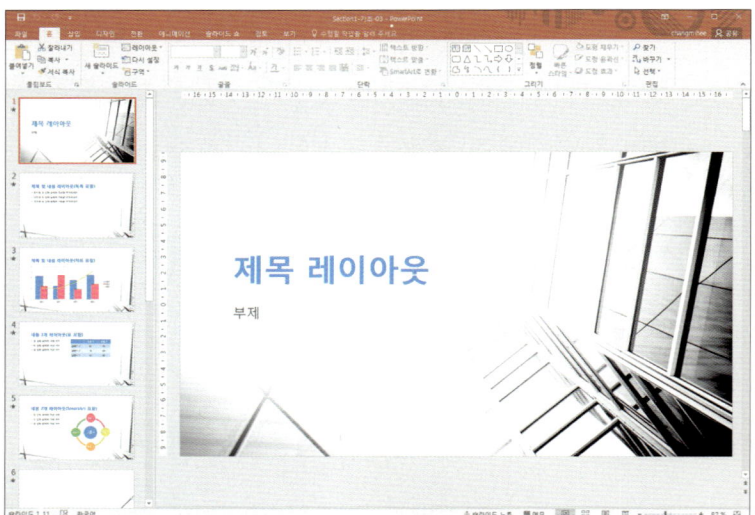

심화문제

01 '영업'을 검색한 후 '영업 전략 프레젠테이션, 패싯 테마(와이드스크린)'을 시작한 후 2번 슬라이드 아래에 '비교' 슬라이드를 삽입하시오.

▶ 힌트
① [새로 만들기] – [영업] 검색
② 2번 슬라이드 선택한 후 [홈] – [슬라이드] – [비교] 레이아웃 클릭

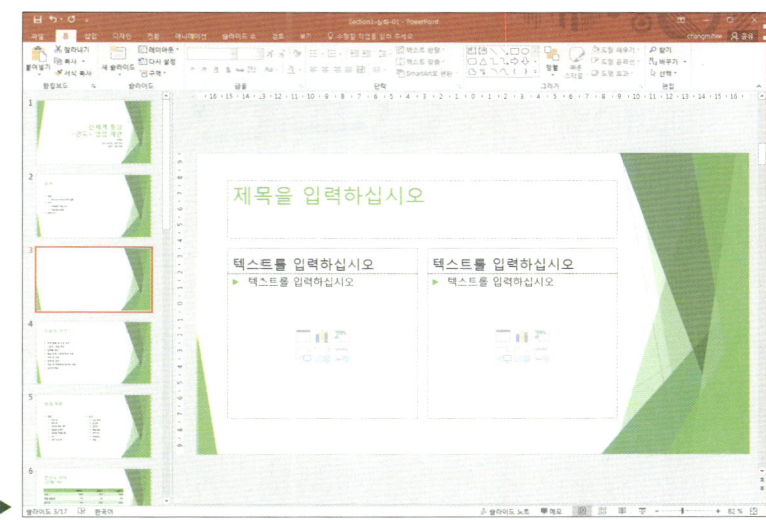

완성파일 : Section01-심화-01.pptx ▶

02 1번 문제에 이어 4번 '오늘의 안건'의 4번 슬라이드를 숨기기한 후 3번 슬라이드 위로 이동하시오.

▶ 힌트
• 4번 슬라이드 – 마우스 오른쪽 버튼 – 슬라이드 숨기기
• 드래그하여 이동

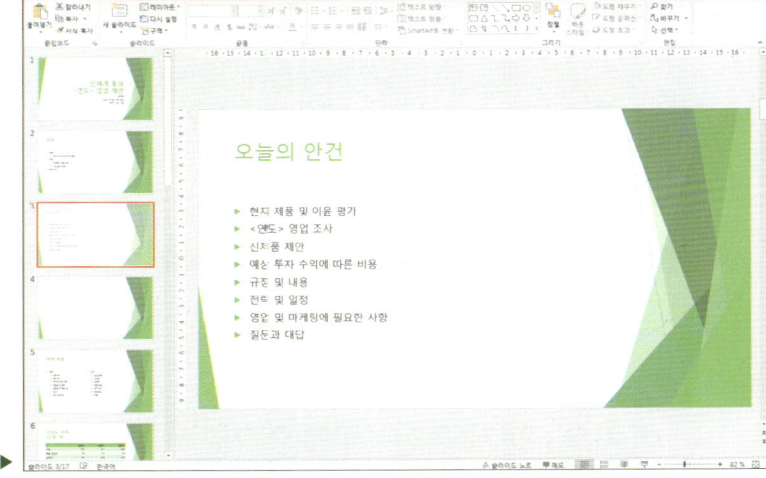

완성파일 : Section01-심화-02.pptx ▶

03 2번 문제에 이어 4번 슬라이드를 삭제한 후 '요약 슬라이드'부터 구역을 추가하고 구역 이름을 '요약과 안건', '현재 제품' 슬라이드부터는 구역을 추가한 후 구역 이름을 '발제'로 변경한 후 구역을 축소하시오.

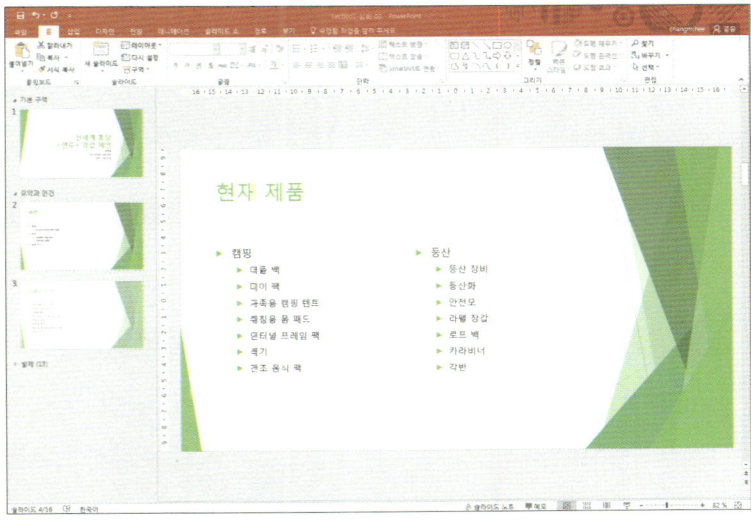

완성파일 : Section01-심화-03.pptx ▶

Power Point 2016

SECTION 02
디자인 서식으로 만드는 텍스트 슬라이드

전체 요점이나 개체의 요약 등을 전달하는 텍스트 슬라이드는 프레젠테이션의 기본입니다. 빈 프레젠테이션에 디자인 서식을 적용하여 빠르게 텍스트 슬라이드를 만들면 제목과 부제목 등 이미 기본 텍스트 설정과 배경이 적용되어 있어 필요한 부분만 수정하거나 전체를 한꺼번에 수정할 수 있습니다. 또한 글머리 기호를 이용하여 수준별 내용을 구분하고 줄 간격을 이용하여 문단간의 가독성을 높일 수 있습니다.

PREVIEW

▲ 완성파일 : Section2-완성.pptx

학습내용

- 실습 01 디자인 서식을 활용한 배경 디자인
- 실습 02 텍스트 입력과 편집
- 실습 03 글머리 기호 입력
- 실습 04 줄 간격과 단락 조절

체크포인트

- 빈 프레젠테이션을 열고 디자인 서식을 적용해 봅니다.
- 슬라이드에 텍스트를 입력하고 편집할 수 있습니다.
- 글머리 기호와 줄 간격을 이용해 단락의 목록 수준을 조절합니다.

디자인 서식을 활용한 배경 디자인

01 파워포인트를 실행하고 빈 문서인 '새 프레젠테이션'을 실행합니다. 디자인 서식을 적용하기 위해 [디자인] 탭의 [테마] 그룹에서 자세히(▼)를 클릭합니다.

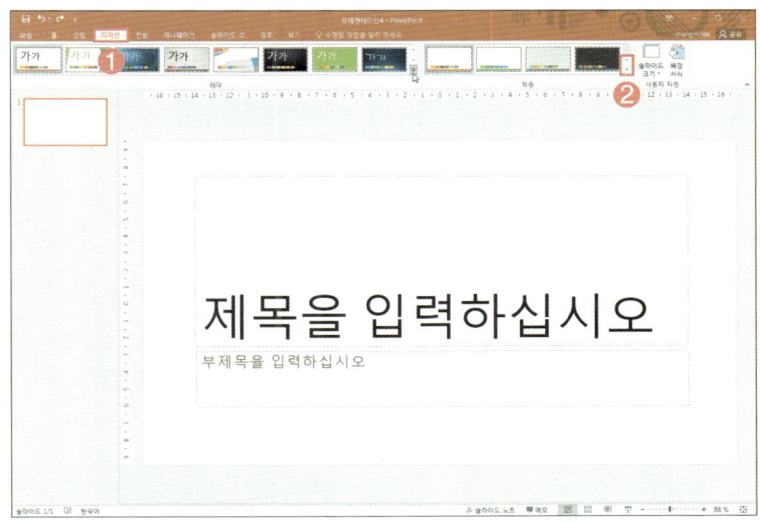

02 [테마] 목록에서 '추억' 테마를 선택합니다.

> **Tip** 슬라이드의 크기와 방향 변경 :
> [디자인] – [사용자 지정] – [슬라이드 크기]
> – [사용자 지정 슬라이드 크기]
> • 최대화 : 슬라이드 크기가 변경되어도 개체의 크기는 원래 크기로 유지
> • 맞춤 확인 : 슬라이드 크기 변경에 따라 개체의 크기가 슬라이드에 맞게 변경

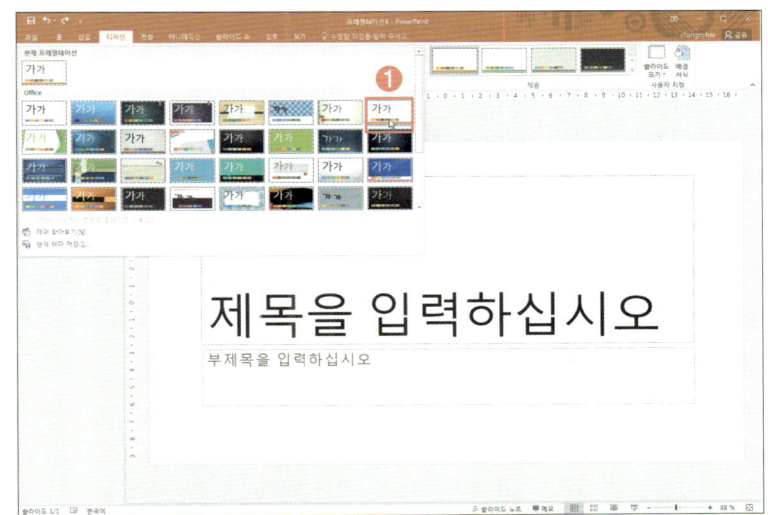

03 '추억' 테마가 선택된 상태에서 [적용] 그룹의 자세히(▼)를 클릭합니다. 펼쳐진 색상 위에 마우스를 올려놓으면 슬라이드의 색이 미리보기가 됩니다. 빨강 색상을 선택합니다.

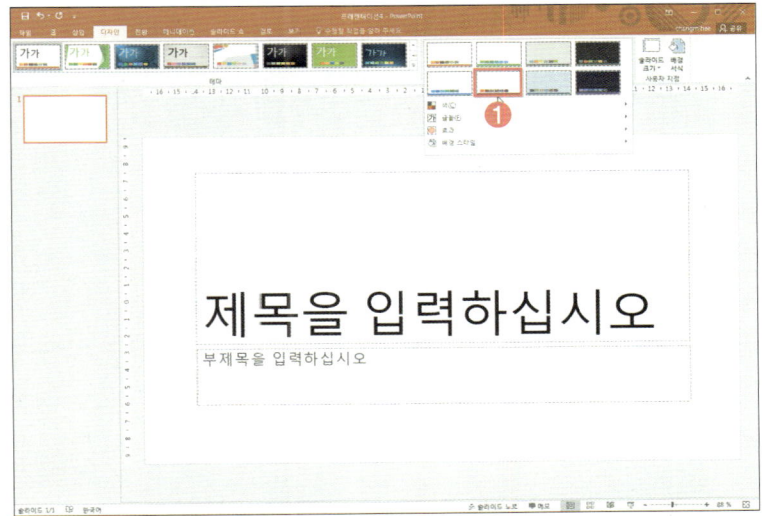

04 왼쪽의 슬라이드 축소창에서 1번 슬라이드를 클릭한 후 Enter를 2번 눌러 슬라이드를 삽입합니다.

> Tip 특정 슬라이드만 테마의 배경 이미지를 제거하려면 [디자인] 탭에서 [사용자 지정] 그룹의 '배경 서식'에서 '채우기 – 배경 그래픽 숨기기'를 클릭합니다.

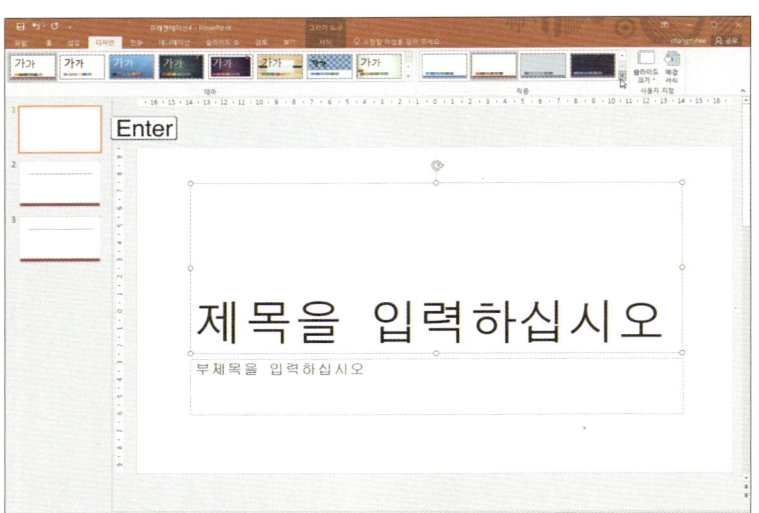

05 슬라이드 테마는 배경, 글꼴, 효과 등 미리 설정되어 있습니다. 테마의 전체 제목과 부제목의 글꼴을 한꺼번에 변경하려면 [디자인] 탭의 [적용] 그룹에서 자세히(▼)를 클릭합니다. 글꼴(㉮)을 클릭하여 'HY중고딕, 굴림'을 선택합니다.

> Tip [디자인] 탭의 [적용] 그룹에서 자세히(▼)의 글꼴(㉮)에서 '글꼴 사용자 지정'에서 목록에 없는 글꼴을 지정할 수 있습니다.

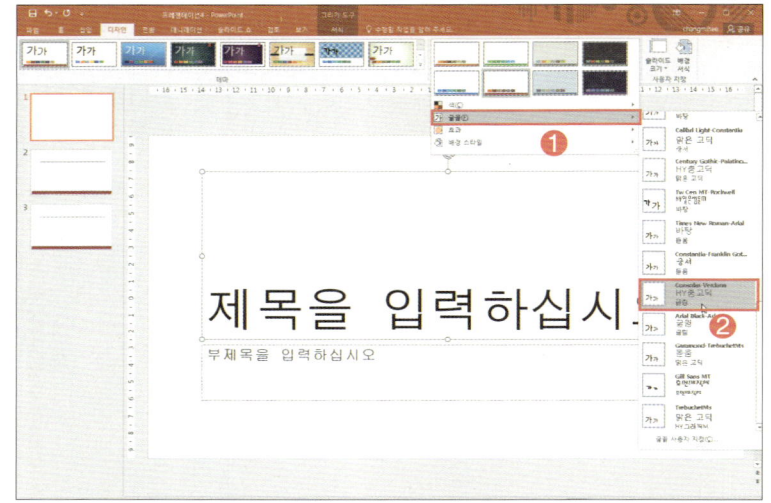

06 테마를 선택하고 배경색과 글꼴을 변경할 수 있으며 테마 배경색도 변경이 가능합니다. [디자인] 탭의 [적용] 그룹에서 자세히(▼)를 클릭합니다. 배경 스타일(㉯)을 클릭하여 어울리는 색상을 선택합니다.

> Tip 배경색을 원래대로 되돌리면 배경 스타일(㉯)에서 '흰색'을 선택합니다. 다양한 색상을 선택하려면 '배경 서식'을 클릭합니다.

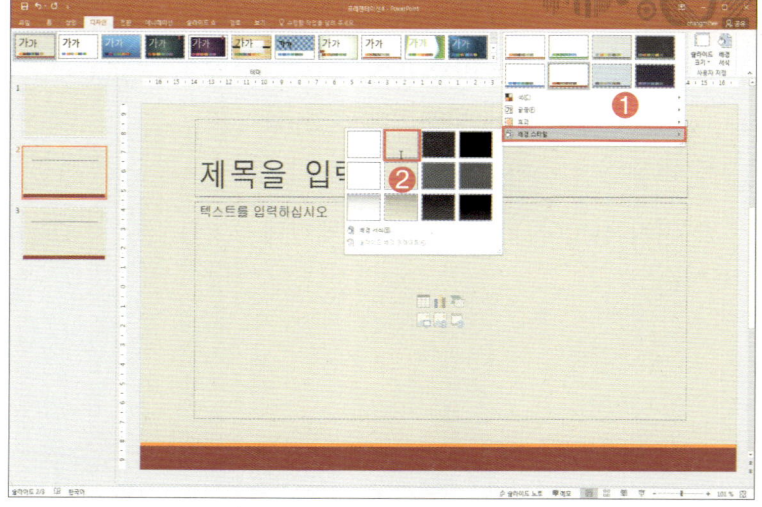

실습 02 텍스트 입력과 편집

01 [디자인] 탭의 [적용] 그룹에서 '배경 스타일'을 클릭하여 '흰색'으로 설정합니다. 제목 슬라이드의 '제목' 개체 틀을 클릭하고 '첨단기술 비콘, 무엇인가?'를 입력한 후 Esc를 한 번 누릅니다.

> **Tip** 도형이나 텍스트 상자에 텍스트를 입력한 후 Esc를 한 번 누르면 개체가 선택되고 Esc를 두 번 누르면 선택이 해제됩니다.

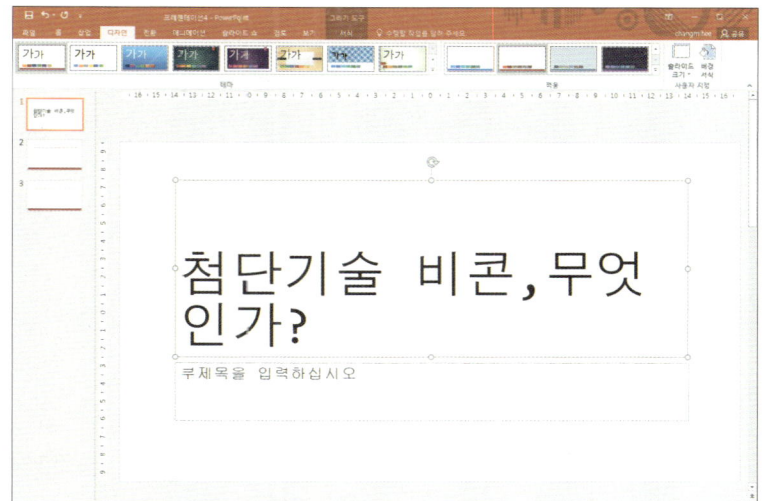

02 제목 슬라이드의 '제목' 글꼴과 크기만 수정하기 위해 [홈] 탭의 [글꼴] 그룹에서 'HY울릉도M', 크기는 '54pt'를 선택합니다. [단락] 그룹에서 가운데 맞춤(≡)을 선택합니다.

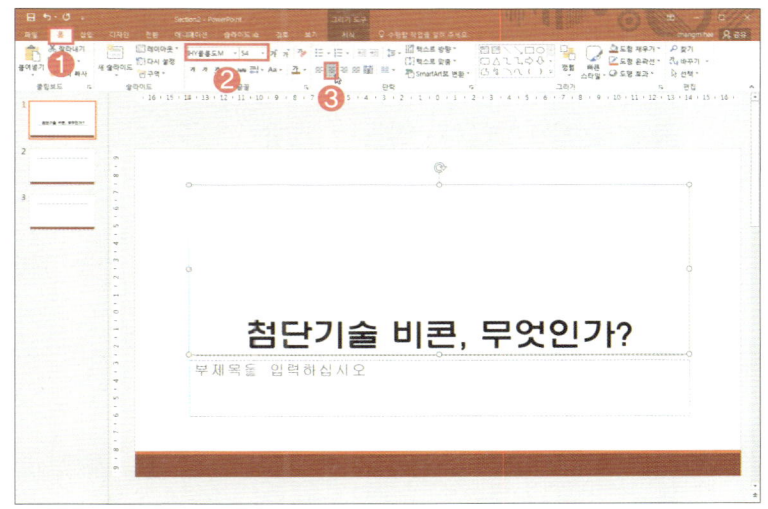

03 '부제목' 개체 틀을 클릭하고 '문화와 융합한 IT 경쟁력!'을 입력한 후 Esc를 한 번 눌러 개체 틀 전체를 선택합니다. [홈] 탭의 [글꼴] 그룹에서 글꼴 크기는 '24pt'를 설정한 후 글꼴 색(가▾)의 목록 단추(▾)를 클릭하여 색을 변경합니다. [단락] 그룹에서 가운데 맞춤(≡)을 선택합니다.

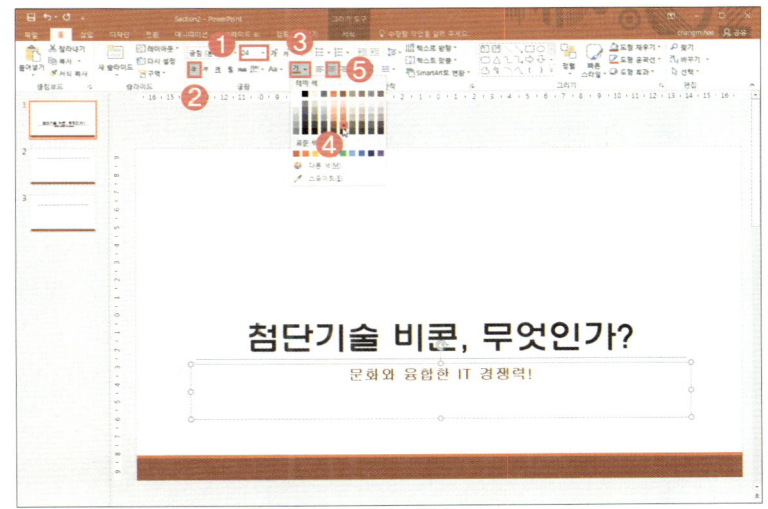

04 2번 슬라이드를 선택한 후 제목을 입력하고 [홈] 탭의 [글꼴] 그룹에서 '굵게'를 선택합니다. 텍스트는 테마에서 제목 글꼴과 내용의 글꼴을 미리 설정하였으므로 변경하지 않고 그대로 입력합니다.

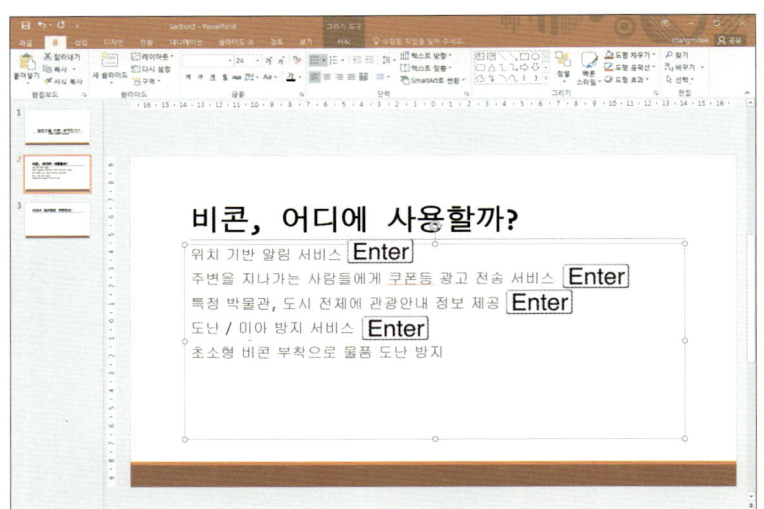

05 3번 슬라이드를 선택한 후 제목을 입력하고 [홈] 탭의 [글꼴] 그룹에서 '굵게'를 선택합니다. 텍스트 개체틀에 '보안 문제'를 입력한 후 Enter 를 누릅니다. 두 번째 단락으로 수정하기 위해 Tab 을 누릅니다.

> **Tip** Tab : 한 수준 내리기
> Shift + Tab : 한 수준 올리기
> 단락 수준을 조정할 때에는 스페이스 바를 사용하지 않습니다.

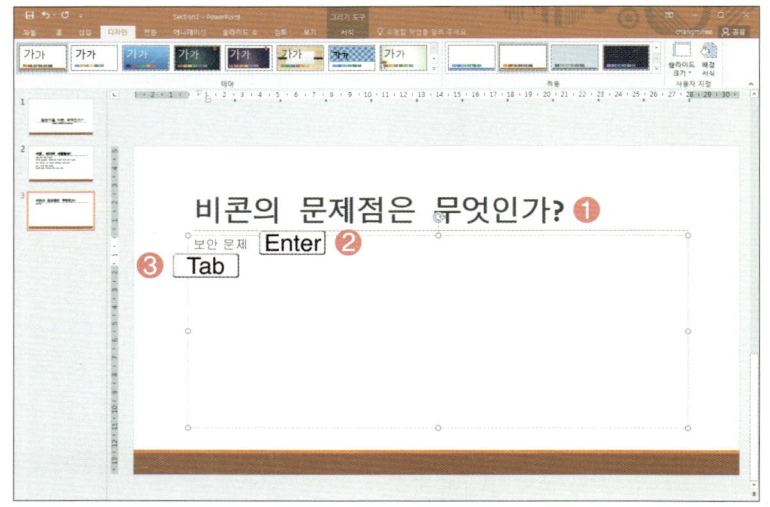

06 '스푸핑과 클로닝등 보안 취약'을 입력한 후 Enter 를 누릅니다. 나머지 내용을 입력한 후 Enter 를 누릅니다. 다음 단락에서는 Shift + Tab 을 눌러 한 수준을 올립니다. 나머지 내용도 입력을 합니다.

> **Tip** [홈] - [단락]의 클릭하여 조절할 수 있습니다.

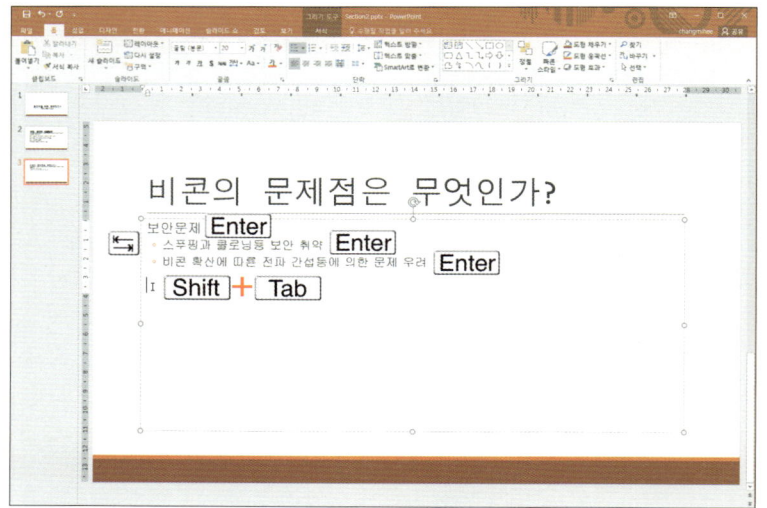

07 떨어져 있는 텍스트를 한꺼번에 영역 설정하여 글꼴을 변경할 수 있습니다. '보안 문제'를 드래그한 후 Ctrl 을 누른 채 '서비스 위치 정확도 불확실성'을 드래그합니다. 글꼴 크기를 '24pt', '굵게'를 선택합니다.

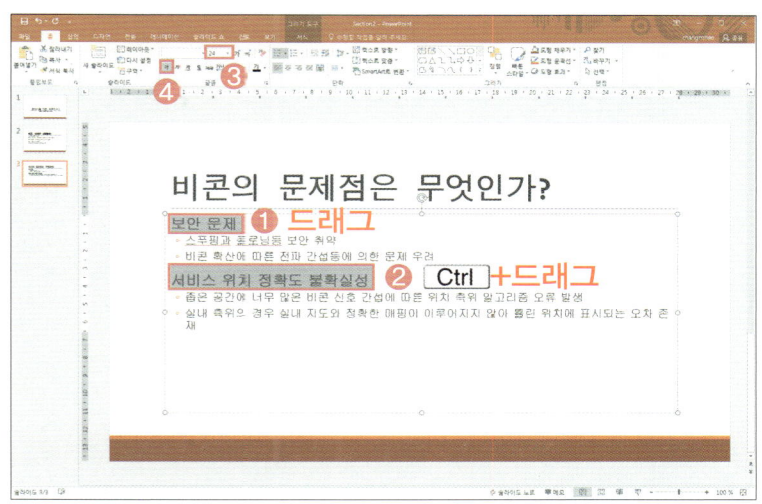

08 Ctrl 을 누른 채 두 번째 단락들을 드래그하여 [홈] 탭의 [글꼴] 그룹에서 글꼴 크기를 '24pt'로 변경합니다.

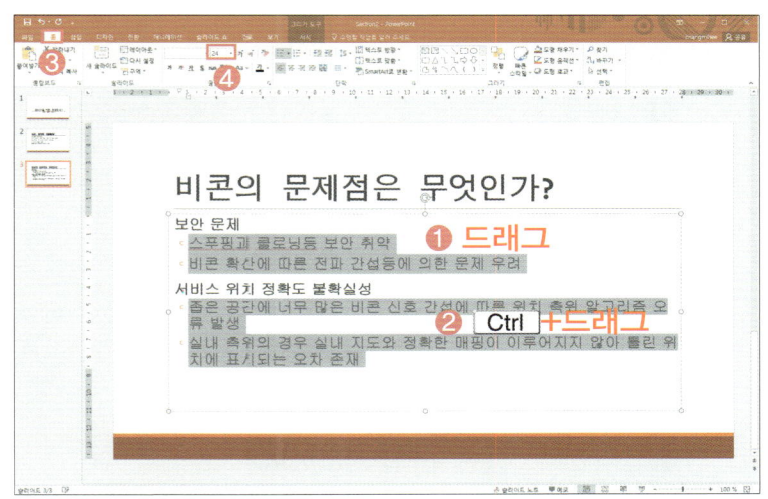

알아두기 | F4와 서식 복사( )로 빠르게 서식 변경하기

- F4 : 마지막 작업 반복, 반복할 부분을 드래그한 후 F4를 누르면 직전에 했던 명령이 실행됩니다.
- 서식 복사( ) : 서식을 복사할 원본 부분을 클릭한 후 [홈] 탭의 [클립보드] 그룹에서 서식 복사( )를 클릭합니다. 마우스 모양이 붓 모양( )으로 바뀌면 서식을 복사할 부분을 드래그합니다. 를 한 번 클릭하면 한 번만 실행되며, 더블클릭하면 다른 슬라이드에 여러 번 반복 실행됩니다.

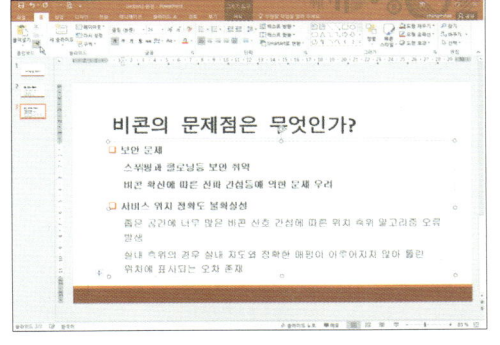
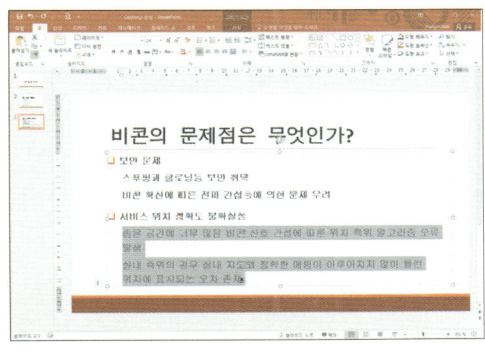

실습 03 글머리 기호 입력

01 2번 슬라이드를 클릭한 후 텍스트 개체 틀 전체를 선택합니다. [홈] 탭의 [단락] 그룹에서 [글머리 기호]의 목록 단추(▼)를 클릭한 후 [속이 찬 정사각형 글머리 기호]를 선택합니다.

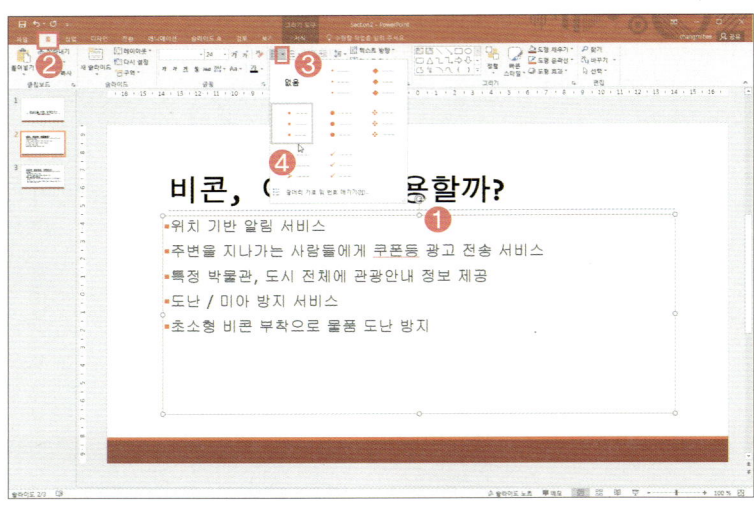

02 3번 슬라이드를 클릭한 후 텍스트 상자의 '보안 문제'를 드래그하여 영역을 설정하고, Ctrl 을 누른 채 '서비스 위치 정확도 불확실성'을 드래그합니다. [홈] 탭의 [단락] 그룹에서 [글머리 기호]의 목록 단추(▼)를 클릭한 후 [글머리 기호 및 번호 매기기]를 선택합니다.

Tip F4 또는 서식 복사를 이용할 수 있습니다.

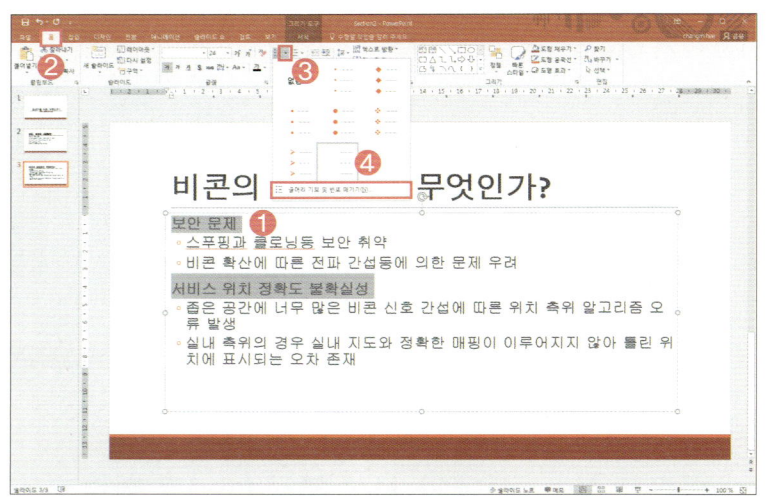

03 [글머리 기호 및 번호 매기기] 대화상자의 [글머리 기호] 탭에서 [사용자 지정]을 클릭합니다. [기호] 대화상자가 열리면 '글꼴'의 목록 단추(▼)를 클릭하여 'Wingdings' 목록에서 ■를 선택한 후 [확인]을 클릭합니다. [글머리 기호 및 번호 매기기] 대화상자로 돌아오면 [확인]을 클릭합니다.

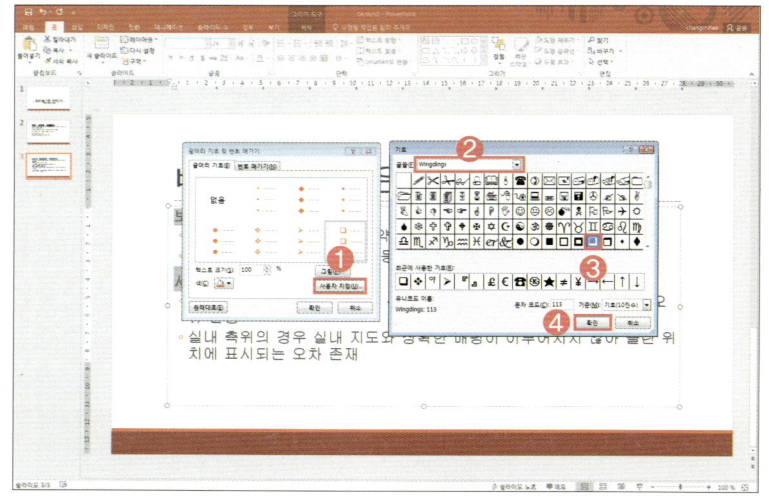

Section 02 | 디자인 서식으로 만드는 텍스트 슬라이드

04 Ctrl 을 누른 채 두 번째 단락들을 드래그하여 영역 설정한 후 [홈] 탭의 [단락] 그룹에서 [번호 매기기]의 목록 단추(▼)를 클릭한 후 '①, ②, ③'을 선택합니다.

> Tip • 첫번째 단락을 번호 매기기한 후 두번째 단락을 영역 설정한 후 F4 를 눌러도 됩니다.

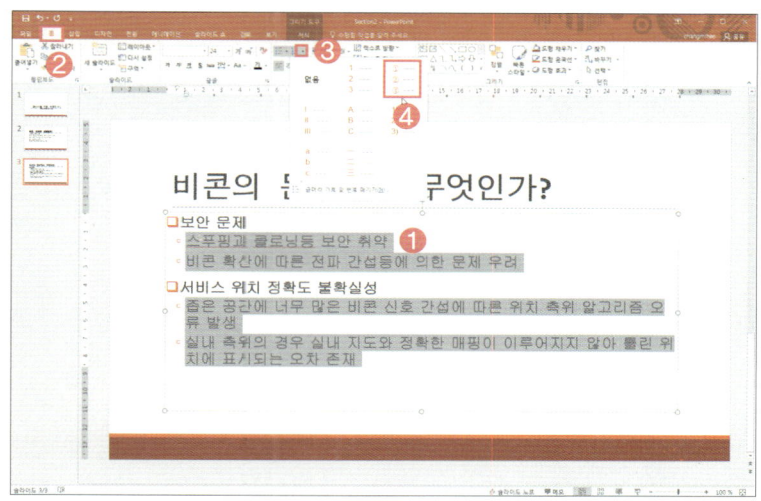

05 이번에는 단락의 줄 간격을 조절하기 위해 2번 슬라이드의 텍스트 상자 전체를 클릭합니다. [홈] 탭의 [단락] 그룹에서 [줄 간격(≡)]의 목록 단추(▼)를 클릭한 후 '1.5'를 선택합니다.

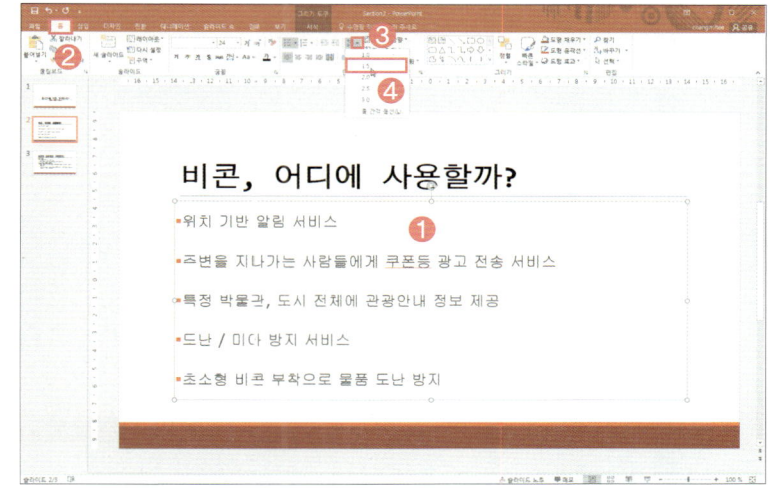

06 글머리와 텍스트의 간격을 조절하기 위해 텍스트를 드래그합니다. 상단의 눈금자 위에 삼각형(△)을 오른쪽으로 드래그하여 넓혀줍니다.

> Tip 눈금자가 보이지 않을 때에는 [보기] – [눈금자]를 클릭하세요.
>
>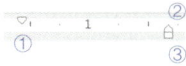
>
> ① 글머리의 위치 조절
> ② 글머리기호와 텍스트의 사이 간격 조절
> ③ 단락의 위치를 한꺼번에 조절(글머리 기호와 텍스트가 함께 이동)

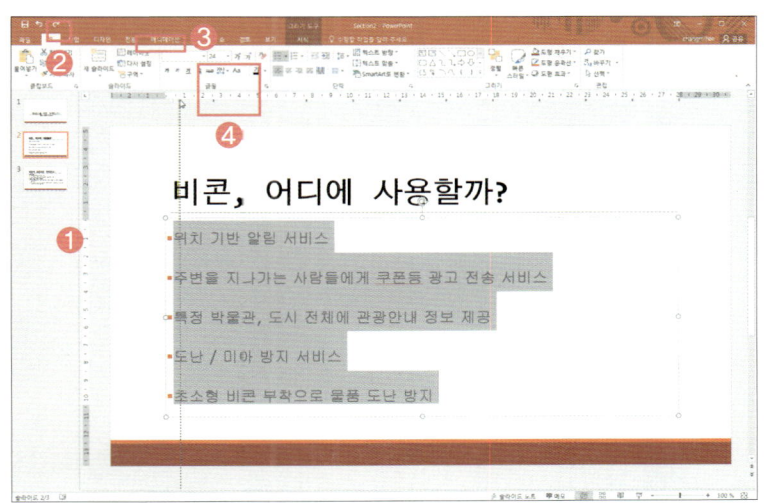

029

07 3번 슬라이드의 글머리 기호와 텍스트 사이를 넓히기 위해 첫 번째 단락들의 영역을 지정합니다. 눈금자 위의 삼각형(△)을 오른쪽으로 드래그하여 넓혀줍니다. 텍스트의 위치가 변경됩니다.

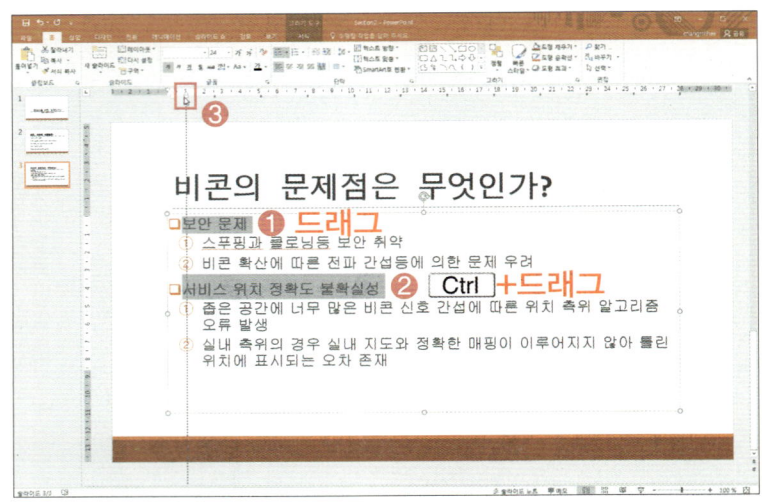

08 두 번째 단락들을 영역 지정한 후 글머리 기호의 위치를 변경하기 위해 눈금자 맨 앞에 있는 역삼각형(▽)을 오른쪽으로 드래그합니다.

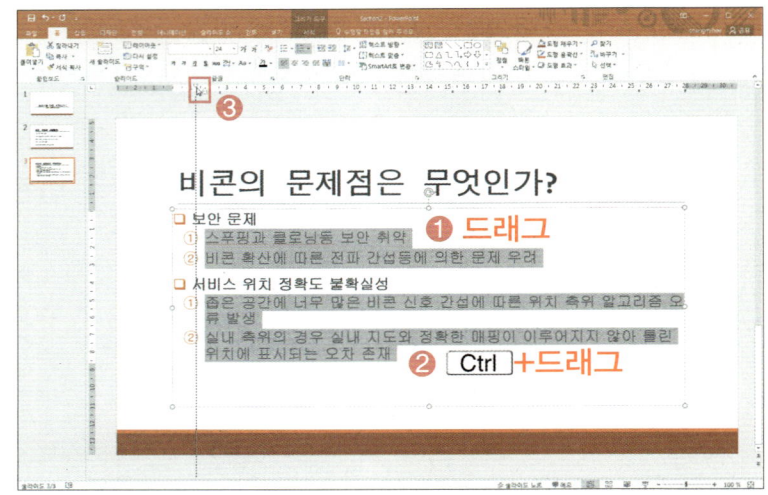

09 글머리 기호와 텍스트를 함께 이동하기 위해 첫 번째 단락 제목을 영역 지정합니다. 눈금자 위의 삼각형(☐)을 오른쪽으로 드래그하여 넓혀줍니다.

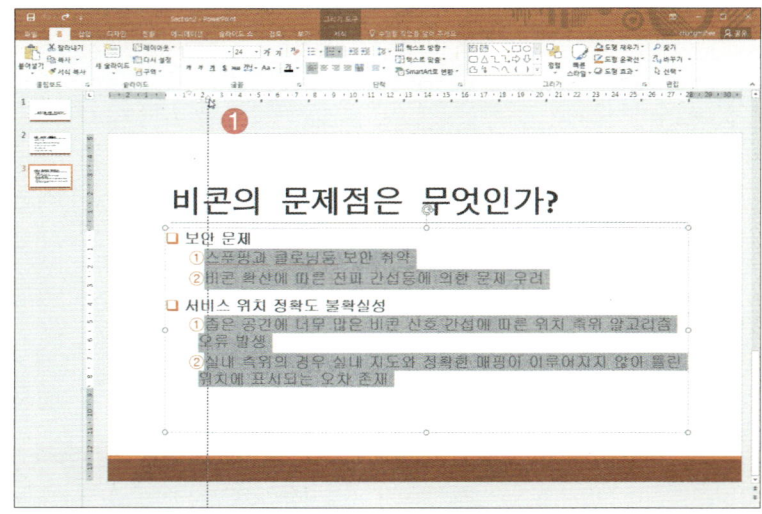

줄 간격과 단락 조절

01 줄 간격을 세밀하게 조절하기 위해 3번 슬라이드의 텍스트 상자를 선택합니다. [홈] 탭의 [단락] 그룹에서 [줄 간격]의 목록 단추(▼)를 클릭한 후 '줄간격 옵션'을 선택합니다.

> Tip [홈] 탭의 [단락] 그룹에서 자세히(□)를 클릭해도 됩니다.

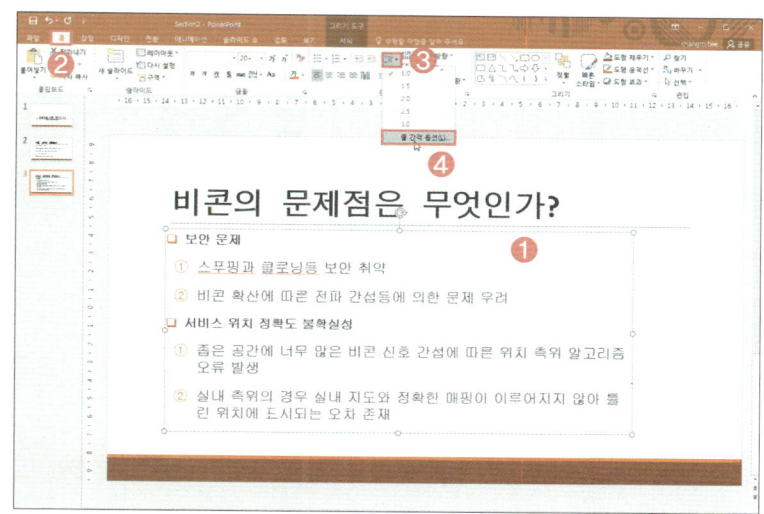

02 [단락] 대화상자가 열리면 [들여쓰기 및 간격] 탭에서 '간격'의 '줄 간격'을 '배수'로 선택하고, '값'은 '1.2'로 설정하고 '단락 뒤' 간격은 '6Pt'로 설정한 후 [확인]을 클릭합니다.

> Tip 고정은 포인트 단위로 조절하며 배수는 소수점 단위로 조절할 수 있습니다. 단락 앞 뒤 간격을 조절하면 단락과 단락의 구분이 명확해져 가독성이 높아집니다.

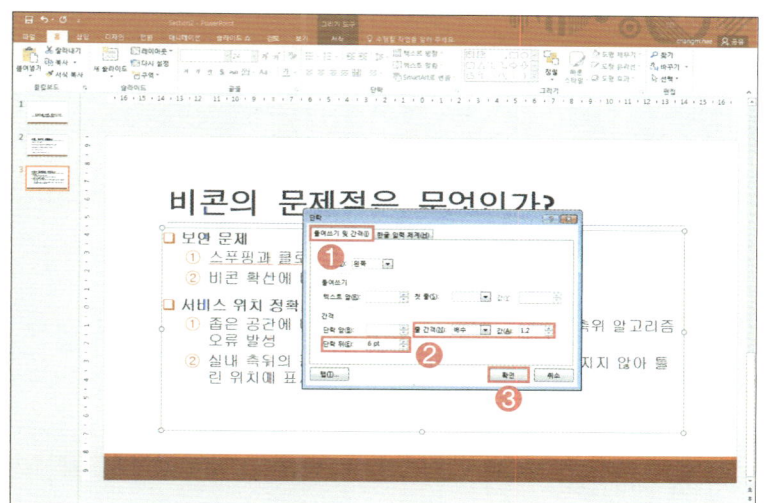

03 글꼴과 단락을 이용하여 조절이 되었지만 텍스트 상자 크기에 맞게 글꼴 크기가 자동으로 조절됩니다. 텍스트 상자 안을 클릭하면 왼쪽 하단의 조절점(⊞)을 클릭한 후 '이 개체 틀에 텍스트 맞춤 중지'를 클릭합니다.

> Tip 도형 선택 – [홈] – [그리기] – [자세히] – [도형 서식] – [도형 옵션] – [크기 및 속성] – [텍스트 상자] – [자동 맞춤 안 함]

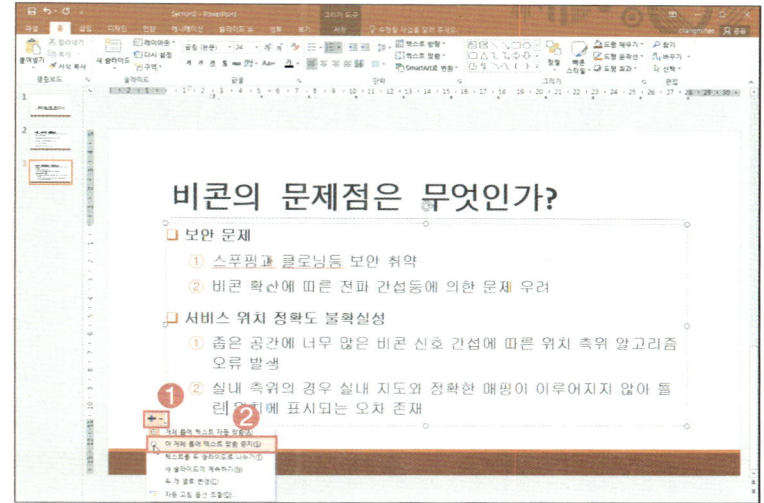

04 3번 슬라이드의 내용들의 단락이 조절되었습니다. 하지만 텍스트의 오른쪽 끝 단어가 잘림 현상이 있습니다. 텍스트 상자 크기가 조절되면 여러 번 조절해야하는 번거로움도 생깁니다.

Tip 강제 문단 넘기기 : Shift + Enter

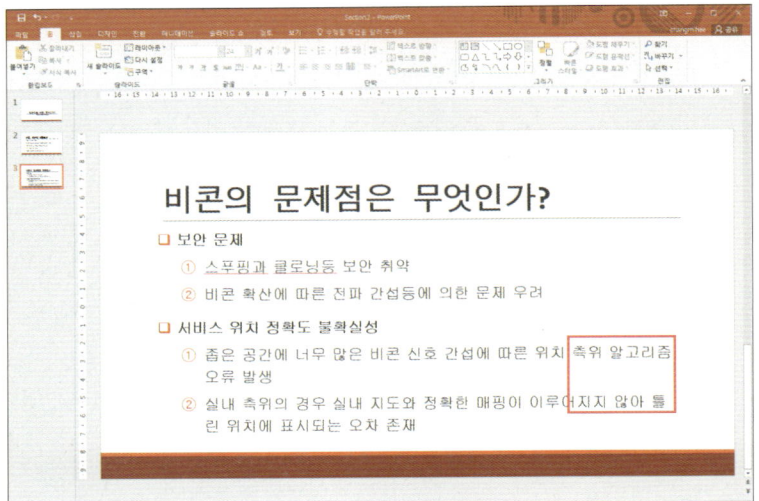

05 3번 슬라이드의 텍스트 상자를 선택한 후 [홈] 탭의 [단락] 그룹에서 자세히(⌐)를 클릭합니다. [한글 입력 체계] 탭의 '한글 단어 잘림 허용'의 체크를 해제한 후 [확인]을 클릭합니다.

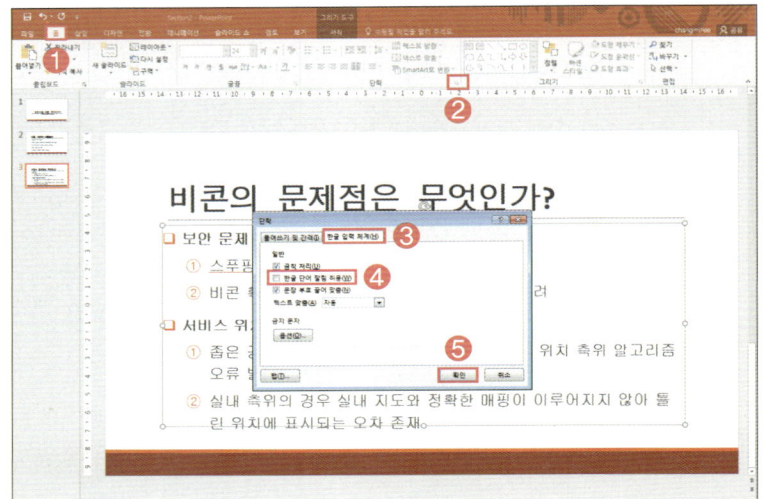

06 텍스트 상자의 크기를 늘리거나 줄여도 오른쪽 끝의 한글이 잘리지 않음을 확인할 수 있습니다.

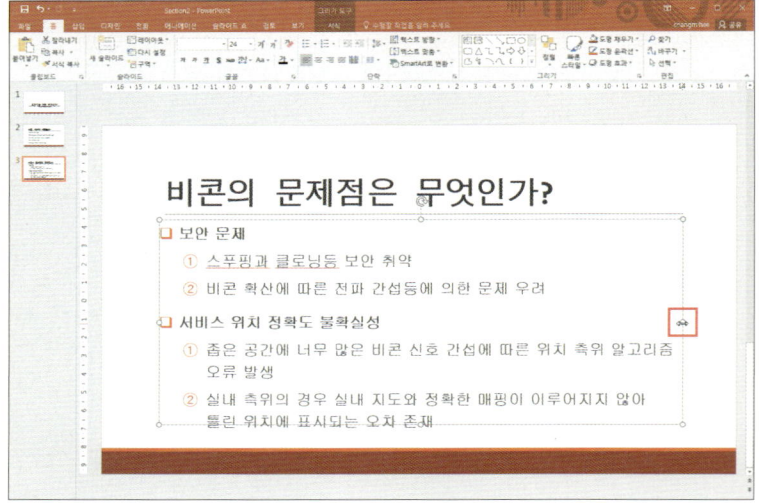

Section 02 | 디자인 서식으로 만드는 텍스트 슬라이드

알아두기 　글머리 기호 설정과 번호 매기기 알아보기

▶ 글머리 기호 크기와 색 조절

글머리 기호가 너무 크거나 작을 때 또는 글꼴과 색이 다를 때 글머리 기호의 크기와 색을 바꿀 수가 있습니다. [글머리 기호 및 번호 매기기]를 클릭하여 [글머리 기호] 탭에서 변경이 가능합니다.

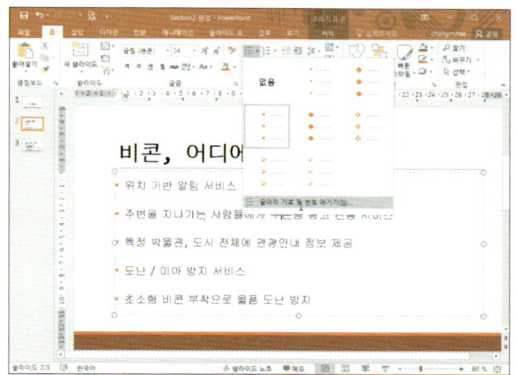 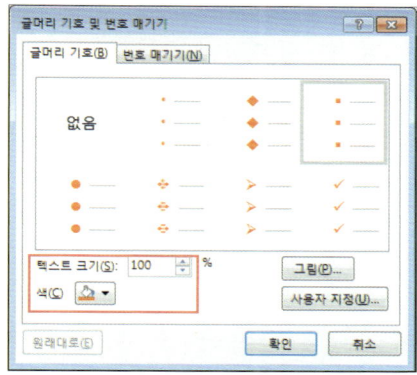

▶ 번호 매기기 번호 수정

번호 매기기의 번호를 수정하려면 번호 매기기를 넣을 영역을 설정한 후 [글머리 기호 및 번호 매기기]를 클릭하여 [번호 매기기] 탭에서 '시작 번호'를 변경합니다.

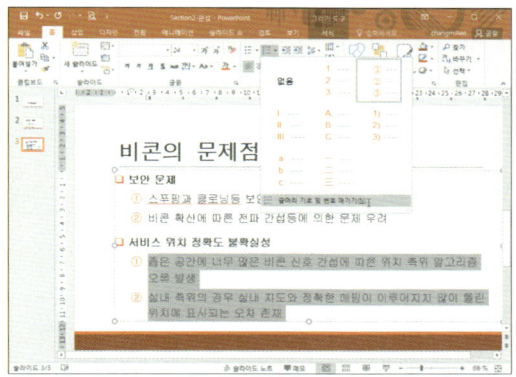 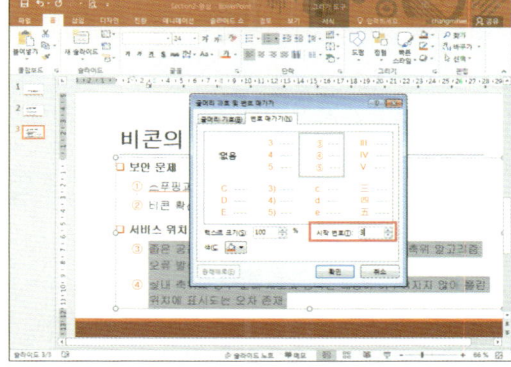

그림으로 글머리를 넣으려면 [그림]을 클릭하여, 컴퓨터에 저장된 그림 또는 검색하여 그림으로 삽입할 수 있습니다.

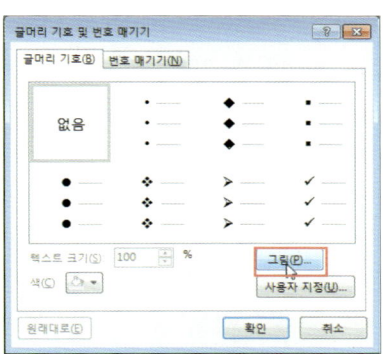 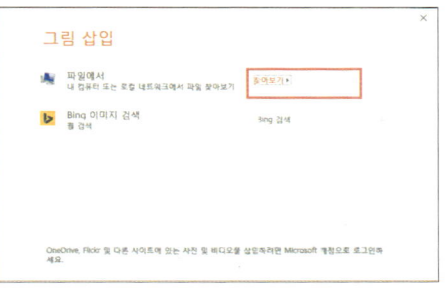

기초문제

❖ 완성파일 : Section2-기초-완성.pptx

01 새 프레젠테이션을 열고 제목 슬라이드를 작성하세요.

 조건

디자인 : 자연주의, 배경 : 자연주의 적용
디자인 전체 글꼴 : 돋움, 바탕
제목 : 글꼴 크기 40pt, HY헤드라인M
부제목 : 글꼴 크기 32pt, 진하게

힌트
① [디자인] - [테마]
② [디자인] - [적용] - [글꼴] - [글꼴 사용자 개정] - [한글 글꼴 변경]
③ 제목 글꼴(한글): 돋움, 본문 글꼴(한글): 바탕

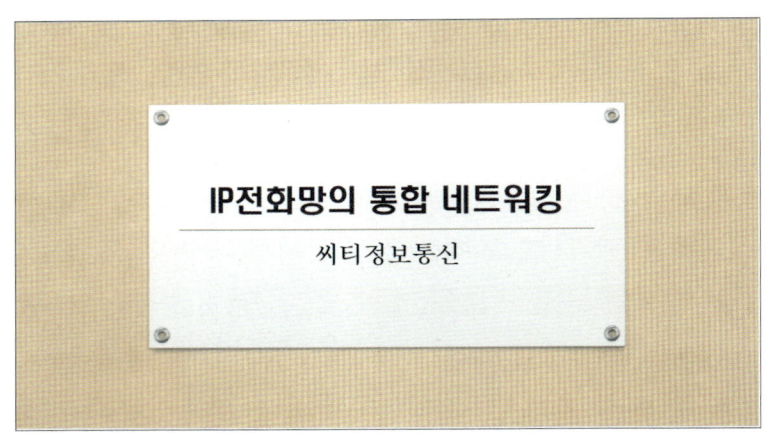

02 '제목 및 내용 슬라이드'를 삽입한 후 2번 슬라이드를 작성한 후 아래의 조건을 적용해 보세요.

 조건

글머리 기호 : 대조표 글머리 기호
줄 간격 : 1.5

 힌트

[단락] - [줄 간격]

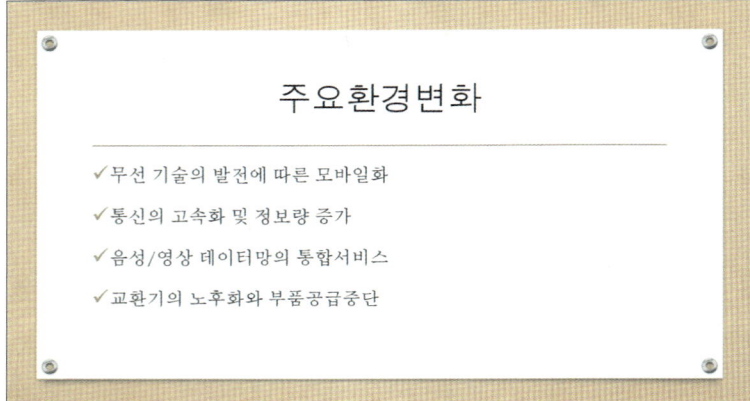

03 '제목 및 내용 슬라이드'를 삽입한 후 3번 슬라이드를 작성한 후 아래의 조건을 적용해 보세요.

 조건

첫 번째 단락
글머리 기호 : 화살표 글머리 기호
글꼴 색 : 진한 파랑, 진하게

두 번째 단락
번호 매기기 - 반 괄호 숫자

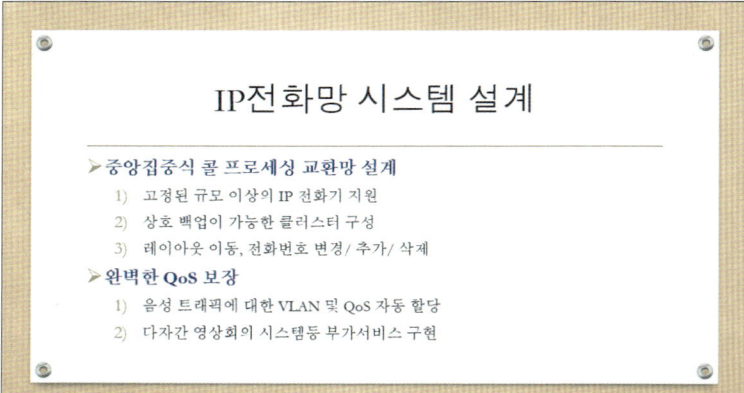

심화문제

❖ 완성파일 : Section2-심화-완성.pptx

01 새 프레젠테이션을 열고 제목 슬라이드를 작성하세요.

 조건

디자인 : 천체 검색, 녹색 계열 적용
제목 슬라이드 : 배경 그래픽 숨기기
제목 : 글꼴-HY크리스탈M, 크기 60pt
부제목 : 글꼴-HY그래픽, 크기 24pt

힌트
① [파일] - [새로 만들기] - [천체 검색]
② [디자인] - [사용자 지정] - [배경 서식] - [채우기] - '배경 그래픽 숨기기' 체크

02 1번 슬라이드 다음에 '제목 및 내용' 슬라이드를 삽입한 후 작성하세요.

 조건

제목 : 오른쪽 정렬
내용 : 글꼴 - 맑은 고딕, 크기 28pt
글머리 기호 : ★
단락 : 단락 뒤 - 15pt, 줄 간격 - 배수(1.7)
한글 단어 잘림 허용

힌트
① [홈] - [단락] - [글머리 기호] - [글머리 기호 및 번호 매기기] - [사용자 지정] - 'Wingdings 2'
② [홈] - [단락] - 자세히 단추

03 2번 슬라이드 다음에 '제목 및 내용' 슬라이드를 삽입한 후 작성하세요.

 조건

제목 : 오른쪽 정렬
내용
첫 번째 단락 :
글머리 기호 : √, 글꼴 크기 28pt, 진하게, 글머리 기호와 제목의 간격 조절
두 번째 단락 :
글머리 기호 : ①, ②, ③, 번호 이어표시, 글꼴 크기 24pt, 오른쪽 끝 강제 문단 나눔

힌트
첫 번째 문장 끝에서 Shift + Enter 를 누른 후 입력

Power Point 2016

03 프레젠테이션 저장과 웹 앱 저장
SECTION

파워포인트의 문서는 다양한 저장 방식으로 저장이 가능합니다. 이전 버전과의 호환성 문서로 저장하거나 PDF 문서, 그림 파일 저장, 이미지 프레젠테이션 저장 방식 등 사용자가 원하는 형태로 저장할 수 있습니다. Microsoft 2016은 One Drive에 문서를 저장한 후 스마트기기와 PC, 웹 등과 연동하여 문서를 저장하고 편집할 수 있습니다.

PREVIEW

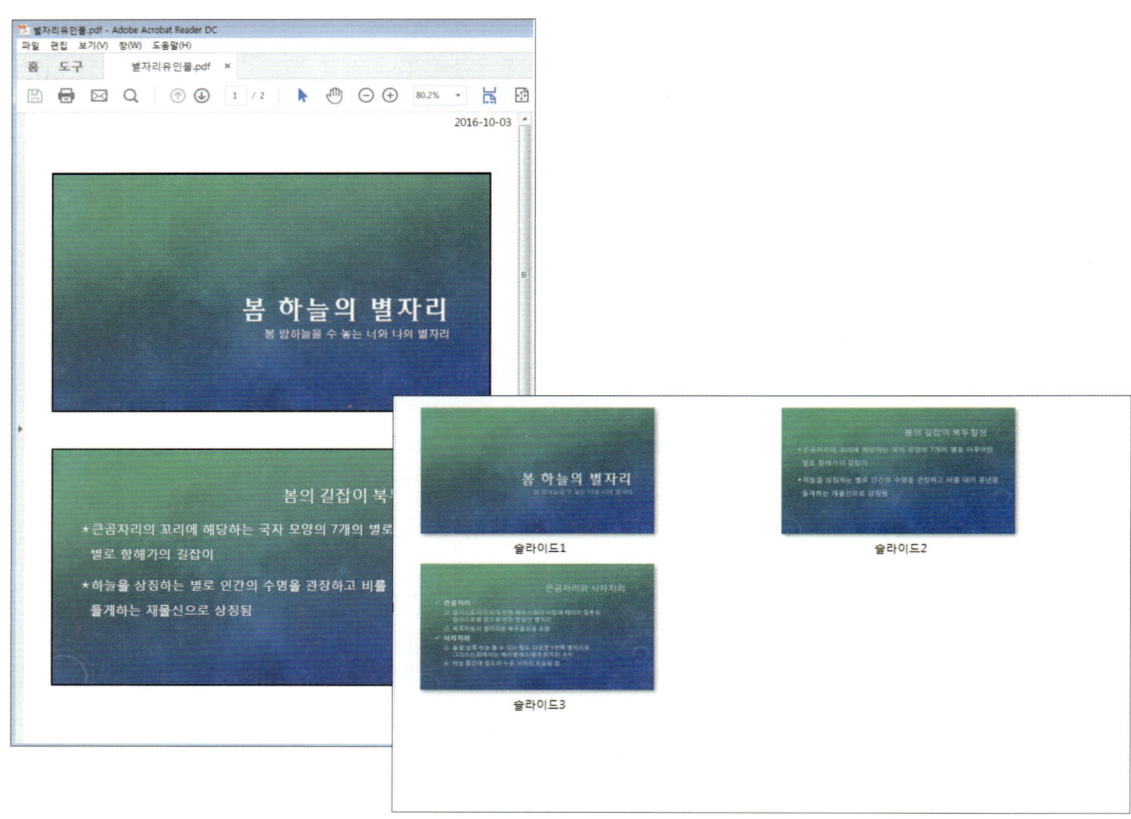

▲ 완성파일 : 별자리유인물.pdf 별자리그림.pptx

학습내용

- 실습 01 이전 버전과의 호환 문서 저장하기
- 실습 02 PDF 문서로 저장하기
- 실습 03 이미지 프레젠테이션 저장과 그림 파일로 저장하기
- 실습 04 One Drive에 저장하기

체크포인트

- 최신 파워포인트 문서를 이전 버전과 호환할 수 있도록 저장해 봅니다.
- PDF 문서와 파워포인트 슬라이드를 이미지로 변환해 파일로 저장해 봅니다.
- MicroSoft에서 제공하는 클라우드 저장 장치에 문서를 편집하고 저장과 다운로드 해봅니다.
- 모바일 기기와 PC에서 문서를 동기화 해봅니다.

이전 버전과의 호환 문서 저장하기

01 '준비 파일: Section3.pptx'을 열고 저장을 하기 위해 [파일] 탭을 클릭합니다.

> **Tip** 왼쪽 상단의 빠른 메뉴의 디스켓 모양의 '저장'을 클릭해도 됩니다.

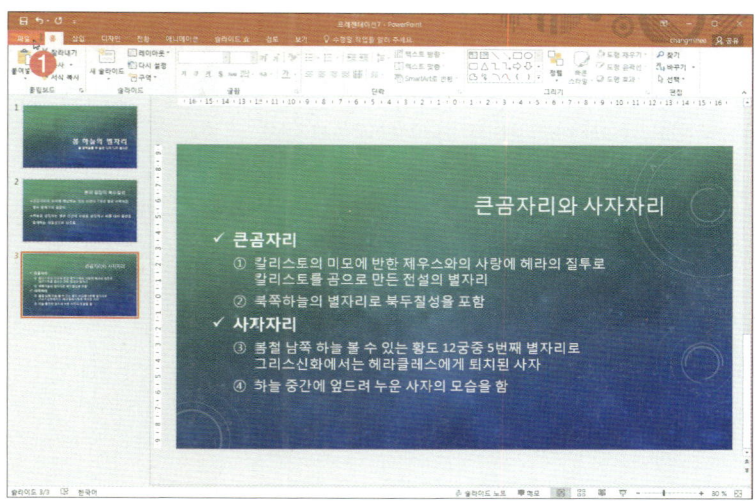

02 백 스테이지의 왼쪽 메뉴에서 [다른 이름으로 저장]을 클릭합니다.

> **Tip** '내보내기'를 클릭해도 됩니다.

03 이 PC( )를 더블클릭한 후 [다른 이름으로 저장] 대화상자가 열리면 저장 폴더는 라이브러리의 '문서'를 선택하고 '파일 이름'은 '별자리'를 입력합니다. 파일 형식은 'PowerPoint 프레젠테이션(*.pptx)'로 확인한 후 [저장]을 누릅니다.

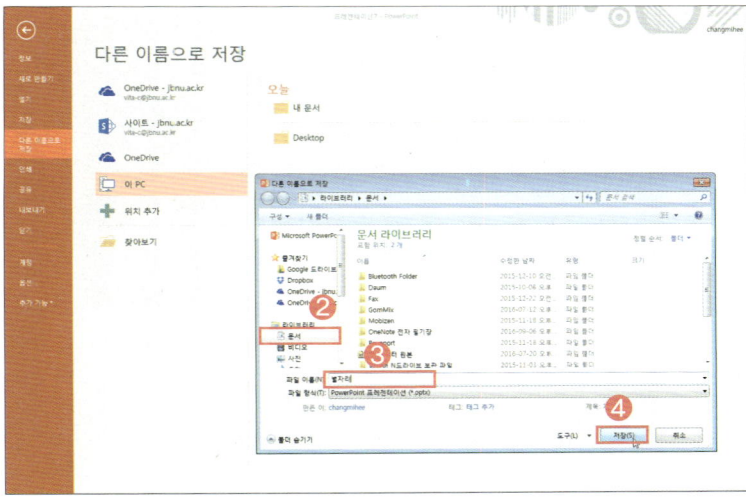

04 버전이 낮은 파워포인트에서도 높은 버전의 문서를 열기 위해서는 이전 버전과의 호환문서로 저장해야 합니다. [파일] 탭을 클릭한 후 [내보내기]에서 [파일 형식 변경]의 'PowerPoint 97-2003 프레젠테이션(*.ppt)'를 더블클릭합니다.

> **Tip** [다른 이름으로 저장]에서 파일 형식을 'PowerPoint 97-2003 프레젠테이션(*.ppt)'을 선택해도 됩니다.

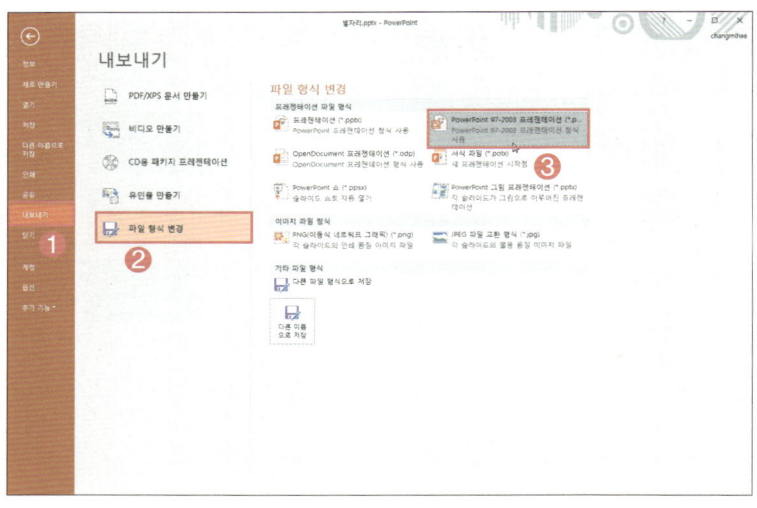

05 [다른 이름으로 저장] 대화상자가 열리면 저장할 폴더를 선택하고 '파일 이름'은 '별자리이전버전'으로 입력합니다. 파일 형식은 '97-2003 프레젠테이션(*.ppt)'로 확인한 후 [저장]을 누릅니다.

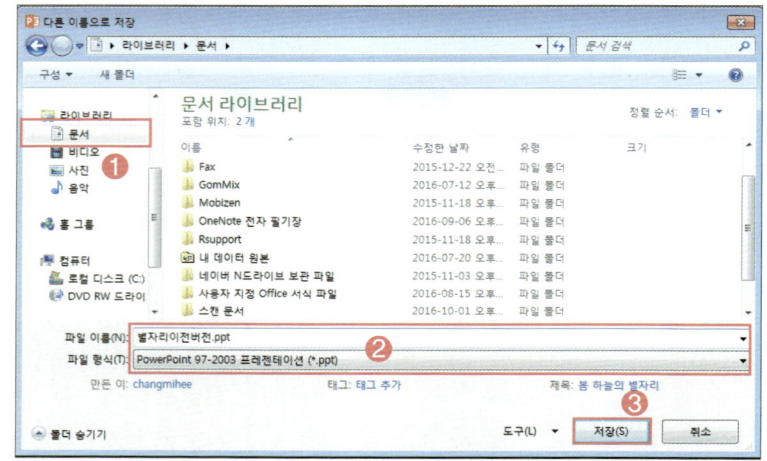

06 [Microsoft PowerPoint 호환성 검사] 대화상자가 열리면 [계속]을 클릭합니다. 제목 표시줄에 '별자리이전문서.ppt[호환 모드]'로 표시됩니다.

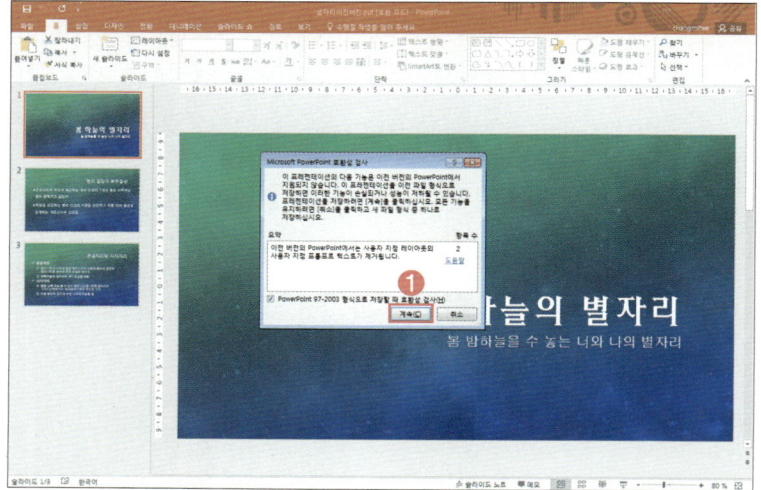

알아두기 | 프레젠테이션 문서 암호 설정하기

- 프레젠테이션 문서에 암호를 넣으려면 [파일] – [다른 이름으로 저장] 대화상자에서 [도구]의 [일반 옵션]에서 암호를 입력합니다.

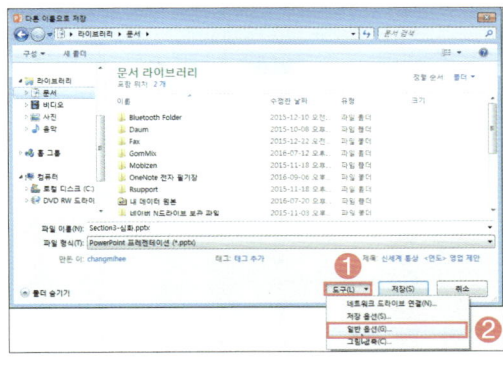
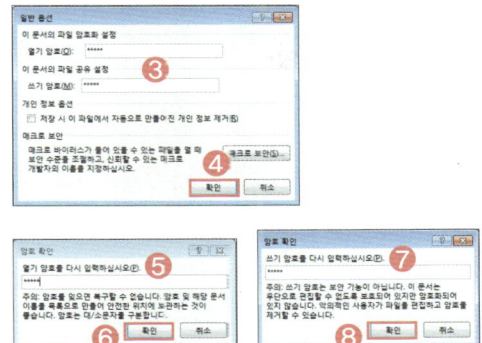

- 또 다른 방법으로 [파일] 탭을 클릭하고 백스테이지에서 [정보]의 [프레젠테이션 보호]의 [암호 설정]을 이용해 암호를 입력합니다.

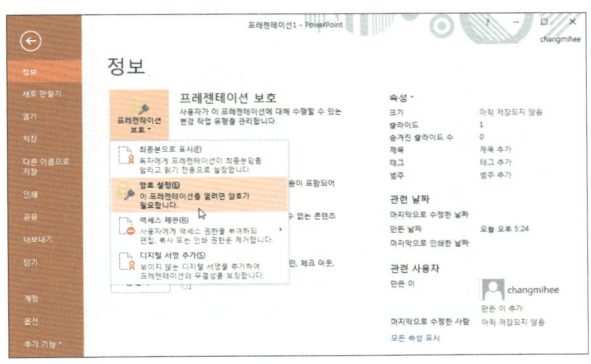
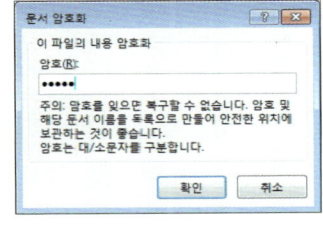

▶ 프레젠테이션에 포함된 글꼴 저장

- 프레젠테이션을 작성하면서 별도의 글꼴을 설치하여 문서를 작성한 경우 다른 PC로 옮기면 해당 글꼴이 없을 경우에는 기본 글꼴로 바뀝니다. 다른 PC에 글꼴을 설치하거나 또는 글꼴을 포함하여 문서를 저장해야 합니다.
- [다른 이름으로 저장] 대화상자에서 [도구]의 [저장 옵션]을 클릭하거나 [파일] – [옵션]을 클릭하여 [PowerPoint 옵션]의 [저장] 탭에서 '파일의 글꼴 포함'의 '프레젠테이션에 사용되는 문자만 포함(파일 크기를 줄여줌)'을 선택하여 저장합니다.

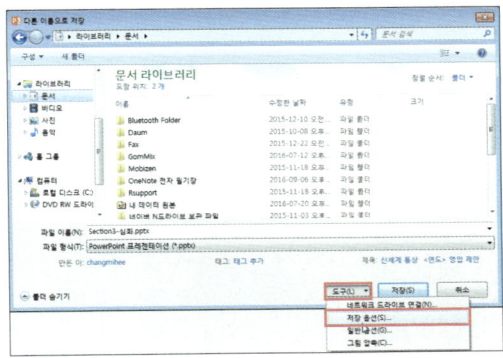
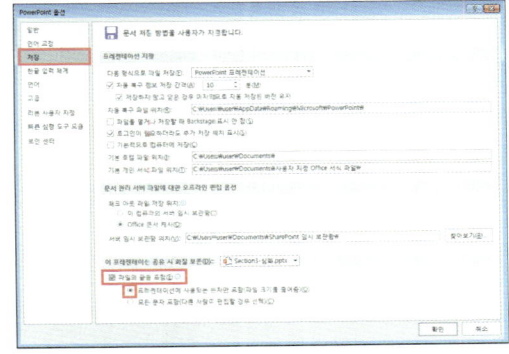

실습 02 PDF 문서로 저장하기

01 [파일] 탭의 [내보내기]에서 [PDF/XPS 문서 만들기]를 선택한 후 [PDF/XPS 만들기]를 클릭합니다.

> **Tip** XPS(XML Paper Specification) 형식을 사용하면 파일을 온라인으로 보거나 인쇄할 때 원하는 형식을 그대로 유지할 수 있으며 파일의 데이터를 쉽게 변경할 수 없습니다.

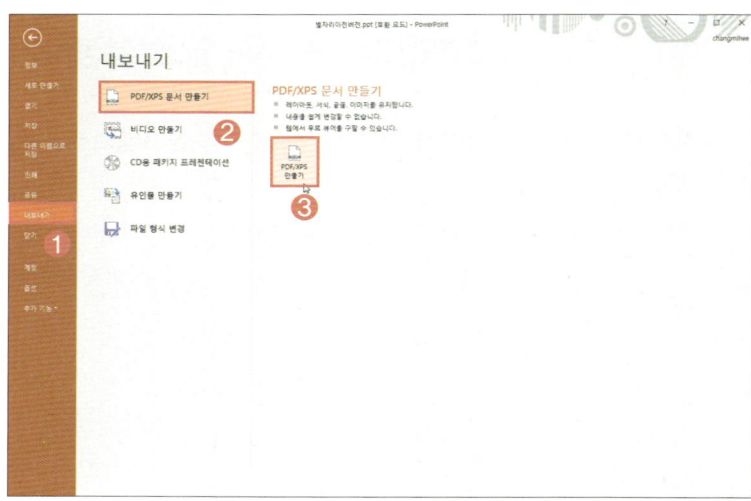

02 [PDF 또는 XPS로 게시] 대화상자가 열리면 저장할 위치를 선택한 후 파일 이름을 '별자리'로 입력한 후 [게시]를 클릭합니다. 파일 형식은 PDF(*.pdf)로 저장이 됩니다.

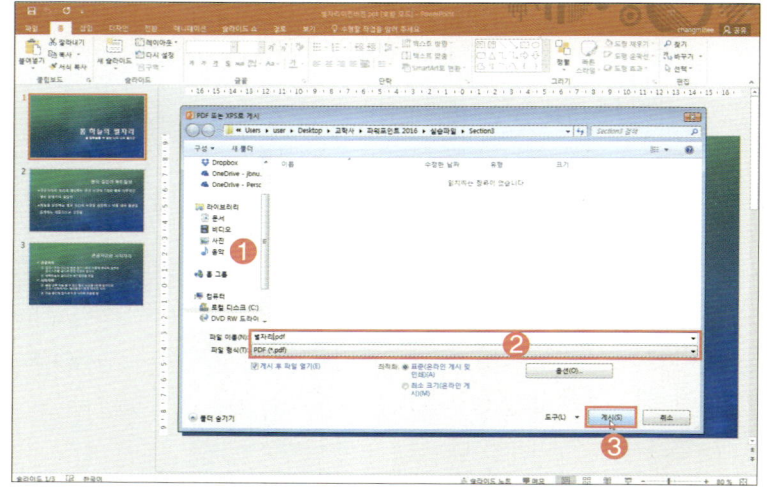

03 PDF 문서로 저장된 후 문서가 열립니다. 한 페이지에 슬라이드 한 장이 표시됩니다.

> **Tip** Adobe Acrobat Reader 또는 PDF 뷰어가 설치 되어있어야 문서를 확인할 수 있습니다.

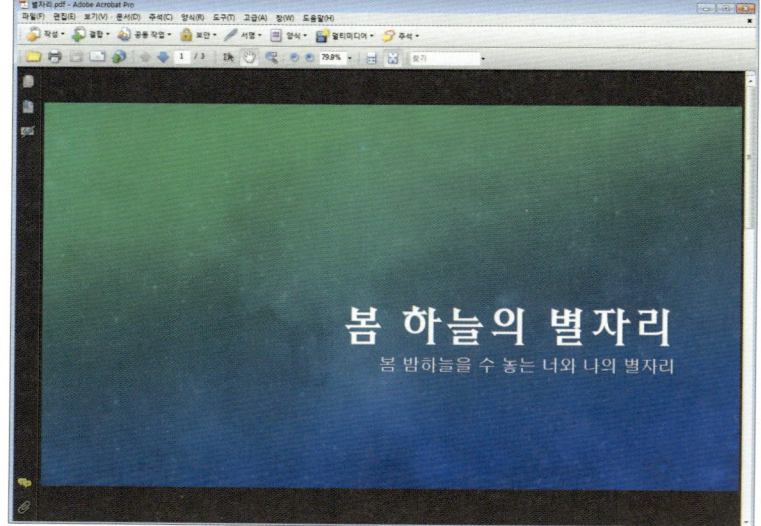

Section 03 | 프레젠테이션 저장과 웹 앱 저장

04 한 페이지에 여러 장의 PDF 문서를 저장하기 위해 [파일] 탭의 [내보내기]에서 [PDF/XPS 문서 만들기]를 선택한 후 [PDF/XPS 만들기]를 클릭합니다.

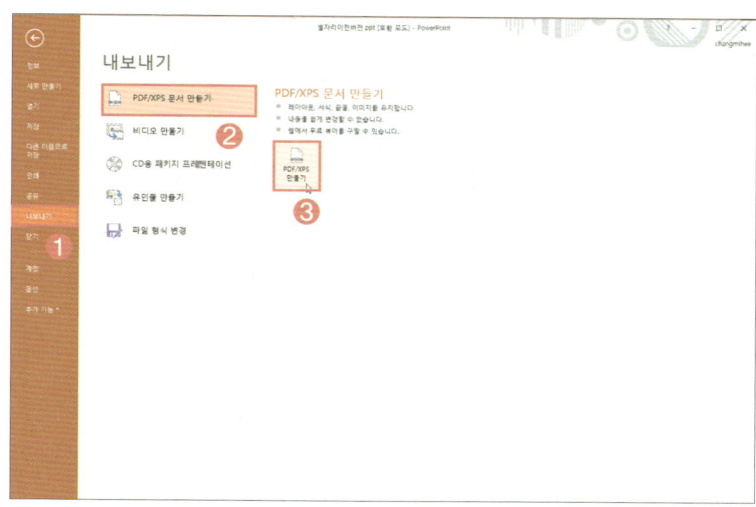

05 [PDF 또는 XPS로 게시] 대화상자에서 저장할 위치를 선택한 후 파일 이름을 '별자리유인물'로 입력한 후 [옵션]을 클릭합니다. [옵션] 대화상자에서 '게시 대상'을 '유인물'로 선택하고 '슬라이드 테두리'에 체크합니다. '한 페이지에 넣을 슬라이드 수'는 '2'를 선택한 후 [확인]을 누른 후 [PDF 또는 XPS로 게시] 대화상자로 돌아오면 [게시]를 클릭합니다.

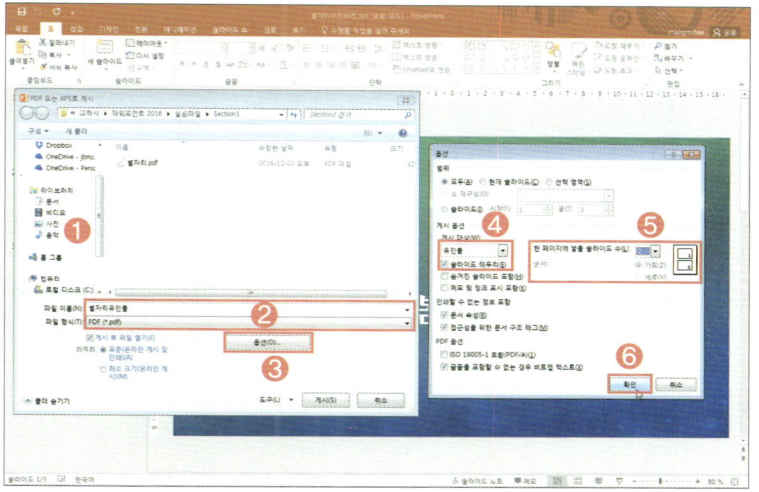

06 PDF 문서로 저장된 후 문서가 열립니다. 한 페이지에 두 장의 슬라이드가 표시됩니다.

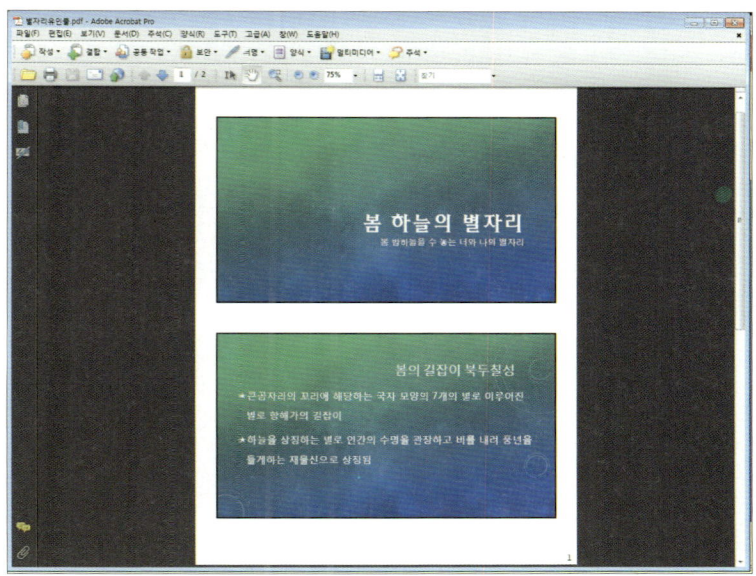

041

이미지 프레젠테이션 저장과 그림 파일로 저장하기

01 이미지 프레젠테이션은 슬라이드를 그림 파일로 저장한 후 슬라이드에 그림으로 삽입됩니다. [파일] 탭의 [내보내기]에서 [파일 형식 변경]을 선택한 후 'PowerPoint 그림 프레젠테이션(*pptx)'를 더블클릭합니다.

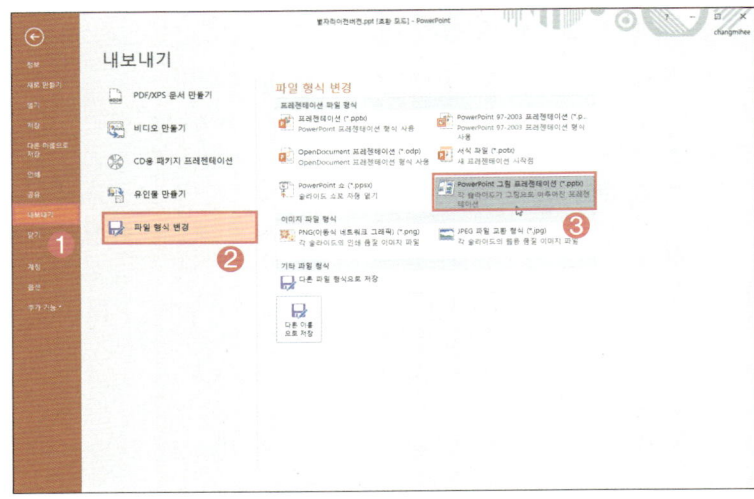

02 [다른 이름으로 저장] 대화상자가 열리면 저장할 위치를 선택한 후 파일 이름을 '별자리그림'으로 입력한 후 [저장]을 클릭합니다.

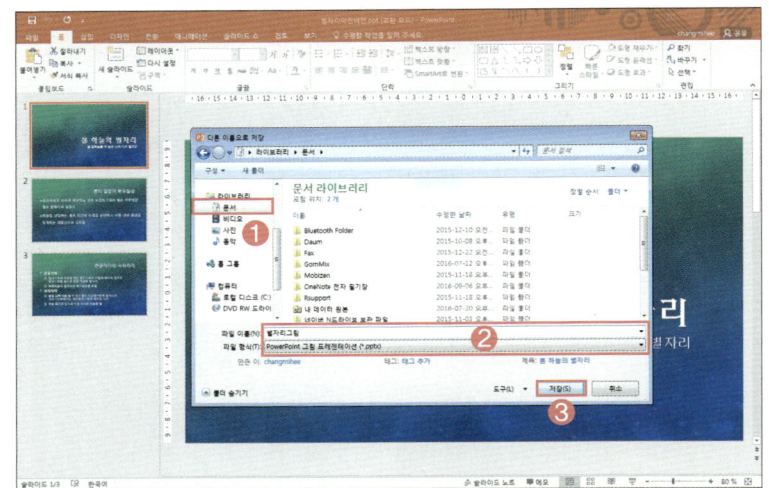

03 [이 프레젠테이션 복사본이 별자리그림.pptx로 저장되었습니다.] 대화상자의 [확인]을 클릭합니다.

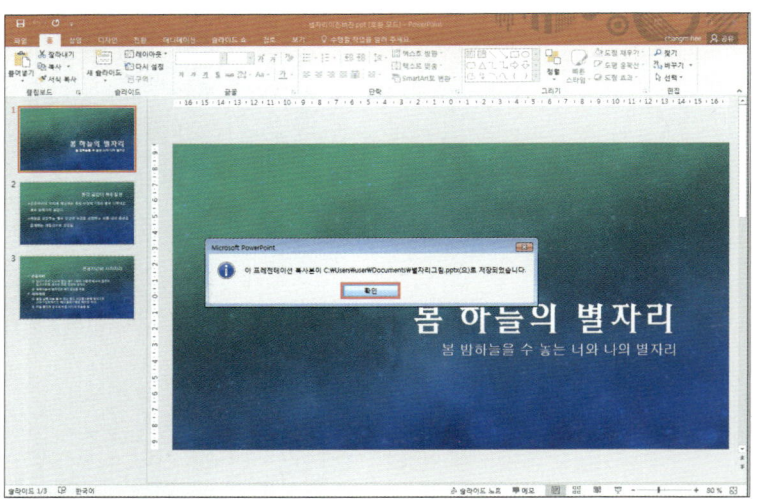

Section 03 | 프레젠테이션 저장과 웹 앱 저장

04 저장된 파일을 열면 슬라이드가 그림으로 저장된 후 각 슬라이드에 삽입되었습니다.

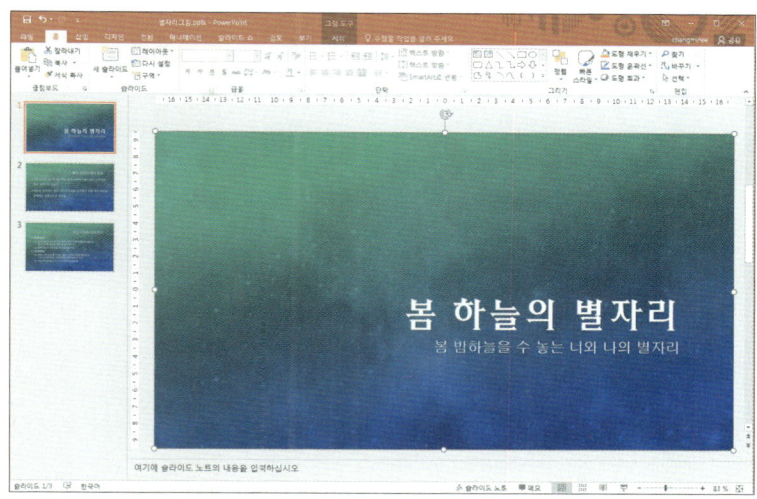

알아두기 | 슬라이드를 그림 파일로 저장하기

- 저장된 프레젠테이션의 슬라이드를 각 각 이미지로 저장할 수 있습니다.
- [파일] 탭의 [내보내기]에서 [파일 형식 변경]을 선택한 후 'PNG(이동식 네트워크 그래픽)(*.png) 또는 JPGE 파일 교환 형식 (*.jpg)을 선택합니다.
- [다른 이름으로 저장] 대화상자에서 '파일 이름'을 입력한 후 [저장]을 클릭합니다.
- [모든 슬라이드] 또는 선택된 [현재 슬라이드]를 내보낼 것인지 선택합니다.

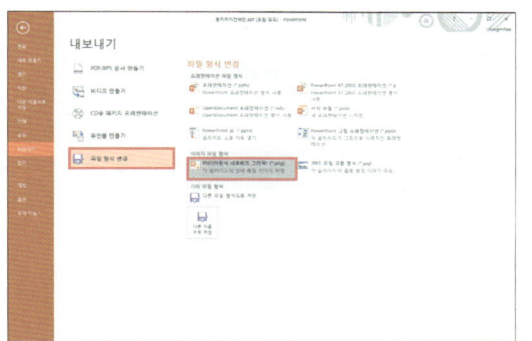 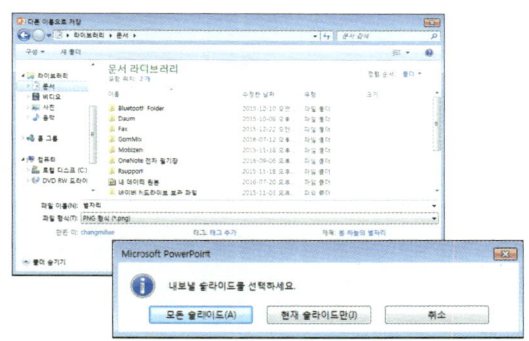

- [프레젠테이션의 각 슬라이드가 별개의 파일로 저장되어 있습니다.]라는 대화상자에서 [확인]을 누르면 저장 파일명으로 폴더가 만들어지며 폴더를 열면 각 각 슬라이드가 이미지 파일로 저장이 되어 있습니다.

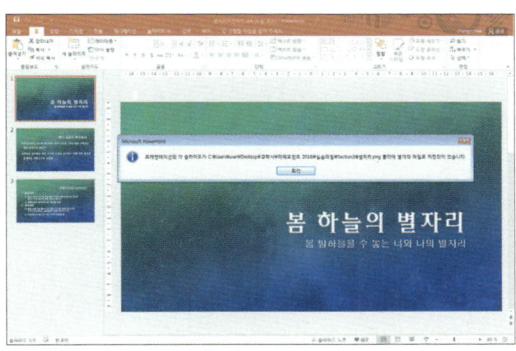 

One Drive에 저장하기

01 오피스 계정에 로그인하기 위해 [파일] 탭을 클릭합니다. [다른 이름으로 저장]을 클릭한 후 클라우드 저장 공간인 [OneDrive]를 선택합니다. [로그인]을 클릭한 후 [로그인] 대화상자에서 '이메일' 주소를 입력하고 [다음]을 클릭합니다.

> **Tip** OneDrive 계정이 없다면 [등록]을 클릭하여 OneDrive에 등록을 먼저 하세요.

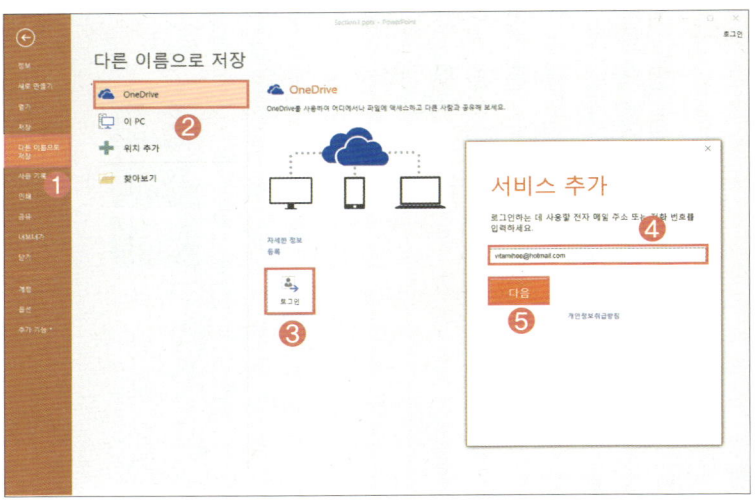

02 [암호]를 입력한 후 [로그인]을 클릭합니다. One Drive에 로그인이 되었습니다. 'One Drive-개인'위치를 더블클릭하면 [다른 이름으로 저장] 대화상자가 열립니다. 저장 위치가 웹 사이트 'One Drive'의 저장 위치가 표시됩니다. 파일 이름에 'Section3-클라우드'를 입력한 후 [저장]을 클릭합니다.

> **Tip** 로그인과 로그아웃은 [계정]에서도 가능합니다. [새 폴더]를 눌러 저장 폴더를 만들 수도 있으며, 파일의 위치와 파일명도 새로 작성이 가능합니다.

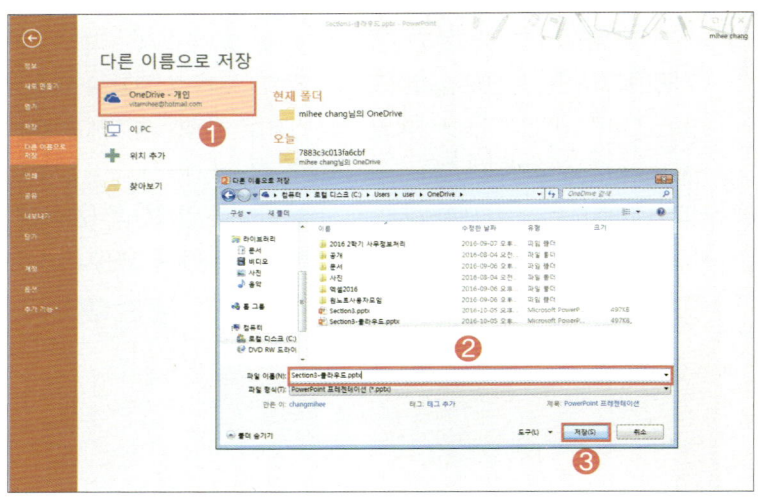

03 One Drive에 저장된 파일을 불러오기 위해 [파일]탭을 클릭한 후 [열기]에서 'One Drive-개인'을 더블클릭합니다. 오른쪽에 저장된 파일 목록에서 'Section3-클라우드'파일을 더블클릭하면 파일이 열립니다.

> **Tip** OneDrive의 PC프로그램이 설치되어 있는 경우 OneDrive PC폴더에 저장이 가능합니다.

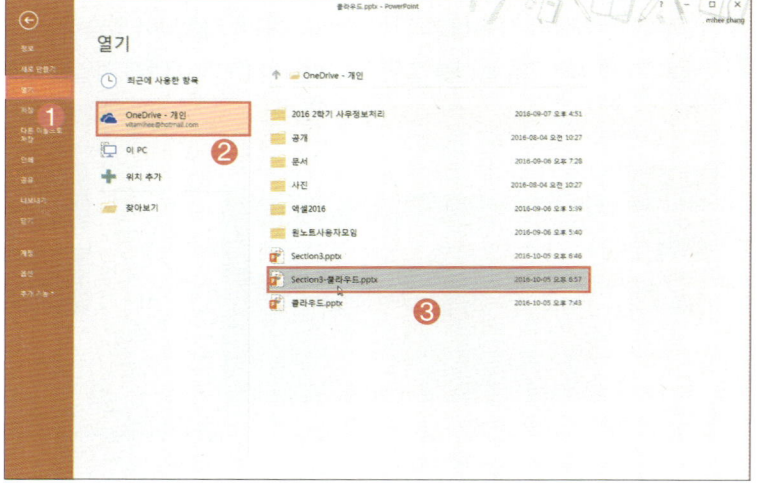

Section 03 | 프레젠테이션 저장과 웹 앱 저장

04 웹에서 One Drive에 저장된 문서를 편집해보기 위해 인터넷 브라우저를 열고 'https://onedrive.live.com'에 접속합니다. 오른쪽 상단의 [로그인]을 클릭하여 '이메일'과 '암호'를 입력한 후 [로그인]을 클릭합니다.

05 웹에 One Drive 저장소가 열립니다. 'Section3-클라우드' 문서를 클릭하면 'Powerpoint Online'에서 열립니다.

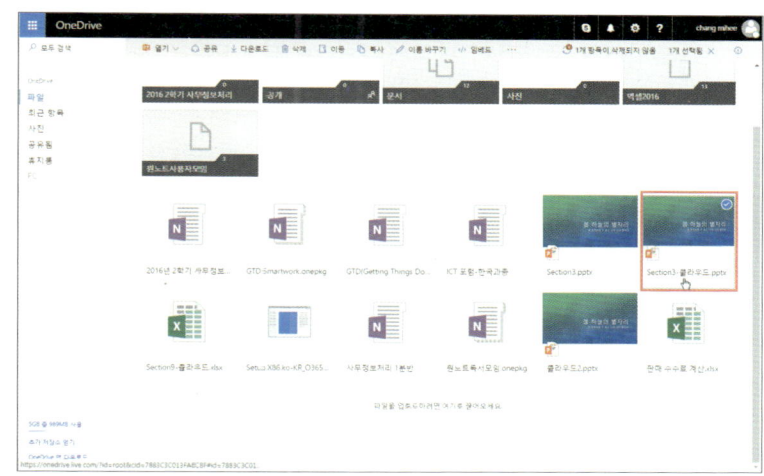

06 온라인 파워포인트에서는 모든 기능이 포함되지 않으며 가장 많이 사용하는 기본으로 편집할 수 있는 메뉴들이 표시됩니다. 내용을 수정하면 One Drive에 자동으로 저장되므로 따로 저장 명령을 실행하지 않습니다.

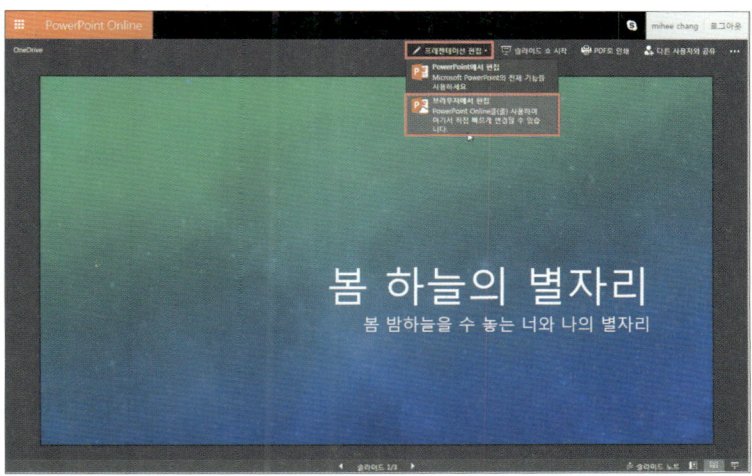

07 파일을 One Drive에 다른 이름으로 저장하거나 복사본을 다운로드 받으려면 [파일] 탭을 클릭하여 해당하는 메뉴를 클릭합니다.

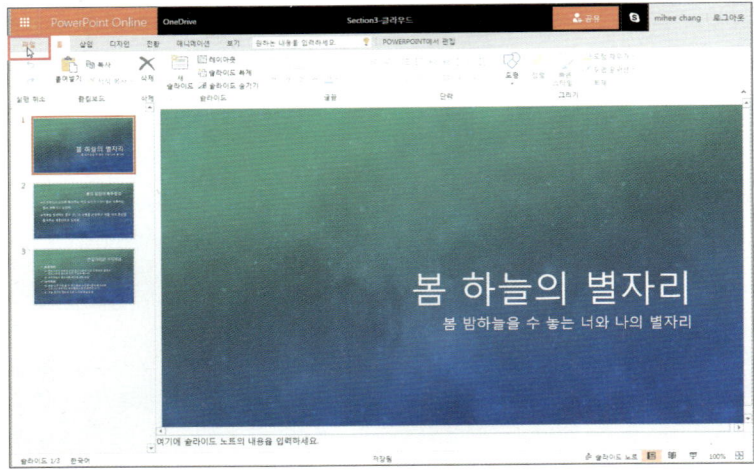

08 [다른 이름으로 저장]을 클릭한 후 [복사본 다운로드] 또는 [다른 이름으로 저장]을 합니다.

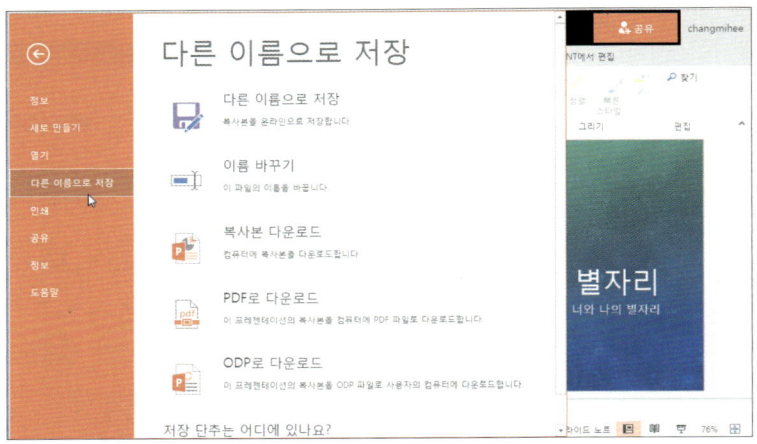

09 One Drive의 왼쪽 상단의 'Microsoft 서비스 목록' 실행기를 누르면 다양한 온라인 오피스 프로그램을 실행할 수 있습니다.

Tip 파워포인트 작업이 끝나면 오른쪽 상단의 로그인 정보를 클릭하여 '로그아웃'을 합니다.

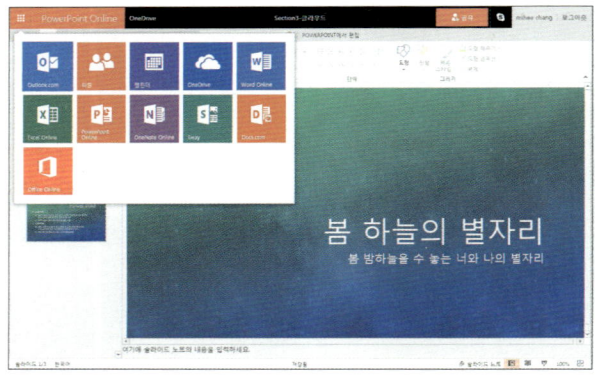 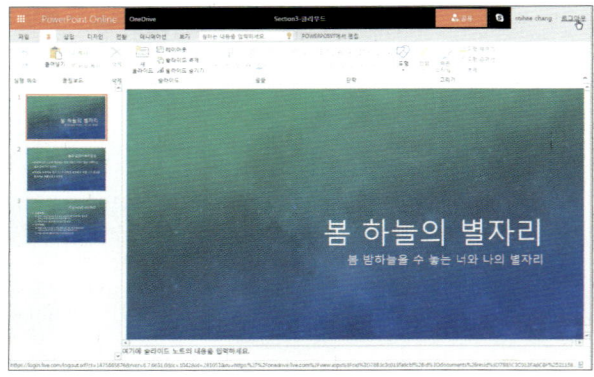

Section 03 | 프레젠테이션 저장과 웹 앱 저장

알아두기 | One Drive의 PC 버전과 스마트 기기 앱 활용하기

▶ One Drive를 PC에서 폴더로 사용하기

- 'https://onedrive.live.com'에 접속합니다. 상단의 [다운로드]를 클릭하여 '다운로드'를 클릭합니다. 'One Drive'를 PC에 설치하고 '이메일'과 '암호'를 입력합니다.

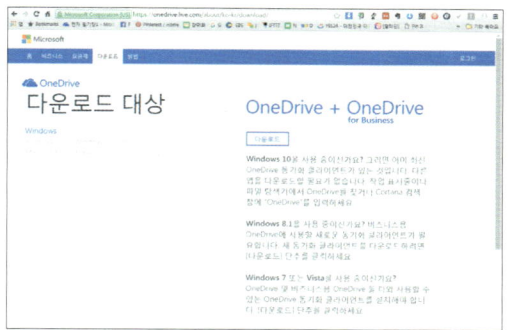

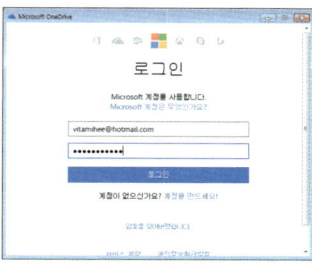

- '폴더' 지정과 '파일 동기화'를 선택한 후 One Drive 폴더를 엽니다.
- 파일 탐색기에서 폴더처럼 사용할 수 있습니다.

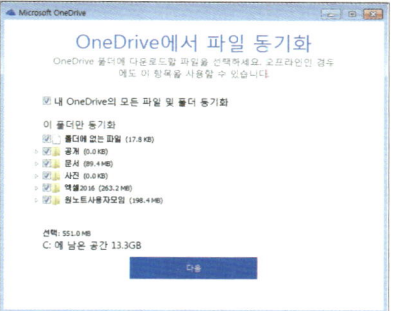
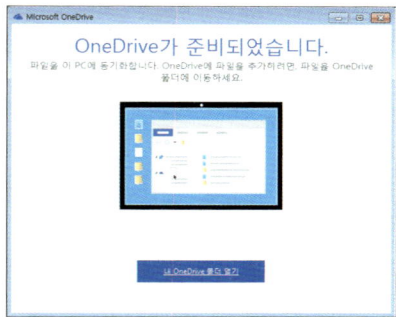

▶ 스마트기기에서 One Drive 사용하기

- One Drive 앱과 PowerPoint 앱을 다운로드하여 설치합니다.
- 웹, PC, 스마트기기에서 One Drive 내용을 동기화하고 공유할 수 있습니다.

기초문제

❖ 완성파일 : 첨단기술비콘.pptx

01 'Section3-기초.pptx' 문서를 열고 다음의 조건대로 작성하시오.

① 파워포인트 문서를 '첨단기술비콘'의 새로운 파일이름으로 'Powerpoint 97-2003 프레젠테이션(*.ppt)'로 저장하세요.
② 현재 사용하는 버전의 '프레젠테이션(*.pptx)'로 저장하세요. 파일 이름은 '첨단기술'로 저장하세요.

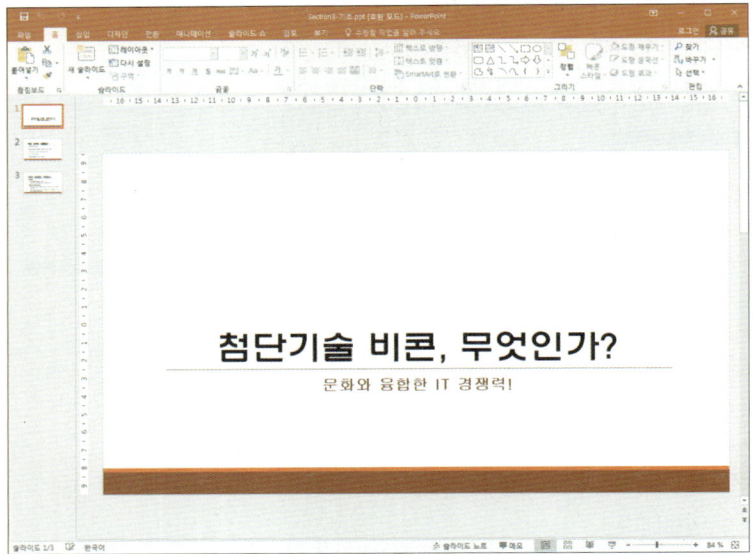

힌트

① [파일] 탭 – [내보내기] – [파일 형식 변경]
 – [Powerpoint 97-2003 프레젠테이션(*.ppt)]
 – [다른 이름으로 저장] – 파일이름 '첨단기술비콘'
② [파일] 탭 – [내보내기] – [파일 형식 변경]
 – [프레젠테이션(*.pptx)] – [다른 이름으로 저장]

02 'Section3-기초.pptx' 문서에 이어서 다음의 조건대로 작성하시오.

① 다음 문서를 '첨단기술비콘'의 파일 이름으로 PDF 문서로 저장하시오. 한 페이지에 두 장의 슬라이드를 표시하고 테두리를 표시하시오.

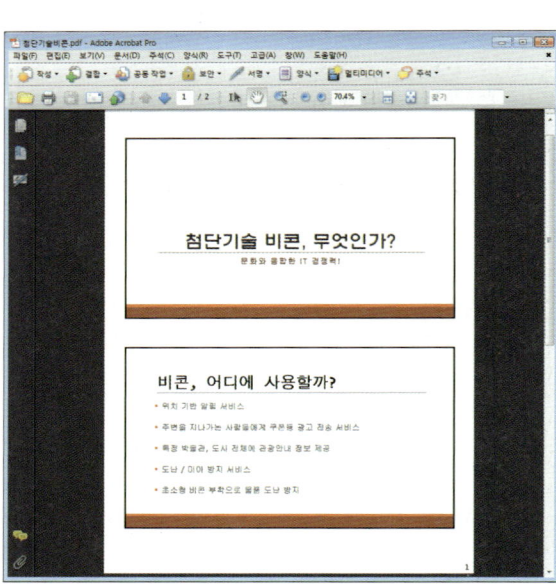

힌트

① [파일] 탭 – [내보내기] – [PDF/XPS 문서 만들기]

심화문제

 완성파일 : 영업제안.pptx

01 'Section3-심화.pptx' 문서를 열고 다음의 조건대로 작성하시오.

① 파일 이름을 '영업제안'으로 하고, '열기암호'와 '쓰기암호'에 '1593' 암호를 지정하여 저장하시오.

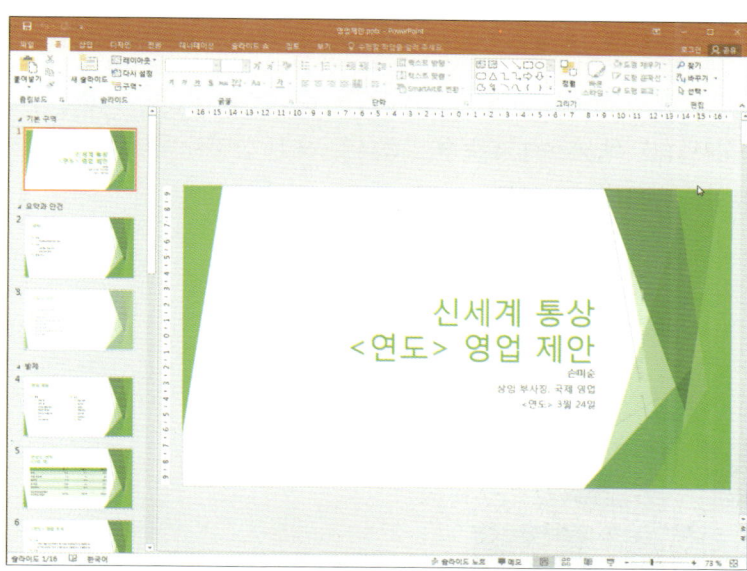

① [파일]-[다른 이름으로 저장]-[도구]-[일반옵션]-'열기암호 / 쓰기암호'

02 'Section3-심화.pptx' 문서에 이어서 다음의 조건대로 작성하시오.

① 현재 문서에 포함된 글꼴을 포함하여 저장하시오.
② 'One Drive' 저장 위치에 '신세계통상영업제안' 파일 이름으로 저장하시오.

① [파일] 탭 - [다른 이름으로 저장] - [One Drive - 개인]

Power Point 2016

SECTION 04 설득력을 높이는 이미지 슬라이드

발표 자료를 만들 때 주제에 맞는 이미지를 이용하여 주제를 강조하거나 설득력을 높일 수가 있습니다. 이미지의 다양한 스타일과 효과를 적용하고, 불필요한 배경을 제거할 수 있습니다. 또한 삽입한 이미지를 압축하여 용량을 줄이는 등 이미지를 이용해 설득력 있는 슬라이드를 만들 수 있습니다.

PREVIEW

▲ 준비파일 : Section4-1.pptx, Section4-2.pptx,   완성파일 : Section4-1-완성.pptx, Section4-2-완성.pptx

학습내용

- 실습 01 그림 삽입과 다양한 효과
- 실습 02 그림 자르기와 그림 바꾸기
- 실습 03 투명 그림과 불필요한 배경 지우기

체크포인트

- 그림을 삽입하고 그림의 다양한 효과를 적용해 봅니다.
- 이미지로 슬라이드의 배경디자인을 할 수 있습니다.
- 이미지의 불필요한 부분을 제거할 수 있습니다.

그림 삽입과 다양한 효과

▼ 준비파일 : Section4-1.pptx

01 슬라이드에 이미지를 삽입하는 방법은 다양합니다. 가장 기본적인 방법으로는 [삽입] 탭의 [이미지] 그룹에서 [그림]을 클릭합니다.

> Tip 이미지 파일을 슬라이드 위로 드래그하거나 개체 틀인 경우 그림 삽입 아이콘을 클릭하여 삽입이 가능합니다.

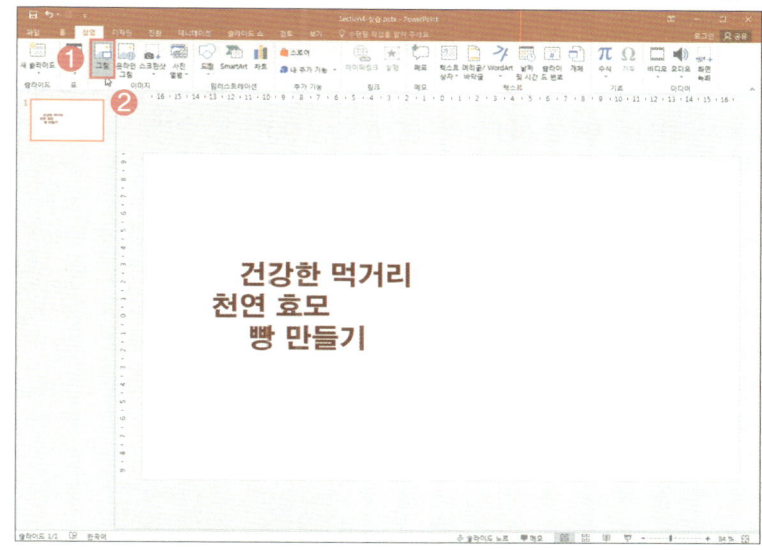

02 [그림 삽입] 대화상자가 열리면 'bread1.jpg'를 클릭한 후 Shift 를 누른 채 'bread5.jpg'를 클릭하여 연속된 그림 모두를 선택한 후 [확인]을 클릭합니다.

> Tip 떨어져 있는 그림 선택 : Ctrl + 클릭
> 연속된 그림 선택 : Shift + 클릭

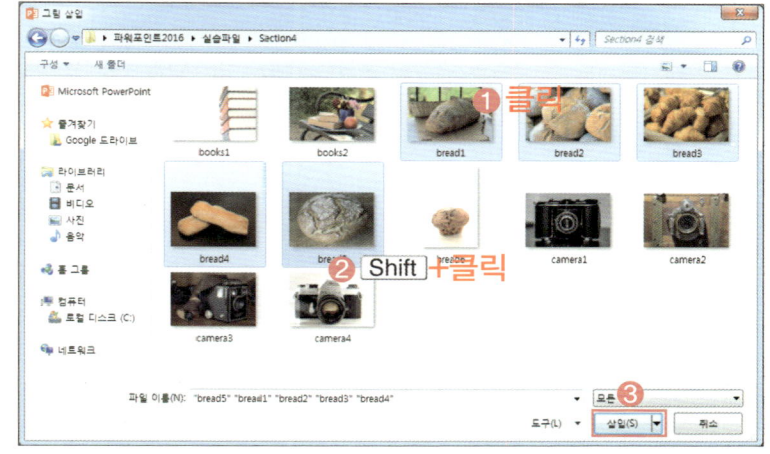

03 여러 장의 그림이 한꺼번에 삽입되었습니다. 모든 사진이 선택된 상태에서 이미지의 오른쪽 상단의 조절점을 대각선으로 드래그하여 크기를 줄입니다.

> Tip • 그림 크기를 일정한 크기로 변경하려면 [그림 도구] - [서식] - [크기] 자세히 단추 - '높이 조절, 너비 조절'
> • 가로 세로 비율 고정 체크 해제 : 원하는 크기로 조절 가능

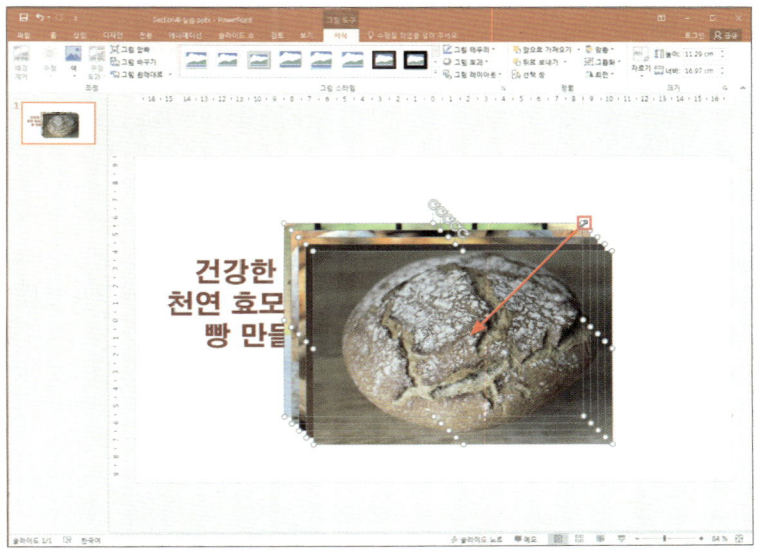

파워포인트 2016

04 그림을 각 각 드래그하여 슬라이드에 배치합니다. 그림이나 도형을 드래그하면 스마트 가이드(◄----►)가 표시됩니다. 스마트 가이드를 확인하면서 그림과 그림 사이의 간격과 위 아래의 위치를 맞추면서 이동합니다.

05 그림들의 간격을 일정하게 맞추기 위해 슬라이드에서 대각선 방향으로 넓게 드래그하여 그림들을 선택합니다.

> Tip Ctrl 을 누르고 이미지를 클릭하여 선택할 수 있습니다.

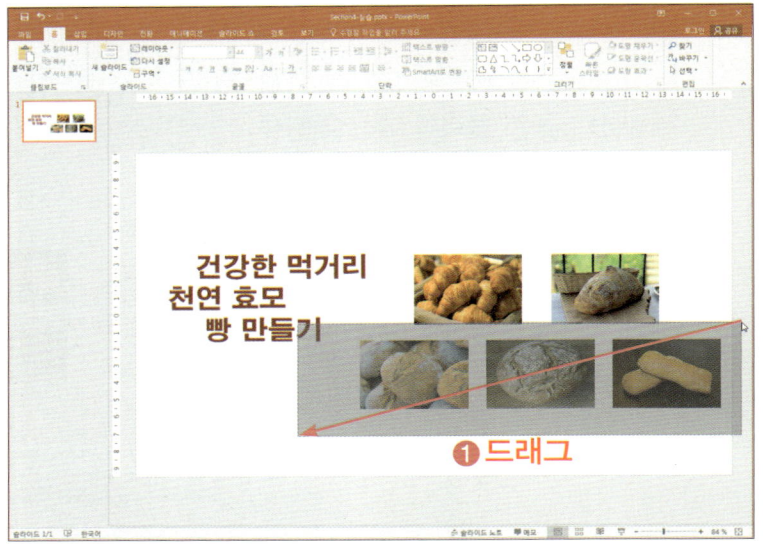

06 [그림 도구] - [서식] 탭에서 [정렬] 그룹의 맞춤( )을 클릭합니다. 메뉴 하단의 '선택한 개체 맞춤'이 선택된 상태에서 가로 간격을 동일하게( )를 클릭합니다.

> Tip 전체 슬라이드를 기준으로 그림의 간격을 조절하고 싶다면 [정렬] 그룹의 [맞춤]에서 '슬라이드에 맞춤'을 선택한 후 '가로 간격을 동일하게'를 선택합니다.

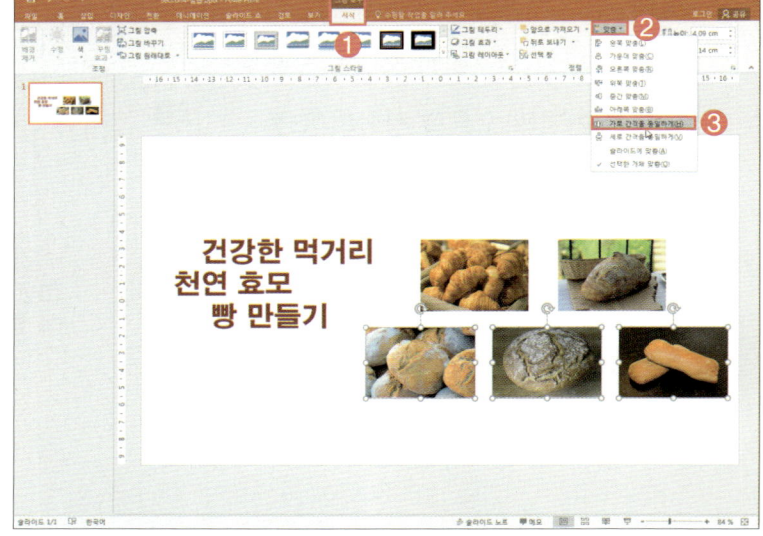

07 그림들이 선택된 상태에서 [그림 도구] – [서식] 탭에서 [그림 스타일] 그룹의 자세히( )를 클릭한 후 [그림 스타일]의 첫 번째 스타일을 선택합니다.

08 그림의 반사 효과를 주기 위해 [그림 도구] – [서식] 탭의 [그림 스타일] 그룹에서 그림 효과( )를 클릭하여 [반사]의 '근접반사, 4pt 오프셋'을 선택합니다.

09 슬라이드에 그림을 삽입하고 '그림 스타일'과 '그림 효과' 등을 적용하고 간격을 맞출 수 있습니다.

그림 자르기와 그림 바꾸기

▼ 준비파일 Section4-2.pptx

01 2번 슬라이드에서 [삽입] 탭의 [이미지] 그룹에서 [그림]을 클릭하여 'bread1.jpg'를 불러옵니다. 그림을 더블클릭하여 [그림 도구] – [서식] 탭의 [크기] 그룹에서 자르기( )를 클릭합니다.

> **Tip** 그림을 더블클릭하면 그림을 수정할 수 있는 [그림 도구] – [상황] 탭을 바로 열 수 있습니다.

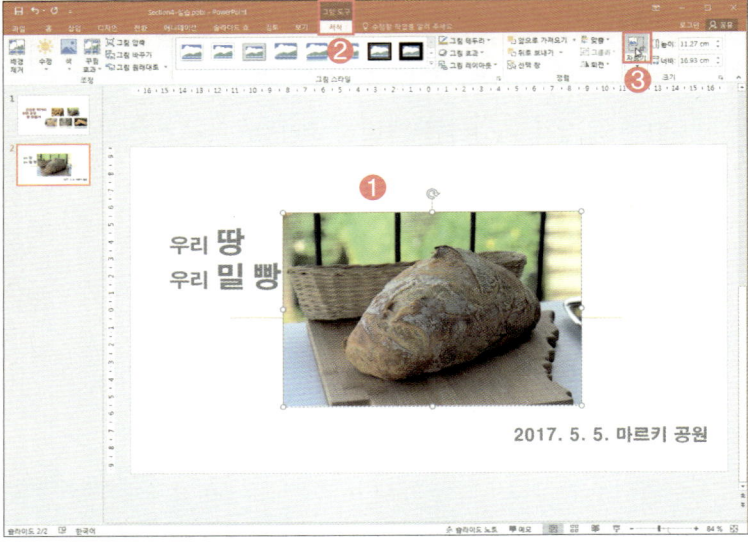

02 이미지의 왼쪽 하단의 'ㄴ' 모양 위에 마우스를 올려 놓은 후 같은 모양이 되도록 합니다.

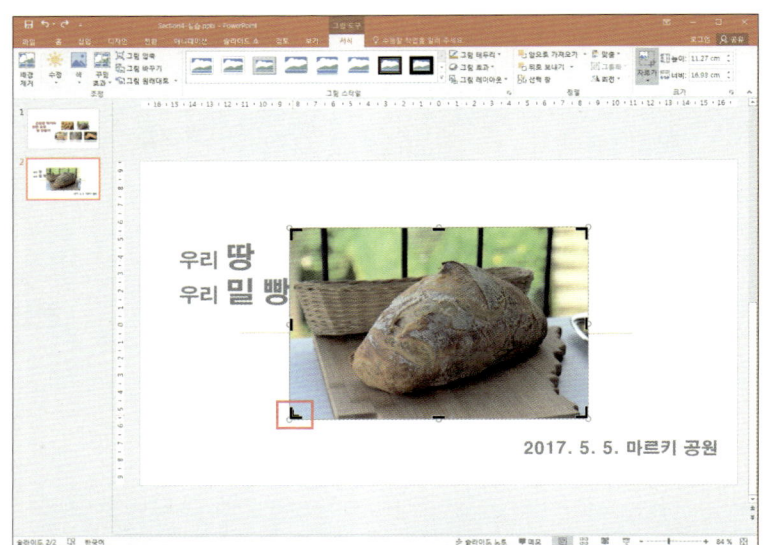

03 오른쪽 대각선 방향으로 드래그합니다.

> **Tip** Shift 를 누르고 대각선으로 크기를 늘리고 줄이거나 자르기하면 가로와 세로의 비율을 유지할 수 있습니다.

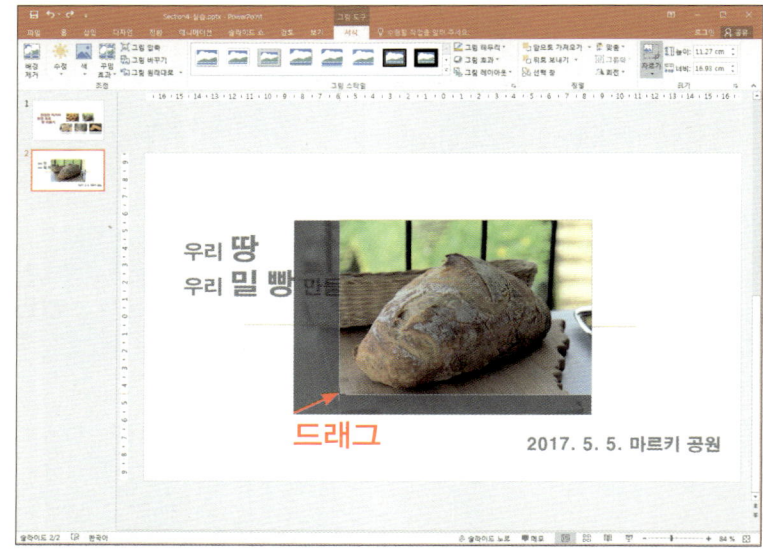

Section 04 | 설득력을 높이는 이미지 슬라이드

04 같은 방법으로 이미지의 상하좌우를 잘라내어 빵 부분만 남긴 후 Esc 를 누르거나 슬라이드의 빈 여백을 클릭하여 자르기 상태를 해제합니다.

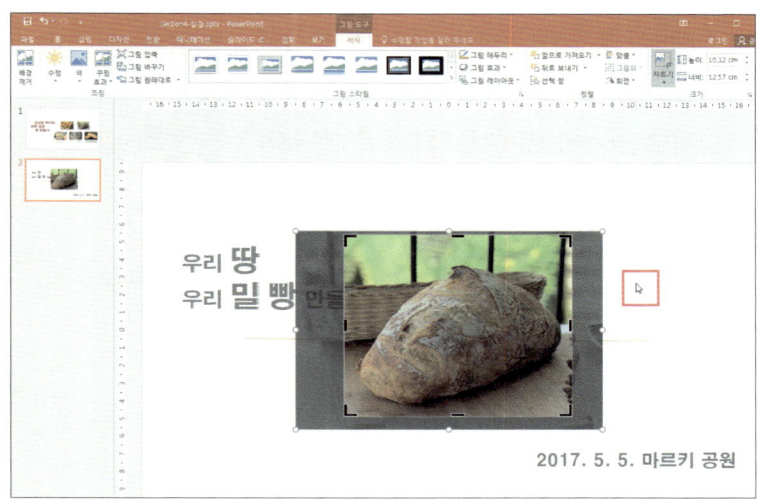

05 잘라진 그림을 도형 모양으로 변경하기 위해 이미지를 더블클릭합니다. [그림 도구] – [서식] 탭에서 [크기] 그룹의 [자르기]에서 도형에 맞춰 자르기( )를 클릭한 후 '기본 도형 : 육각형(○)'을 선택합니다.

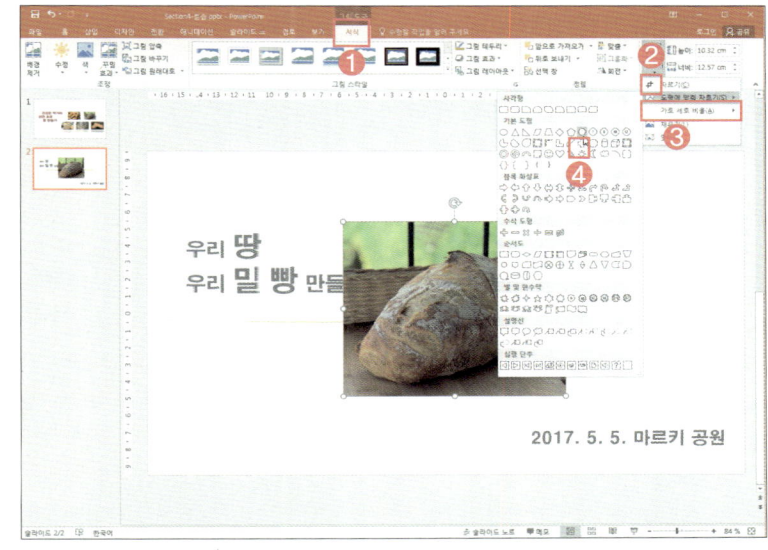

06 이미지가 삽입한 도형에 맞게 변경되었습니다. 이미지의 전체 크기를 조절합니다.

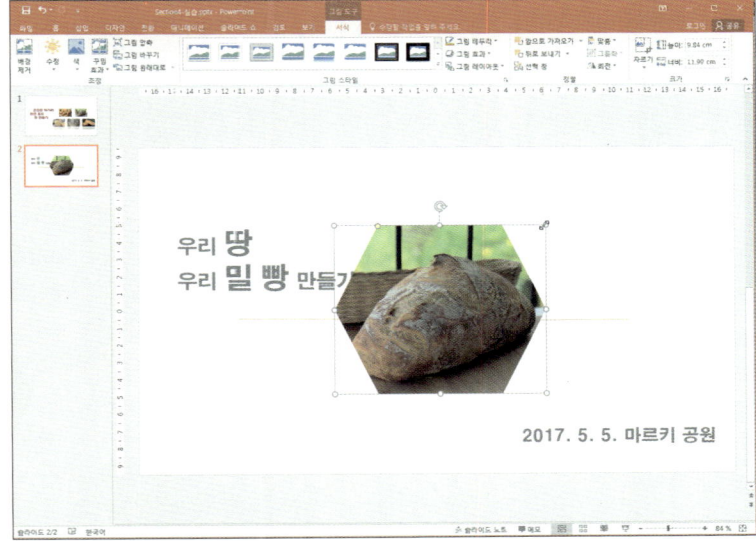

07 그림을 드래그하여 왼쪽에 배치를 한 후 [그림 도구] – [서식] 탭에서 [그림 스타일] 그룹의 [그림 테두리]에서 '황금색, 강조4, 25% 더 어둡게'를 선택합니다.

> **Tip** 그림 테두리에서 '그림 윤곽선 색, 두께, 선 스타일' 등을 변경할 수 있습니다.

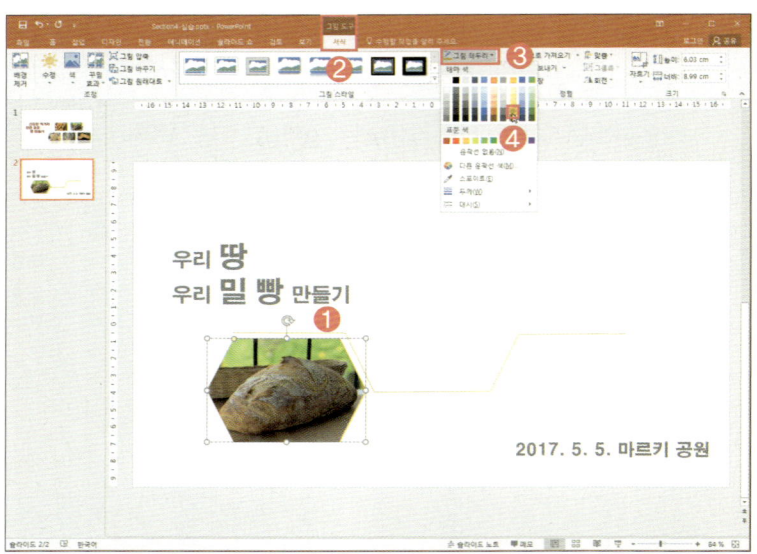

08 Ctrl 을 누른 채 그림을 드래그하여 복사하여 배치합니다.

> **Tip** Ctrl + 드래그 : 복사
> Ctrl + Shift + 드래그 : 수평 · 수직 복사
> Ctrl + D : 복제

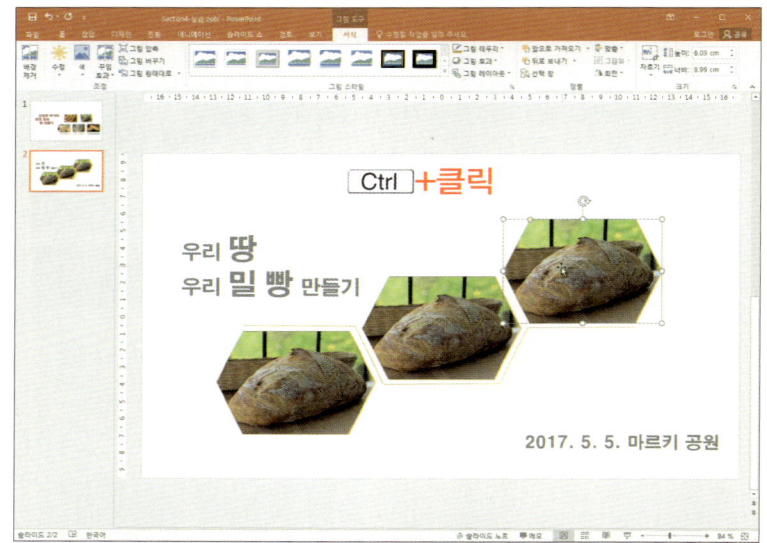

09 두 번째 그림을 다른 그림으로 변경하기 위해 두 번째 복사된 그림을 선택하고 [그림 도구] – [서식] 탭에서 [조정] 그룹의 그림 바꾸기( )를 클릭합니다.

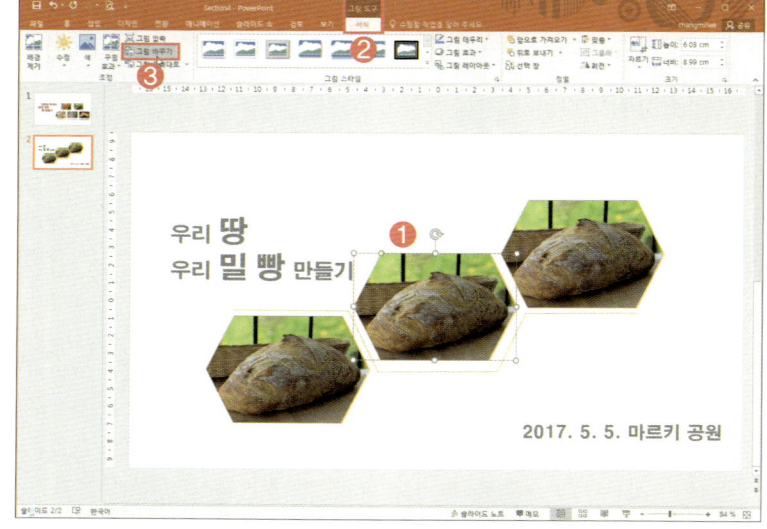

Section 04 | 설득력을 높이는 이미지 슬라이드

10 [그림 삽입] 대화상자의 [찾아보기]를 클릭합니다. [그림 삽입] 대화상자가 열리면 'bread4.jpg'를 선택한 후 [삽입]을 클릭합니다.

> **Tip** 그림을 선택한 후 더블클릭하면 빠르게 삽입할 수 있습니다.

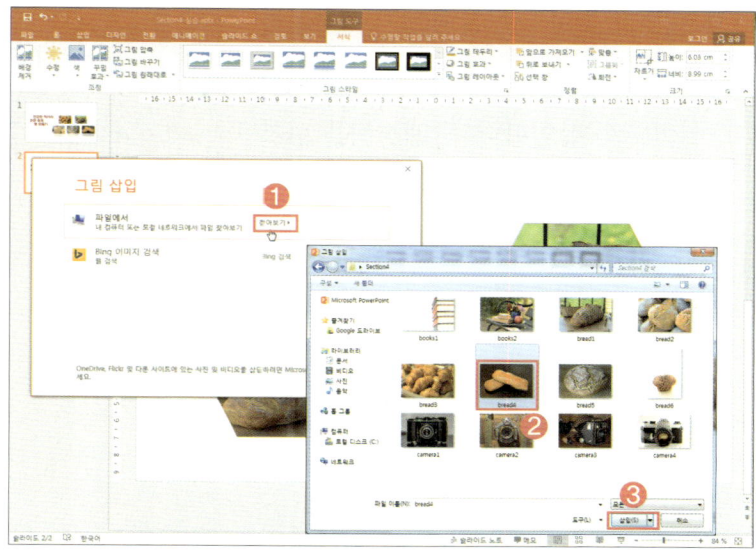

11 그림 모양과 서식은 그대로 유지하면서 그림만 변경되었습니다.

> **Tip** 원본 그림의 크기가 다르면 '그림 바꾸기'를 하면 그림 크기가 달라집니다.

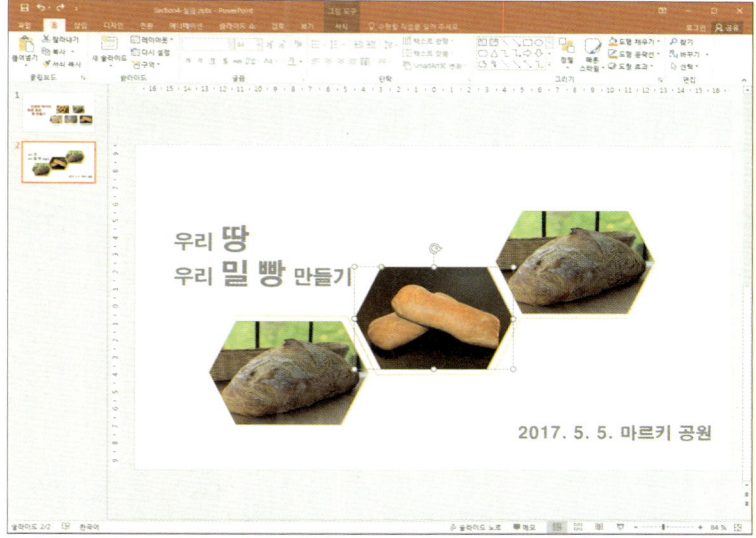

12 마지막 그림도 'bread3.jpg' 이미지로 변경합니다.

057

실습 03 투명 그림과 불필요한 배경 지우기

01 2번 슬라이드를 클릭한 후 Enter를 눌러 2번 슬라이드와 같은 '빈 슬라이드'를 삽입합니다. 배경색을 넣기 위해 [디자인] 탭에서 [사용자 지정] 그룹의 [배경 서식]에서 '단색 채우기 : 주황, 강조2, 80% 더 밝게'를 선택합니다.

02 [홈] 탭의 [그리기] 그룹에서 '텍스트 상자'를 삽입하여 텍스트를 입력한 후 글꼴과 크기를 변경합니다.

> **Tip**
> • '향긋한 부드러움으로 나누는' : 'HY견고딕, 40pt'와 글꼴 색은 '흰색, 배경1, 50% 더 어둡게'
> • '마.음.' : 'HY견고딕, 66pt'와 글꼴 색은 '황금색, 강조4, 25% 더 어둡게'

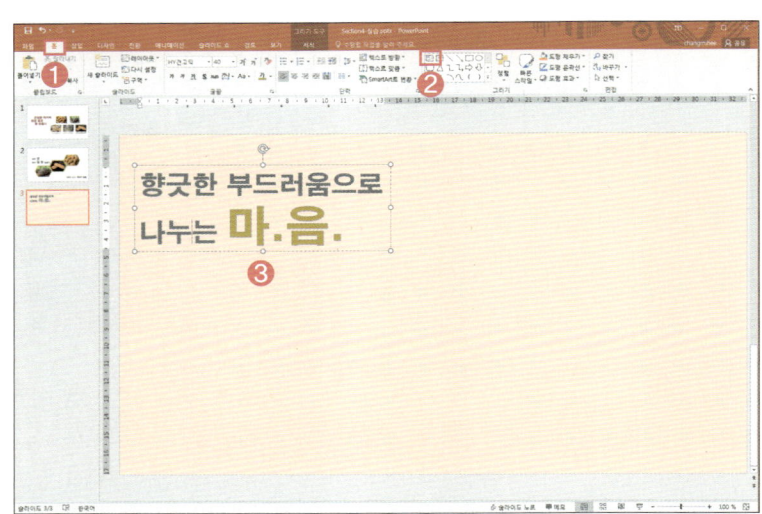

03 'bread6.jpg' 그림을 삽입한 후 그림을 더블클릭합니다. [그림 도구]의 [서식] 탭에서 [조정] 그룹의 색( )에서 투명한 색 설정( )을 클릭합니다.

Section 04 | 설득력을 높이는 이미지 슬라이드

04 마우스 포인터가 처럼 바뀌면 그림의 흰색 배경 위에서 클릭합니다.

Tip 단색을 지울 때 사용합니다.

05 클릭한 부분이 투명해졌습니다. 하지만 그림 아래 부분은 색이 달라 지워지지 않았습니다. 나머지 배경색을 지우기 위해 [그림 도구] - [서식] 탭에서 [조정] 그룹의 배경 제거( )를 클릭합니다.

Tip • 투명한 색 설정 : 배경이 단색일 경우
• 배경 제거 : 원하는 그림 부분만 남길 경우

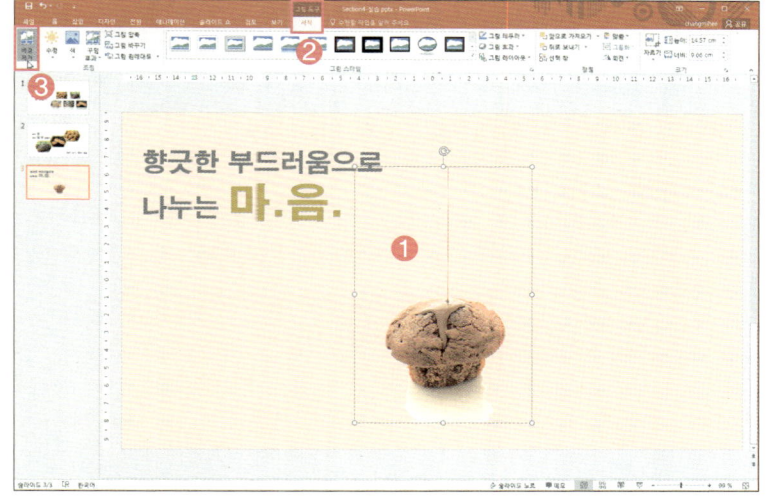

06 그림의 조절점을 이용해 그림 영역을 넓혀 줍니다.

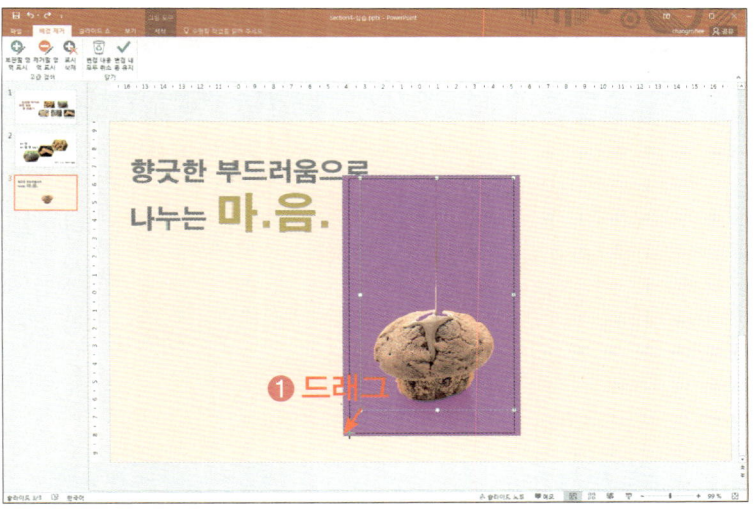

파워포인트 2016

07 [배경 제거] 탭의 [고급 검색] 그룹에서 [제거할 영역 표시 ⊖]를 클릭합니다. 배경이 제거될 영역은 보라색으로 표시됩니다.

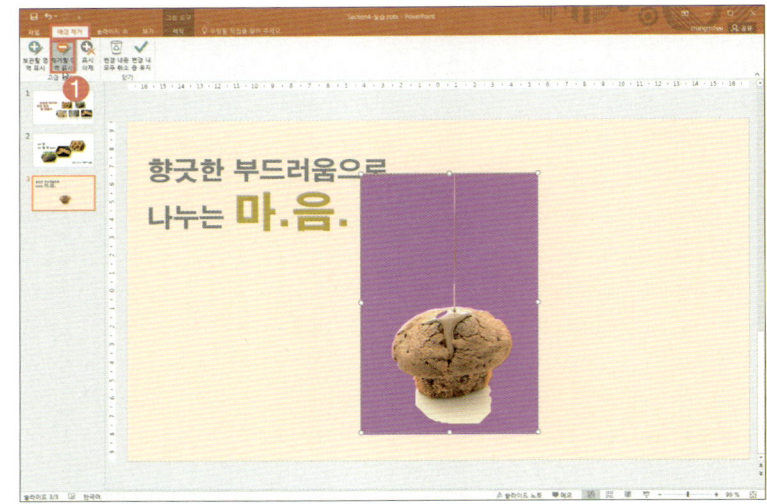

08 마우스 포인터가 ✏로 바뀌면 제거해야할 영역을 드래그합니다. 제거될 영역이 보라색으로 표시되며 ⊖ 표시가 됩니다.

09 보라색으로 표시된 영역 중에서 필요한 영역은 [배경 제거] 탭의 [고급 검색] 그룹에서 보관할 영역 표시(⊕)를 클릭하여 드래그 합니다. ⊕ 표시가 되며 원본으로 되돌아 옵니다. 제거될 영역과 필요한 영역이 정리가 되면 변경 내용 유지(✓)를 클릭합니다.

Section C4 | 설득력을 높이는 이미지 슬라이드

10 배경이 투명해졌습니다. 이미지를 오른쪽으로 드래그하여 배치합니다.

> Tip 필요한 부분만을 남겨 주제를 강조할 때 사용합니다.

알아두기 | 이미지 압축과 잘린 그림 삭제

이미지의 색을 줄여 파일 크기를 작게 할 수 있습니다. 또한 이미지를 자르면 잘린 영역을 제거하여 파일 크기를 줄일 수 있습니다.

- 압축할 이미지를 선택한 후 [그림 도구]의 [서식] 탭에 있는 [조정] 그룹에서 그림 압축( )을 클릭합니다.
- 선택한 그림에만 적용할 수 도 있으며, 잘려진 그림 영역을 삭제하여 크기를 줄일 수 있습니다.

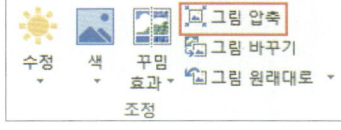 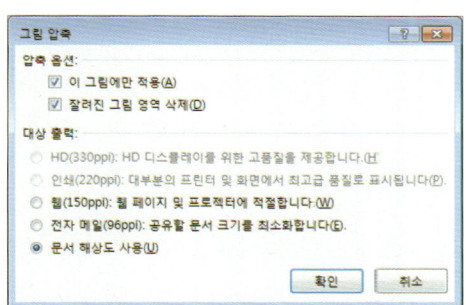

도형 모양으로 자른 그림을 선택한 후 [그림 도구] – [서식] 탭의 [그림 스타일] 그룹에서 자세히( )를 클릭하여 [그림 서식]-[그림]-[자르기]에서 도형 안의 그림의 너비와 높이 위치를 수정할 수 있습니다.

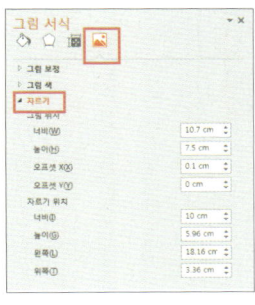

- 그림 위치
  - 너비 : 도형 안의 그림의 너비 조정, 너비가 작아지면 도형도 변형이 됩니다.
  - 높이 : 도형 안의 그림의 높이를 세우거나 눕힐 수 있습니다.
  - 오프셋 : 도형 안의 그림 위치 수정합니다.
- 자르기 위치
  - 너비와 높이, 왼쪽과 오른쪽 : 도형의 크기와 위치 변경

기초문제

❖ 준비파일 : Section4-기초.pptx ❖ 완성파일 : Section4-기초-완성.pptx

01 'Section4-기초.pptx' 문서를 열고 다음의 조건대로 작성하시오.

> 조건
>
> ① 'Section4-기초.pptx' 파일을 열고 그림을 삽입하세요.
> 이미지 파일
> camera1.jpg, camera2.jpg, camera3.jpg, camera4.jpg.
> ② 그림들을 슬라이드에 맞추어 가로 간격 동일하게 정렬하세요.

카메라, 상상 놀이터 그 이상

> 힌트
> • 그림 전체 선택한 후 [홈] – [정렬] – [맞춤] – [슬라이드에 맞춤] – [정렬] – [맞춤] – [가로 간격 동일하게]

02 'Section4-기초.pptx' 문서에 이어서 다음의 조건대로 작성하시오.

> 조건
>
> ① 슬라이드를 복제하여 두 번째 슬라이드에 이미지를 복사하여 아래에 배치하세요.
> ② 이미지를 수정, 색, 꾸밈효과를 이용하여 임의로 수정하세요.

> 힌트
> • 이미지 선택한 후 [그림 도구] – [서식] – [조정] – [수정] – [색] – [꾸밈 효과]

심화문제

❖ 준비파일 : Section4-심화.pptx   ❖ 완성파일 : Section4-심화-완성.pptx

01 'Section4-심화.pptx' 문서를 열고 다음의 조건대로 작성하시오.

① 첫 번째 슬라이드에 'books1.jpg' 이미지를 삽입한 후 그림의 불필요한 왼쪽 여백을 잘라내기합니다.
② 현재 이 그림에만 잘려진 그림 영역을 삭제하여 그림을 압축하세요.

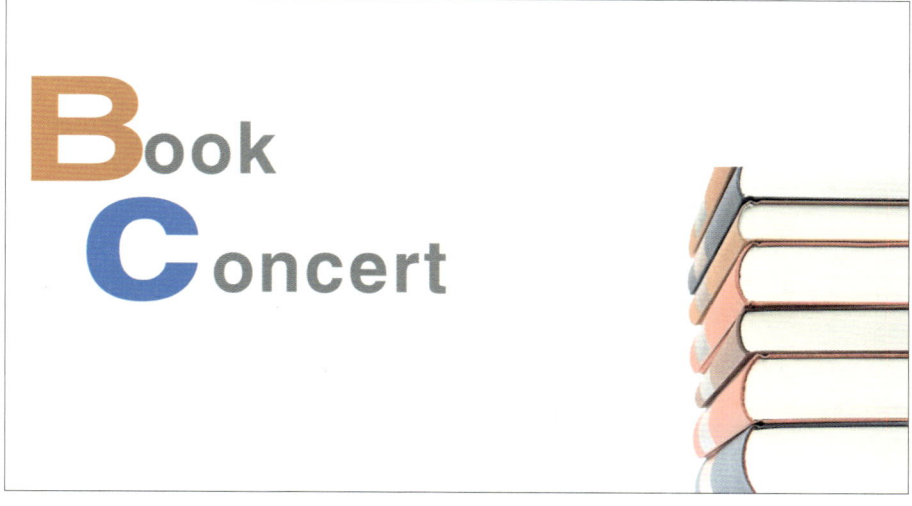

힌트
• [그림 도구] – [크기] – [자르기]   • [그림 도구] – [조정] – [그림 압축] – 이 그림에만 적용과 잘려진 그림 영역 삭제 체크

02 'Section4-심화.pptx' 문서에 이어서 다음의 조건대로 작성하시오.

① 두 번째 슬라이드에 'books2.jpg' 이미지를 삽입하세요.
② 배경을 모두 제거한 후 '부드러운 가장자리 2.5 포인트' 효과를 적용하시오.
③ 이미지를 '좌우대칭'한 후 왼쪽 영역으로 배치하세요.

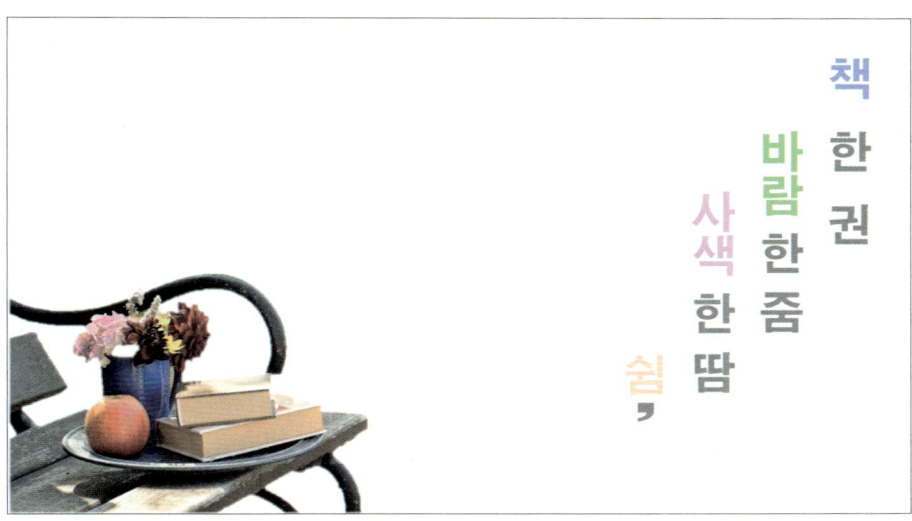

힌트
• [그림 도구] – [서식] – [조정] – [배경 제거]   • [그림 도구] – [서식] – [그림 스타일] – [그림 효과] – [부드러운 가장자리]
• [그림 도구] – [서식] – [정렬] – [회전] – [좌우대칭]

063

Power Point 2016

05
SECTION

메시지 전달을 높이는 도해 슬라이드 1

프레젠테이션의 이해도와 집중도를 높이는 방법으로 핵심 부분을 강조하여 시각적 효과를 높일 수 있습니다. 내용이 많고 복잡한 부분을 핵심 키워드를 추출하여 도해화로 표현하는 방법으로 도형을 사용합니다. 다양한 도형을 삽입하고 효과를 적용한 후 균형있게 정렬하여 이해하기 쉬운 슬라이드를 만들 수 있습니다.

PREVIEW

▲ 준비파일 : Section5.pptx, 완성파일 : Section5-완성.pptx

학습내용

실습 01 기본 도형 그리기와 도형 편집
실습 02 도형 스타일과 도형 정렬
실습 03 도형 모양 변형과 도형 채우기

체크포인트

● 도형을 삽입하고 도형의 다양한 효과를 적용해 봅니다.
● 기존 도형을 다른 도형으로 변경하고 그룹으로 묶어 활용합니다.
● 도형의 편집 기능과 정렬 기능을 활용해 봅니다.

기본 도형 그리기와 도형 편집

▼ 준비파일 : Section5.pptx

01 [홈] 탭의 [그리기] 그룹에서 [도형]의 자세히(▼)를 클릭하여 사각형(□)을 선택합니다.

> Tip 도형 삽입은 [삽입] 탭의 [일러스트레이션] 그룹에서 [도형]을 클릭하여 삽입할 수도 있습니다.

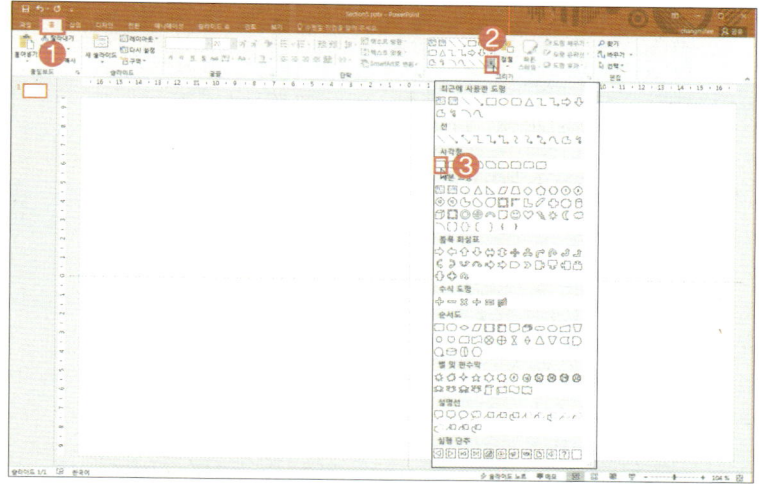

02 슬라이드 위에 마우스로 왼쪽 상단에서 오른쪽 하단으로 드래그하여 직사각형을 그립니다.

> Tip [Shift]를 누르고 드래그하면 '정원·정사각형'을 그릴 수 있습니다.

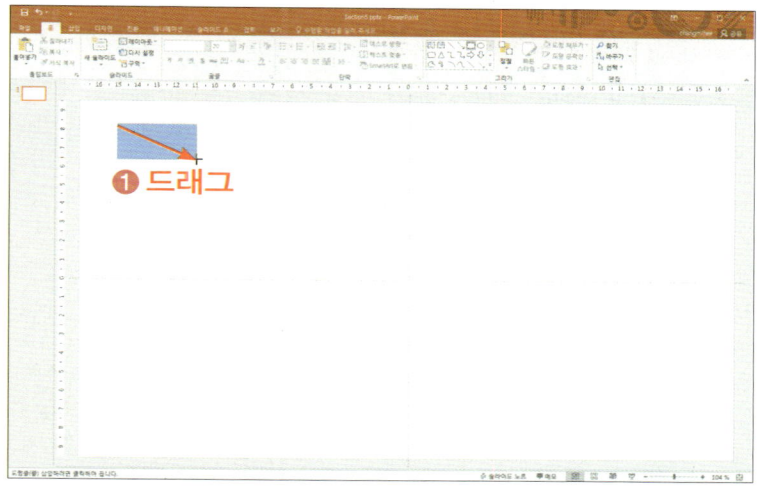

03 도형의 채우기 색을 변경하기 위해 도형을 선택합니다. [홈] 탭의 [그리기] 그룹에서 도형 채우기(🎨)의 목록 단추(▼)를 클릭하여 '흰색, 배경1, 15% 더 어둡게'를 선택합니다.

> Tip 도형의 채우기, 윤곽선, 효과는 도형을 더블클릭하면 생기는 [그리기 도구] – [도형 스타일]에서 설정할 수도 있습니다.

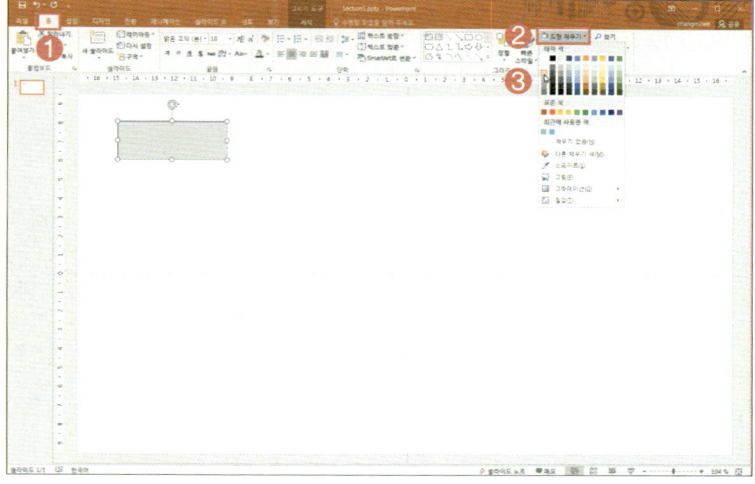

04 도형이 선택된 상태에서 [홈] 탭의 [그리기] 그룹에서 도형 윤곽선( )의 목록 단추( )를 클릭하여 '흰색, 배경1, 35% 더 어둡게'을 선택합니다.

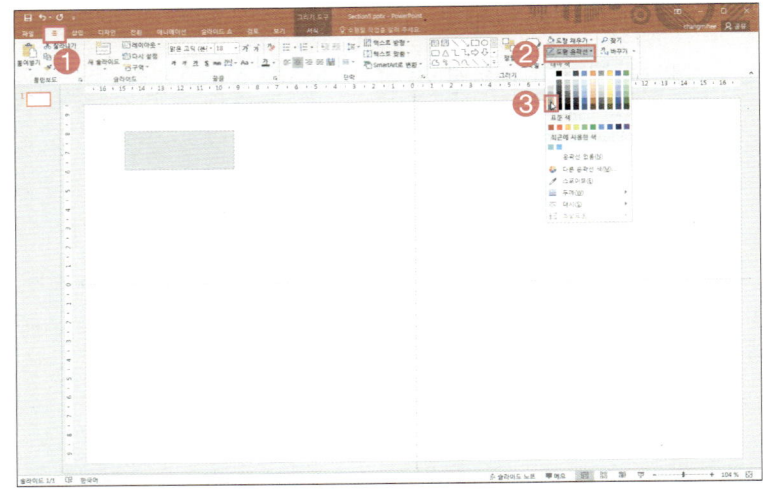

05 도형의 테두리 선 모양을 변경할 수 있습니다. 도형을 선택하고 [홈] 탭의 [그리기] 그룹에서 도형 윤곽선( )의 목록 단추( )를 클릭하여 대시( )에서 '사각 점선'을 선택합니다.

> Tip 도형 윤곽선에서는 테두리의 선의 색, 두께, 대시 스타일 등을 변경할 수 있습니다.

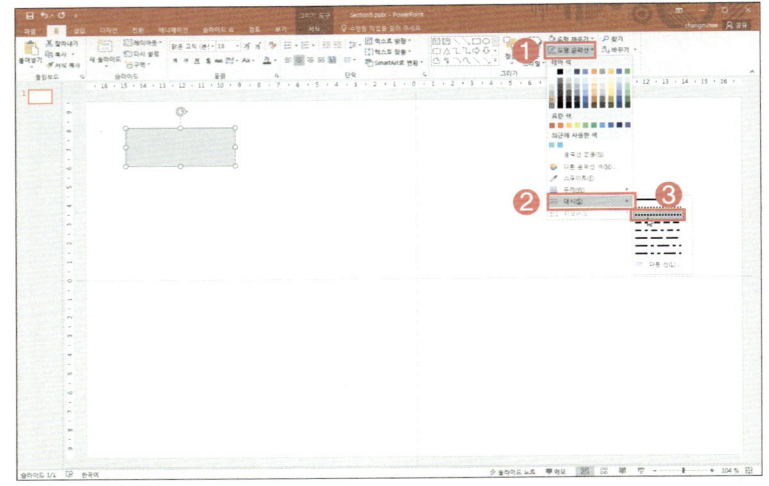

06 도형을 선택한 후 Ctrl + Shift 를 누른 채 오른쪽으로 수평복사를 합니다.

> Tip Ctrl : 복사
> Ctrl + Shift : 수직·수평복사
> Ctrl + D : 복제

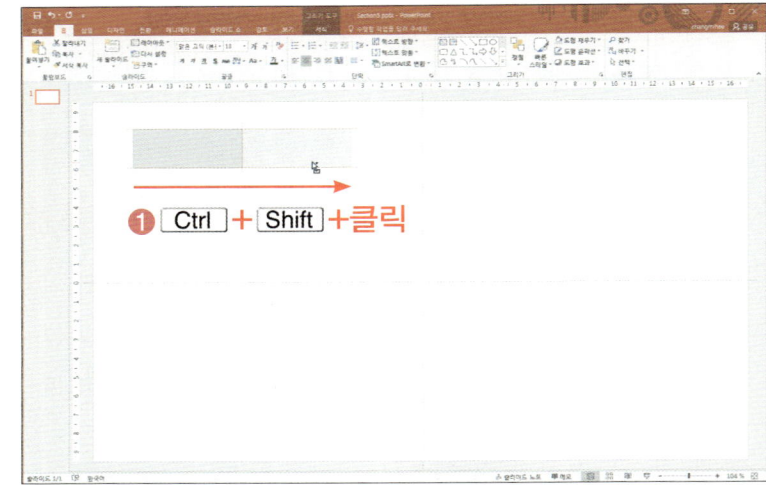

Section 05 | 메시지 전달을 높이는 도해 슬라이드 1

07 복사된 도형의 크기를 조절하기 위해 도형의 흰색 조절점(○)을 오른쪽으로 드래그합니다.

> **Tip** 도형의 조절점
> 흰색 조절점 ○ : 도형의 크기 조절
> 노랑 조절점 ● : 도형의 모양 변형
> 회전 조절점 ⟳ : 도형의 자유 회전

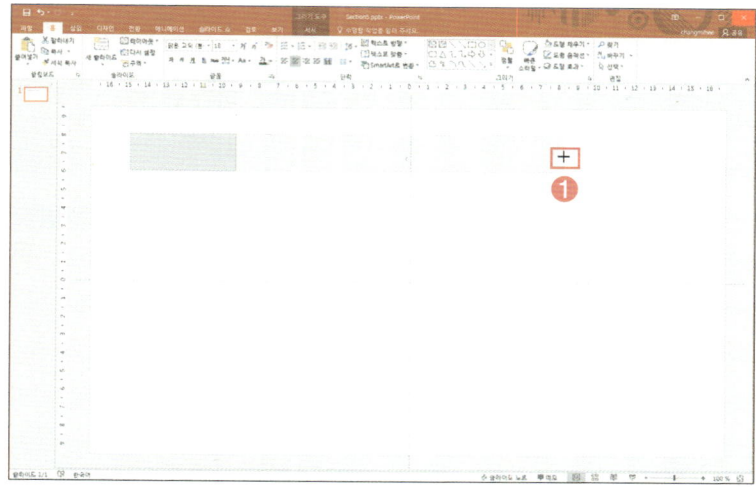

08 도형에 텍스트를 입력할 때에는 도형을 클릭한 후 바로 입력하면 됩니다. 첫 번째 도형이 선택된 상태에서 '신재생에너지'를 입력한 후 글꼴을 '맑은 고딕, 16pt, 진하게, 녹색계열'로 변경합니다. 두 번째 도형의 내용을 입력한 후 글꼴은 'HY그래픽, 16pt, 녹색계열'로 변경합니다.

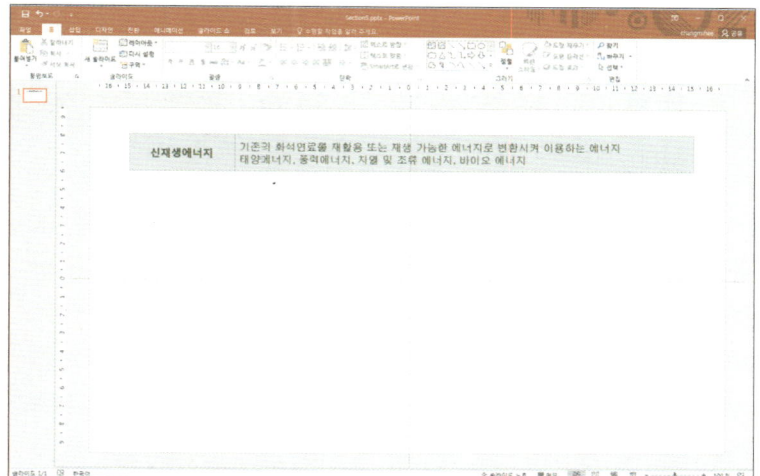

알아두기   그리기 도구 알아보기

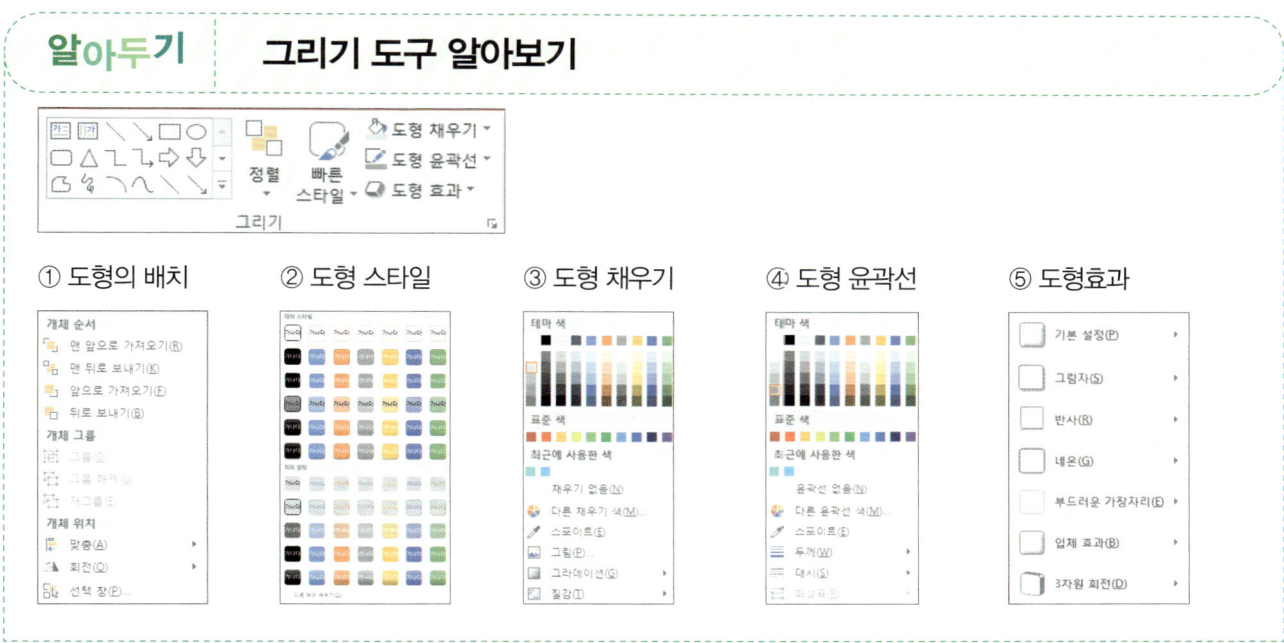

도형 스타일과 도형 정렬

01 [홈] 탭의 [그리기] 그룹에서 [도형]의 자세히(▼)를 클릭하여 모서리가 둥근 사각형(□)을 선택한 후 슬라이드에 도형을 드래그합니다.

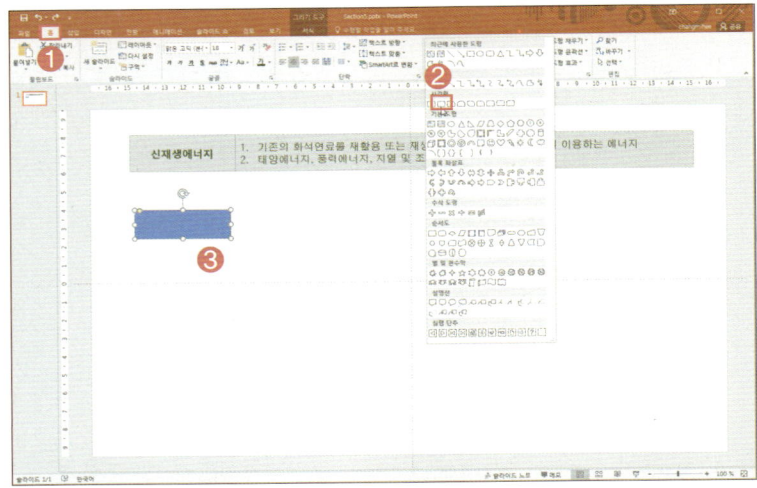

02 도형의 모양을 변형시키기 위해 도형을 선택한 후 도형의 '노란 조절점(●)'을 안쪽으로 드래그하여 모서리가 반원이 되도록 합니다.

> **Tip** 도형의 노란 조절점을 이용하여 도형의 모양을 변형시킬 수 있습니다.

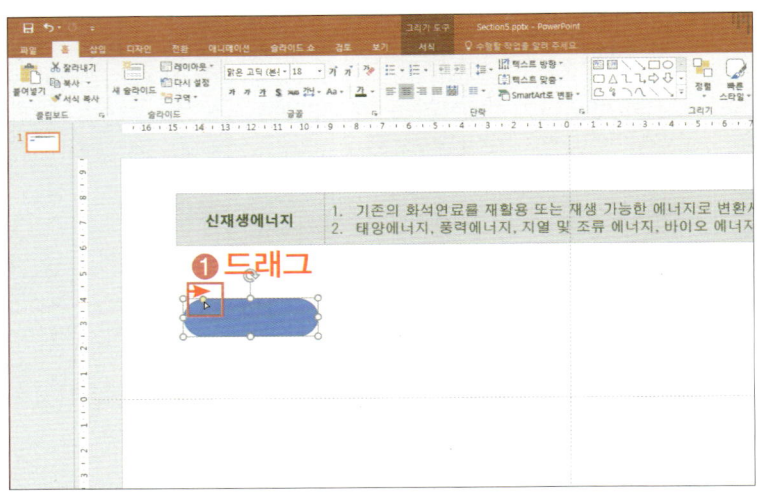

03 도형의 스타일을 변경하기 위해 도형을 선택한 후 [홈] 탭의 [그리기] 그룹에서 빠른 스타일(◎)이 [보통 효과 – 녹색 강조 6]을 선택합니다.

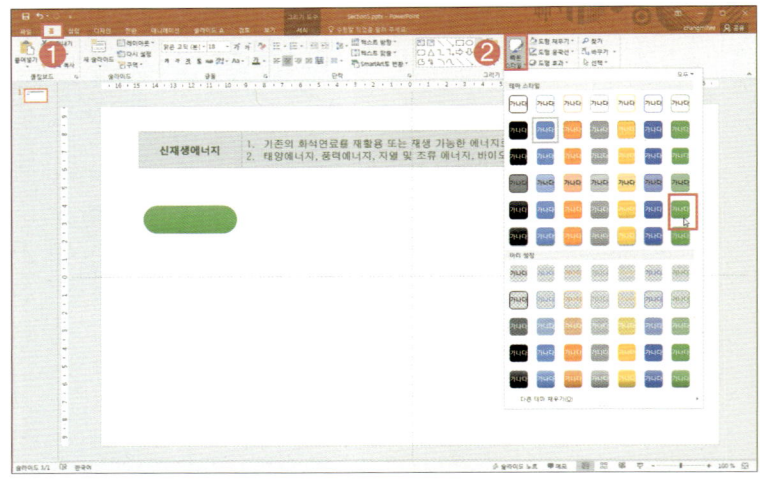

Section 05 | 메시지 전달을 높이는 도해 슬라이드 1

04 [홈] 탭의 [그리기] 그룹에서 [도형]의 자세히(▼)를 클릭하여 모서리가 둥근 사각형(☐)을 선택한 후 슬라이드에 그림과 같이 도형을 드래그합니다. 도형의 '노란 조절점(◉)'을 바깥쪽으로 드래그하여 모서리를 펴줍니다.

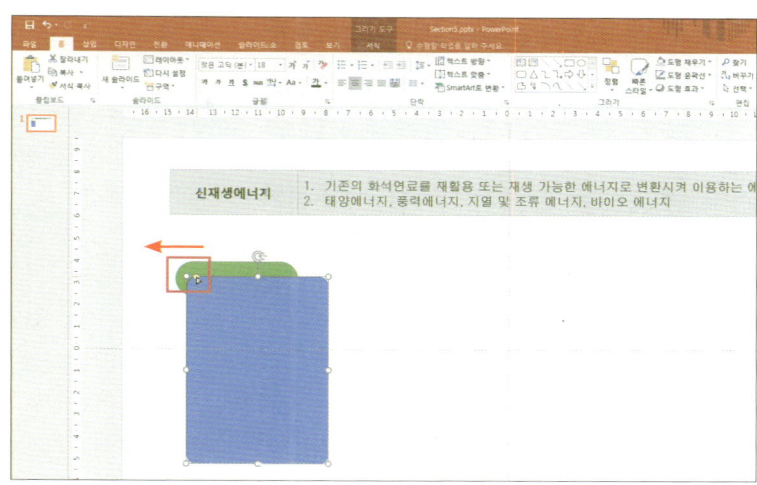

05 도형의 스타일을 변경하기 위해 도형을 선택한 후 [홈] 탭의 [그리기] 그룹에서 빠른 스타일(▨) – [강한 효과 – 녹색 강조 6]을 선택합니다.

Tip 도형의 빠른 스타일을 이용하면 미리 만들어져 제공하는 도형의 색과 효과를 한꺼번에 지정할 수 있습니다.

06 변경한 도형의 스타일은 그대로 두고 색만 바꾸려면 [홈] 탭의 [그리기] 그룹에서 도형 채우기(▨)의 목록 단추(▼)를 클릭하여 '흰색, 배경1, 15% 더 어둡게'를 선택합니다.

Tip 도형의 채우기, 윤곽선, 효과는 도형을 더블 클릭하면 생기는 [그리기 도구] – [도형 스타일]에서 설정할 수도 있습니다.

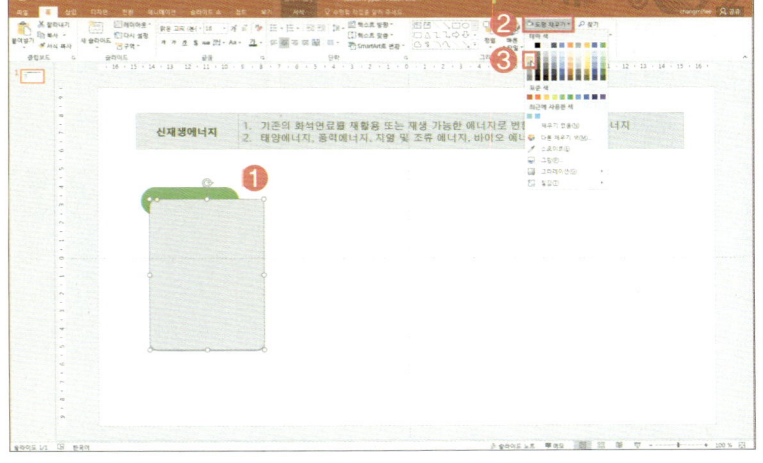

069

07 위에 배치한 도형을 제목 도형의 뒤로 정렬하기 위해 [홈] 탭의 [그리기] 그룹에서 정렬(🗗)의 목록 단추(▼)를 클릭한 후 뒤로 보내기(🗗)를 클릭합니다.

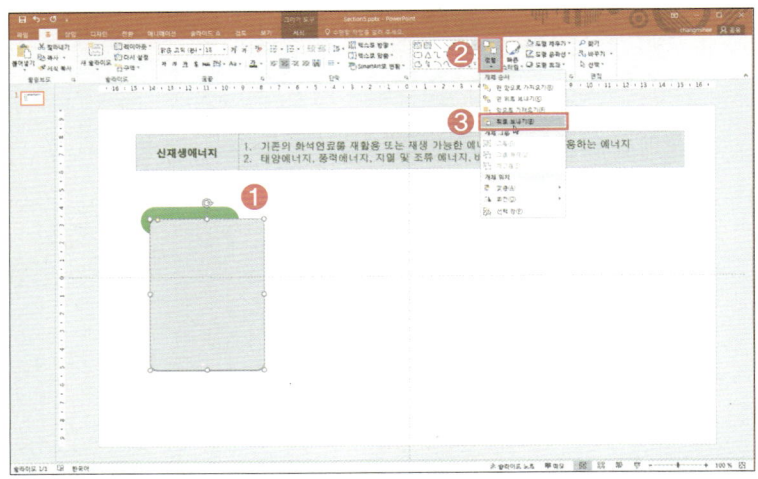

08 제목 도형에 '태양열 에너지'를 입력하고, 아래 도형에도 그림처럼 입력을 합니다. 도형에 텍스트를 입력하면 정중앙에 배치됩니다. 입력된 텍스트를 도형의 상단으로 맞추기 위해 아래 도형을 선택한 후 [홈] 탭의 [그리기] 그룹의 자세히(🗗)를 클릭합니다. 오른쪽의 '도형 서식'에서 '도형 옵션'의 '크기 및 속성(🗗)'을 선택한 후 '텍스트 상자'의 세로 맞춤을 '위쪽'으로 선택하고, 위쪽 여백을 조절합니다.

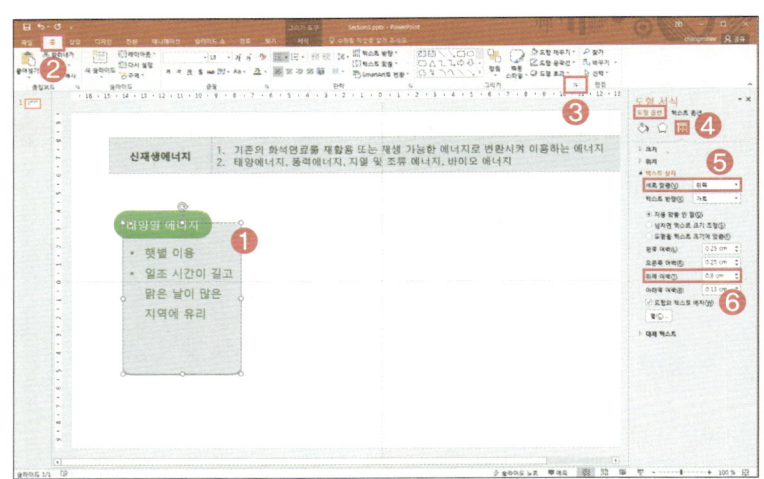

09 두 도형이 포함될 정도로 영역을 넓게 드래그하여 선택합니다.

> **Tip** Ctrl 또는 Shift 를 클릭한 후 도형을 선택할 수 있습니다.

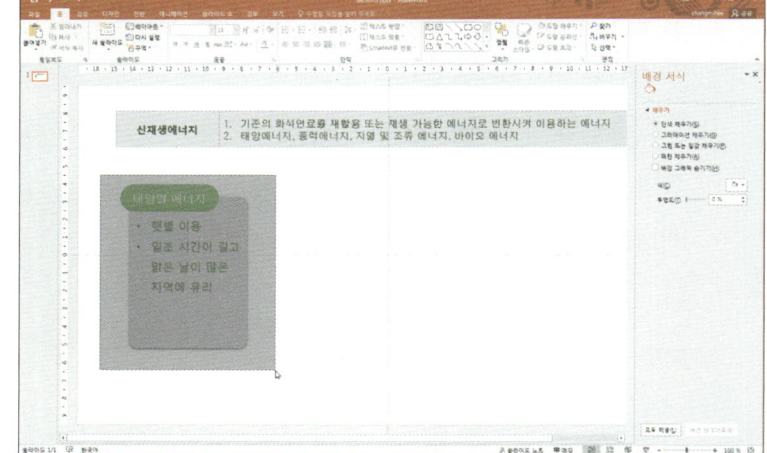

Section 05 | 메시지 전달을 높이는 도해 슬라이드 1

10 두 도형을 하나의 도형으로 그룹화하기 위해 [홈] 탭의 [그리기] 그룹에서 정렬(🔲)의 그룹(🔲)을 클릭합니다.

> Tip
> - 그룹 묶기 : Ctrl + G 또는 [정렬] – [그룹 🔲]
> - 그룹 풀기 : Ctrl + Shift + G 또는 [정렬] – [그룹 해제 🔲]

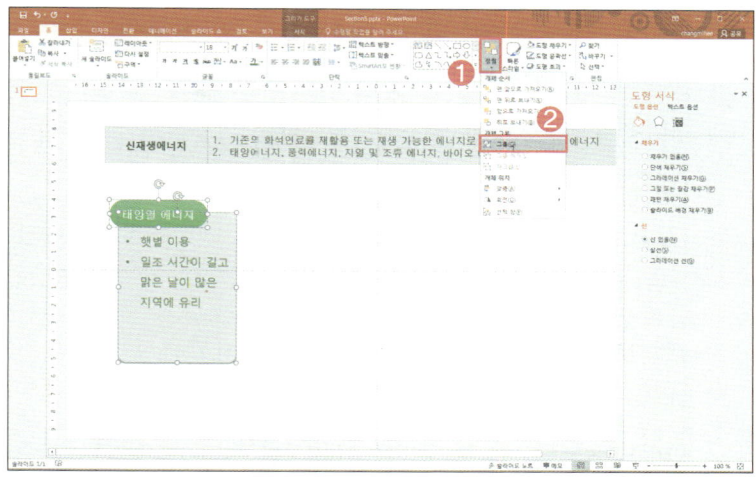

11 그룹화한 도형을 Ctrl + Shift 를 누르고 드래그하여 수평 복사합니다. 스마트 가이드가 표시되면 간격을 조절하며 복사할 수 있습니다.

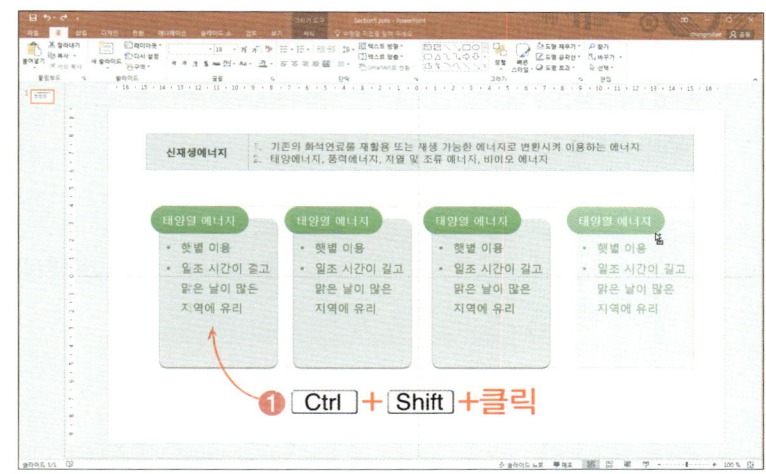

12 복사된 도형의 내용을 그림과 같이 수정합니다. [홈] 탭의 [그리기] 그룹에서 정렬(🔲)의 목록 단추(▼)를 클릭한 후 맞춤(🔲)의 가로 간격 동일하게(🔲)를 클릭하여 도형의 간격을 맞춥니다.

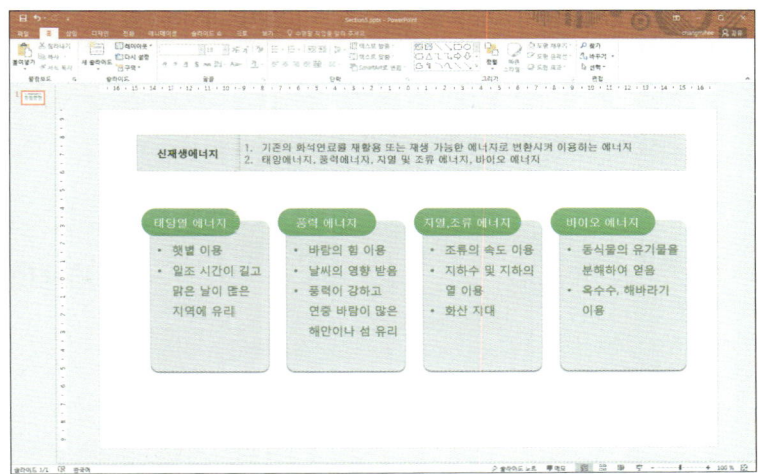

071

실습 03 도형 모양 변형과 도형 채우기

01 슬라이드 2를 선택하고 [홈] 탭의 [그리기] 그룹에서 도형( )의 '별 및 현수막' 도형의 '포인트가 5개인 별'을 선택하고 드래그합니다. 도형을 다른 도형으로 변경하기 위해 [그리기 도구] – [서식] 탭에서 [도형 삽입] 그룹의 도형 편집( )에서 도형 모양 변경( )을 클릭한 후 '별 및 현수막'의 포인트가 6개인 별( )을 선택합니다. 크기와 스타일은 그대로인 채 모양만 변경됩니다.

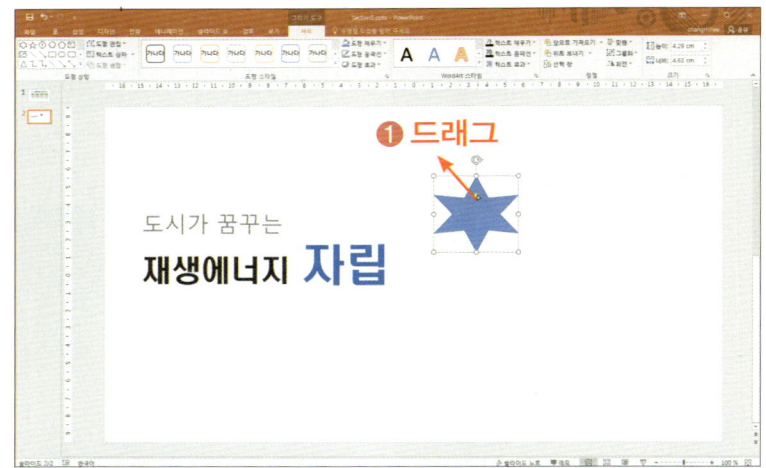

02 도형의 '노란 조절점( )'을 밖으로 드래그합니다.

> **Tip** 입력된 도형의 크기와 스타일, 도형의 위치는 그대로 둔 채 다른 도형으로 변경하려면 [그리기 도구] – [도형 삽입] 그룹의 [도형 편집]에서 '도형 모양 변경( )'을 클릭합니다.

03 '포인트가 6개인 별'을 '육각형' 모양으로 변경하였습니다. Shift 를 누른 채 모서리의 조절점을 이용해 크기를 조절합니다.

> **Tip** Shift +드래그 : 정원 · 정사각형 그리기
> Ctrl +드래그 : 중앙에서 부터 그리기

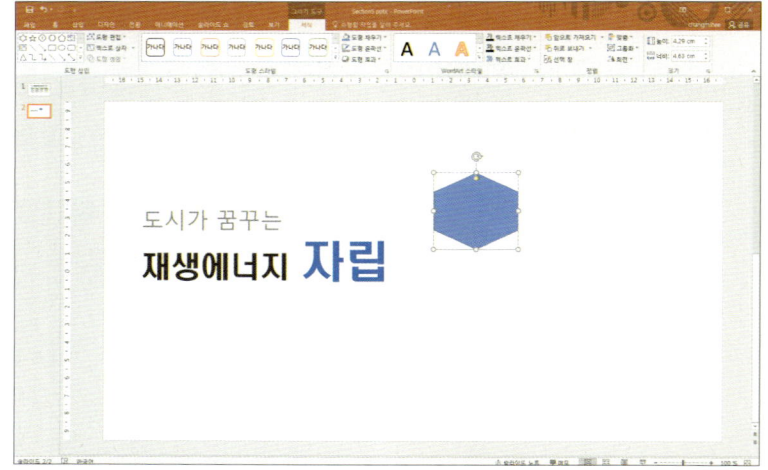

Section 05 | 메시지 전달을 높이는 도해 슬라이드 1

04 육각형을 Ctrl + Shift 를 누른 채 도형을 3개 수평 복사합니다. 첫 줄에 복사된 네 개의 도형을 모두 선택하여 Ctrl 을 누른 채 그림처럼 8줄 복사합니다.

Tip
• 수평 · 수직복사 : Ctrl + Shift +드래그
• 복사 : Ctrl +드래그

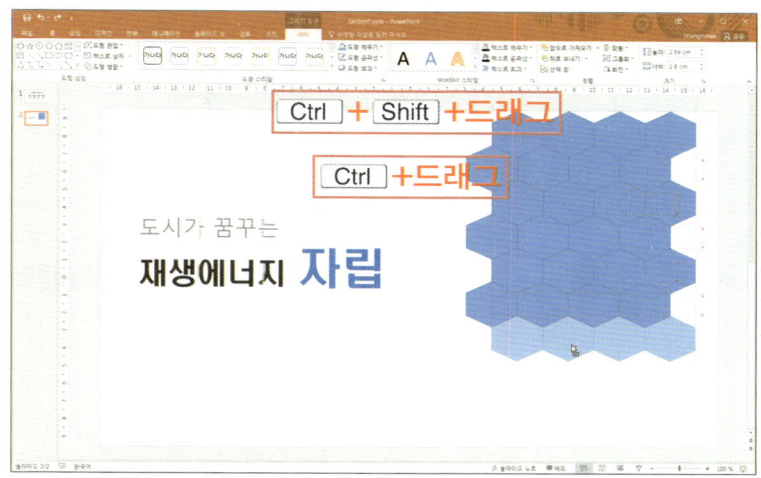

05 마지막줄 오른쪽 끝에 있는 도형을 마지막줄 앞으로 이동시킨 다음 네 번째줄과 다섯 번째 줄 앞에 하나씩 Ctrl +드래그하여 추가합니다.

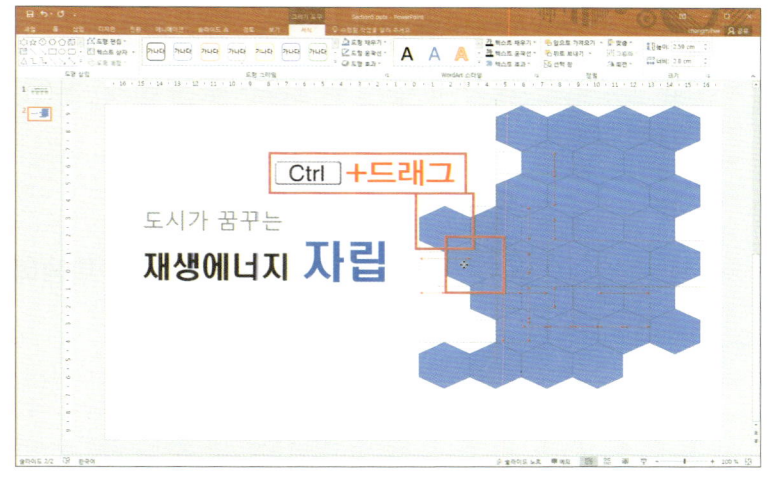

06 도형의 범위를 넓게 드래그하여 도형을 모두 선택합니다.

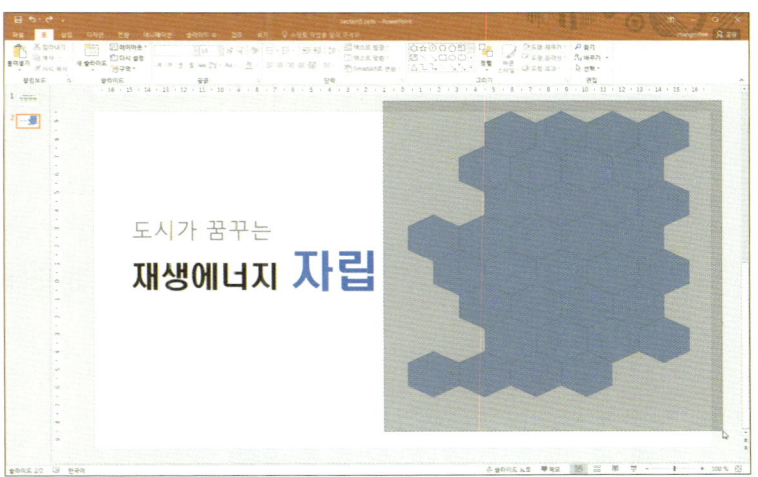

07 도형이 모두 선택된 상태에서 Ctrl을 누르고 네번 째와 여섯번 째줄 그리고 마지막 줄의 첫 번째 도형만 클릭하여 그룹에서 제외시킵니다.

> Tip Ctrl을 누르면 선택된 도형은 선택 해제가 되고, 선택이 안된 도형은 선택이 됩니다.

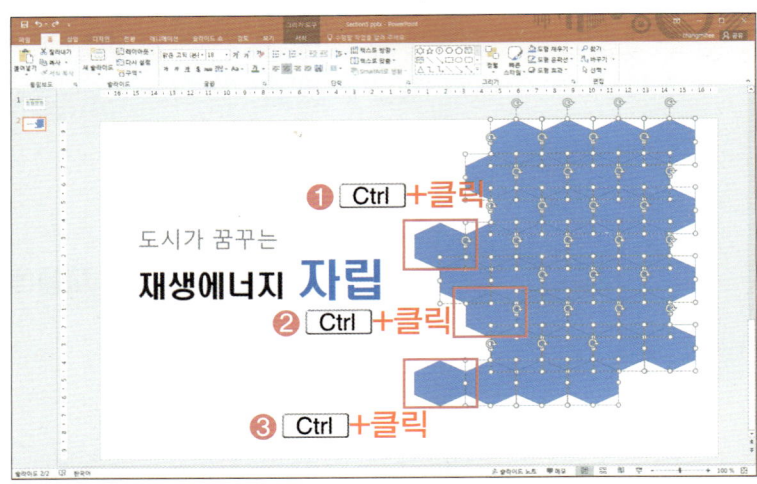

08 마우스 오른쪽 단추의 그룹화( )에서 그룹( )을 선택합니다.

> Tip 그룹 묶기 : Ctrl + G 또는 [정렬] – 그룹( )
> 그룹 풀기 : Ctrl + Shift + G 또는 [정렬] – 그룹 해제( )

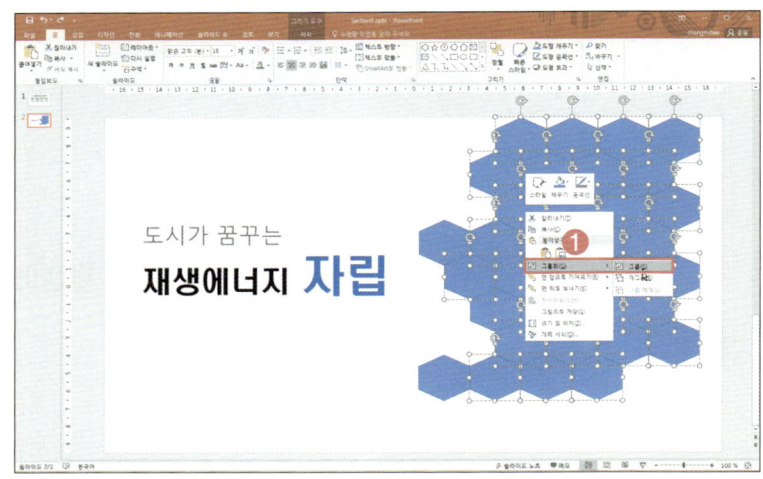

09 그룹화된 도형에 그림을 채우기 위해 [홈] 탭의 [그리기] 그룹의 도형 채우기( )에서 그림( )을 선택합니다. [그림 삽입] 대화상자가 열리면 [찾아보기]를 클릭합니다. 'solar-panel.png' 그림을 선택한 후 [삽입]을 클릭합니다. 그룹화된 도형에 하나의 그림이 삽입됩니다.

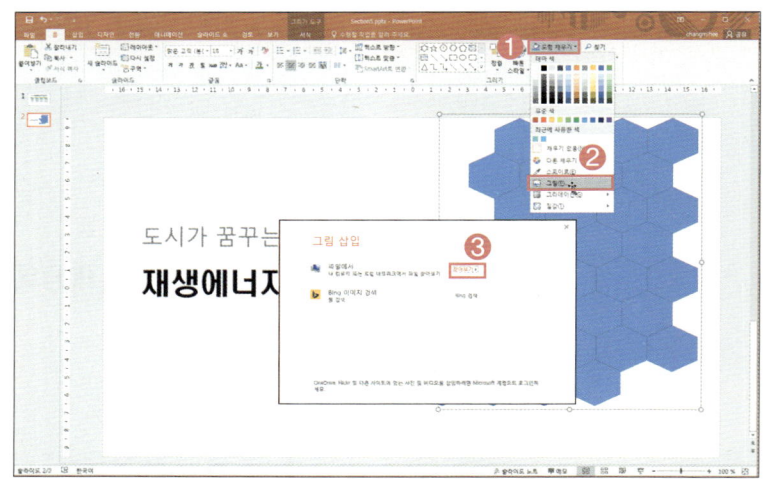

Section 05 | 메시지 전달을 높이는 도해 슬라이드 1

10 그룹화된 도형 전체를 클릭한 후 [홈] 탭의 [그리기] 그룹에서 도형 윤곽선( )에서 선의 색은 '흰색'을 선택합니다. 두께( )를 클릭한 후 '2¼pt'를 선택합니다.

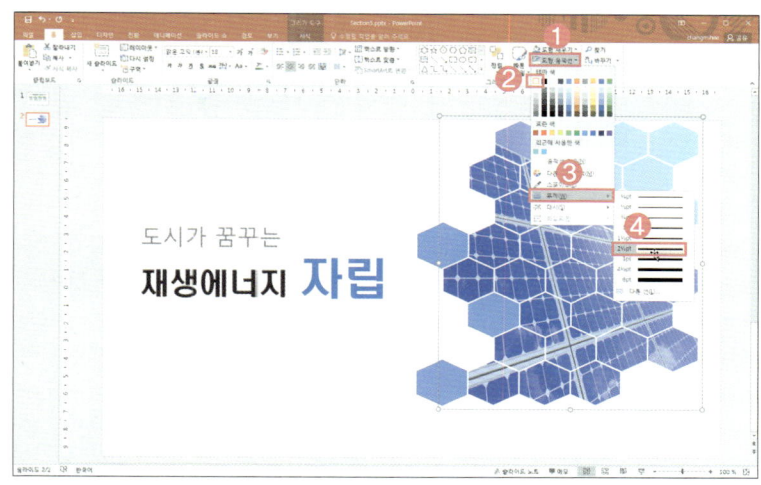

11 선택하지 않았던 세 개의 도형의 색을 [홈] 탭의 [그리기] 그룹에서 [도형 채우기]를 클릭하여 임의로 색을 선택하여 변경합니다.

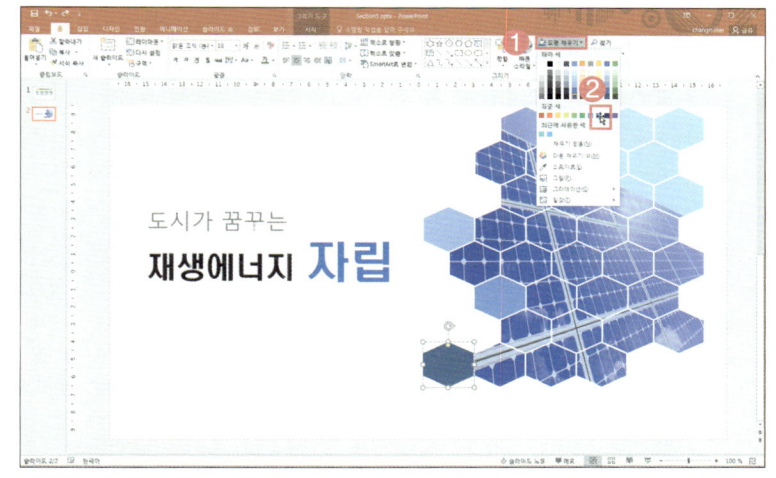

12 그룹화된 도형을 선택한 후 그룹안의 도형을 한번 더 클릭하면 선택된 도형의 크기와 위치 등을 변경할 수 있습니다.

> Tip 도형을 세밀하게 이동할 때는 Ctrl 과 방향키를 사용합니다.

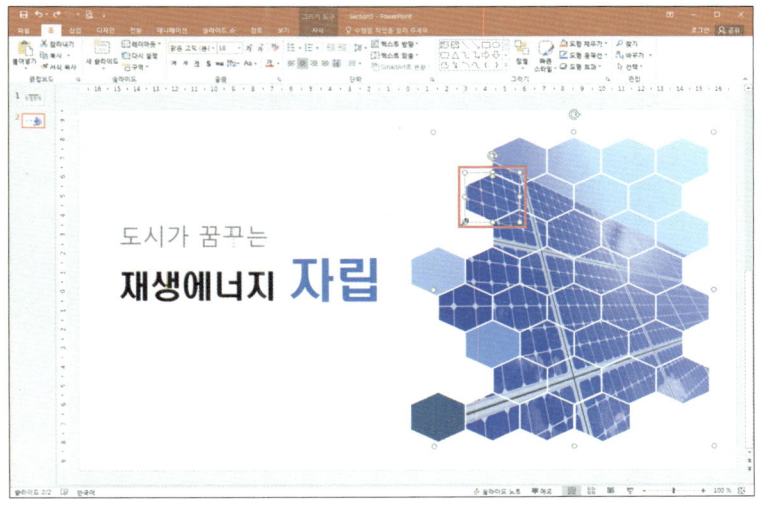

075

기초문제

❖ 준비파일 : Section5-기초.pptx ❖ 완성파일 : Section5-기초-완성.pptx

01 'Section5-기초.pptx' 문서를 열고 다음의 조건대로 작성하시오.

조건

① 'fish.jpg' 이미지를 슬라이드 배경으로 삽입한 후 '투명도를 50%'로 낮추세요.
② 정원을 그린 후 '도형 채우기'한 후 '도형 효과'의 '기본 설정'에서 '기본설정 4'를 설정하세요.
③ 각 원에 이미지를 삽입한 후 그룹화하세요.

힌트

- 정원 정사각형 : Shift + 드래그
- [디자인] – [배경 서식] – [그림 또는 질감 채우기] – [파일] – [투명도]
- [홈] – [그리기] – [도형 효과] – [기본 설정]
- 'poison.png', 'bones-joint.png', 'fish.png' 이미지 삽입
- 그룹화 : Ctrl + G

02 'Section5-기초.pptx' 문서에 이어서 다음의 조건대로 작성하시오.

조건

① 두 번째 슬라이드를 삽입하고 사각형을 그린 후 '보통 효과-파랑, 강조5'의 스타일을 적용하세요.
② 사각형 위에 정원을 그린 후 '도형 채우기 : 투명', '도형 윤곽선 : 흰색', '두께'는 '3pt'를 적용하세요.
③ 두 도형을 그룹화한 후 '3차원 회전'의 '원근감 : 원근감(왼쪽)'을 적용하세요.
④ 도형을 수직복사한 후 텍스트를 수정하고, '세로 간격 동일하게' 맞춤하세요.

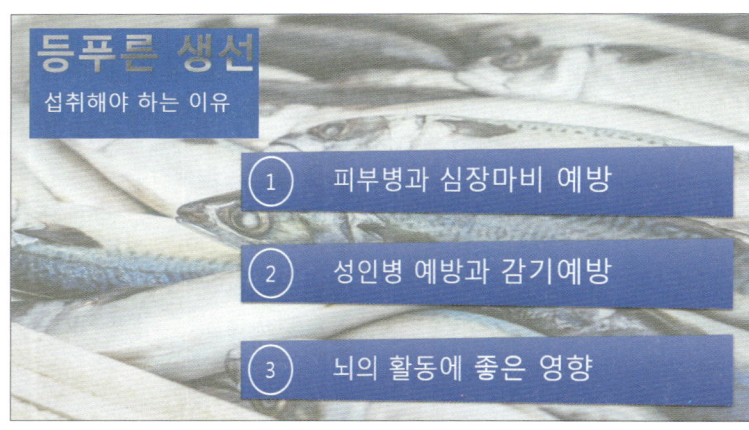

힌트

- 수평·수직 복사 : Ctrl + Shift + 드래그
- [홈] – [그리기] – [도형 채우기] – [도형 윤곽선] – [도형 효과] – [3차원 회전]
- [홈] – [그리기] – [정렬] – [맞춤] – [세로 간격 동일하게]

심화문제

❖ 준비파일 : Section5-심화.pptx ❖ 완성파일 : Section5-심화-완성.pptx

01

'Section5-심화.pptx' 문서를 열고 다음의 조건대로 작성하시오.

> 조건

① 첫 번째 슬라이드의 배경색을 '흰색, 배경1, 5% 더 어둡게' 설정합니다.
② 평행사변형 세 개를 삽입한 후 '도형 윤곽선'의 색은 '윤곽선 없음'으로 설정합니다.
③ 세 개의 도형을 그룹화 한 후 '도시.png' 그림으로 채웁니다.

> 힌트

- [디자인] – [배경서식] – [단색 채우기] – [색]
- [홈] – [그리기] – [도형 윤곽선] – [색] – [두께]
- [홈] – [그리기] – [도형 채우기] – [그림]

02

'Section5-심화.pptx' 문서에 이어서 다음의 조건대로 작성하시오.

> 조건

① '설명선 : 사각형 설명선'과 '사각형 : 사각형' 도형을 배치합니다.
② 텍스트를 도형에 입력합니다.
   제목 : 맑은고딕, 32pt   내용 : 맑은고딕, 18pt

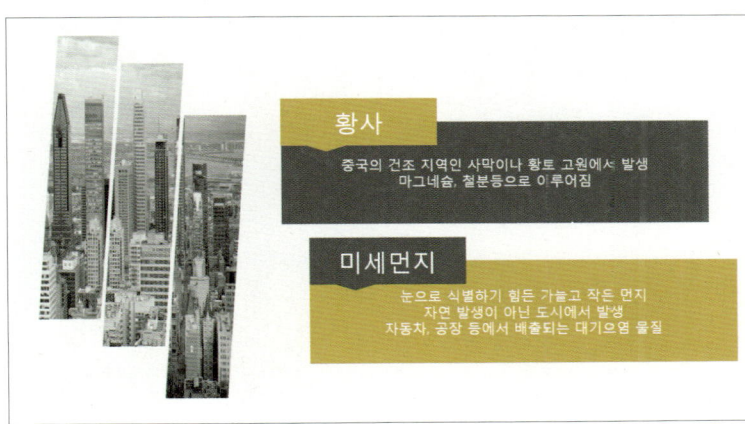

> 힌트

- [그림 도구] – [서식] – [조정] – [배경 제거]
- [그림 도구] – [서식] – [그림 스타일] – [그림 효과] – [부드러운 가장자리]
- [그림 도구] – [서식] – [정렬] – [회전] – [좌우대칭]

Power Point 2016

06 메시지 전달을 높이는 도해 슬라이드 2
SECTION

도형의 효과를 활용하여 연관된 이미지나 텍스트가 더욱 돋보이게 하여 메시지를 전달할 수 있습니다. 슬라이드 디자인의 퀄리티를 높일 수 있으며 메시지를 전달하는 효과를 향상시킵니다. 도형의 투명 효과와 그라데이션 효과를 사용하고, 도형과 도형을 결합하여 새로운 도해 슬라이드를 만들 수 있습니다.

PREVIEW

▲ 준비파일 : Section6.pptx, 완성파일 : Section6-완성.pptx

학습내용

실습 01 도형의 투명도 활용하기

실습 02 도형의 그라데이션 활용하기

실습 03 도형과 도형의 결합 활용하기

체크포인트

● 도형의 투명도를 이용하여 텍스트를 돋보이게 해봅니다.

● 도형의 그라데이션 기능을 활용해 봅니다.

● 도형과 도형, 도형과 텍스트를 결합해 봅니다.

실습 01 도형의 투명도 활용하기

▼ 준비파일 : Section6.pptx

01 슬라이드 1을 선택합니다. 도형을 삽입하기 위해 [홈] 탭의 [그리기] 그룹에서 [도형]의 대각선 방향의 모서리가 둥근 사각형(□)을 선택합니다.

02 슬라이드의 왼쪽 하단에 드래그하여 적절한 크기로 드래그하여 삽입합니다.

> Tip Alt 를 누르고 도형을 그리면 세밀하게 조절하여 그릴 수 있습니다.

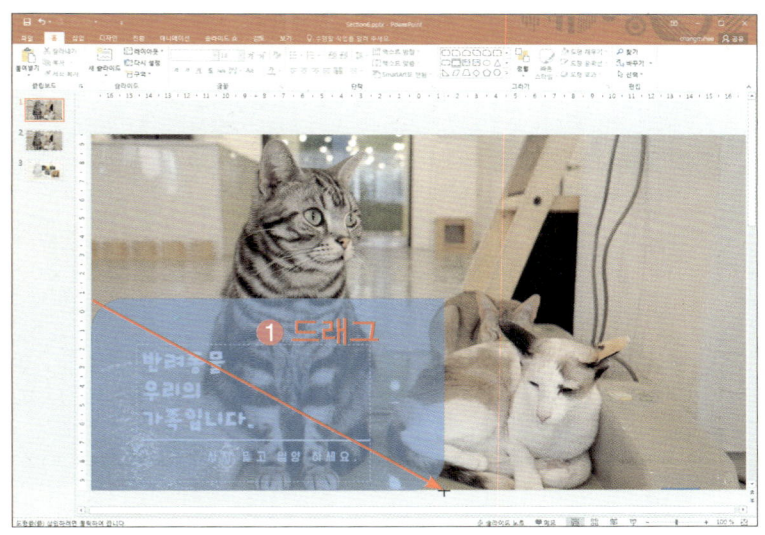

03 도형의 투명도를 조절하면 배경 그림이 표시됩니다. [홈] 탭의 [그리기] 그룹에서 자세히(⌐)를 클릭합니다.

04 [도형 서식] 창의 [도형 옵션] – [채우기 및 선(⬧)]에서 [단색 채우기]를 클릭하여 색은 '검정, 텍스트'를 선택합니다. 투명도는 50%로 조절합니다.

05 도형의 테두리는 '선'에서 '선 없음'을 선택합니다. 도형의 왼쪽 상단의 노란 조절점을 오른쪽으로 드래그하여 모양을 변형시킵니다.

Tip [그리기] 그룹의 '도형 윤곽선'의 '윤곽선 없음'을 선택해도 됩니다.

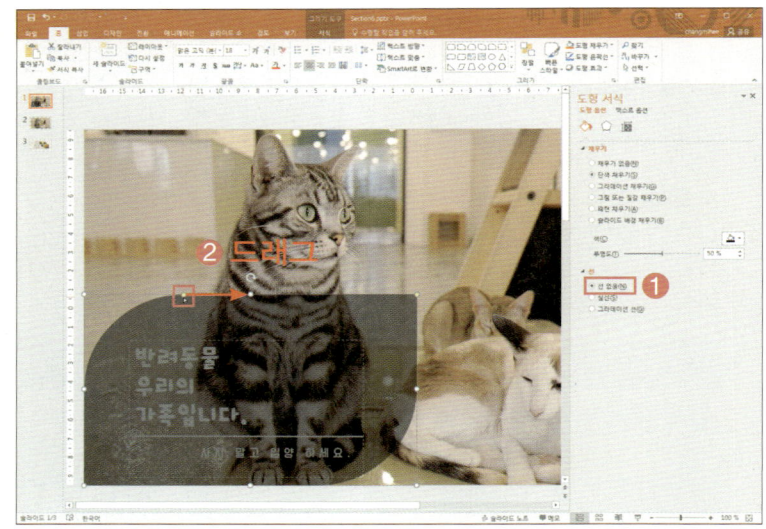

06 텍스트가 도형에 가려져 있습니다. 도형을 텍스트 뒤로 정렬하기 위해 도형을 선택한 후 [홈] 탭의 [그리기] 그룹의 정렬(⬧)에서 뒤로 보내기(⬧)를 클릭하여 텍스트 뒤로 정렬합니다. 도형과 텍스트를 드래그하여 배치합니다.

도형의 그라데이션 활용하기

01 슬라이드 2를 선택한 후 [홈] 탭의 [그리기] 그룹에서 [도형]의 직사각형(□)을 선택합니다.

02 슬라이드의 반 정도를 넓게 드래그한 후 [홈] 탭의 [그리기] 그룹에서 자세히(▽)를 클릭합니다.

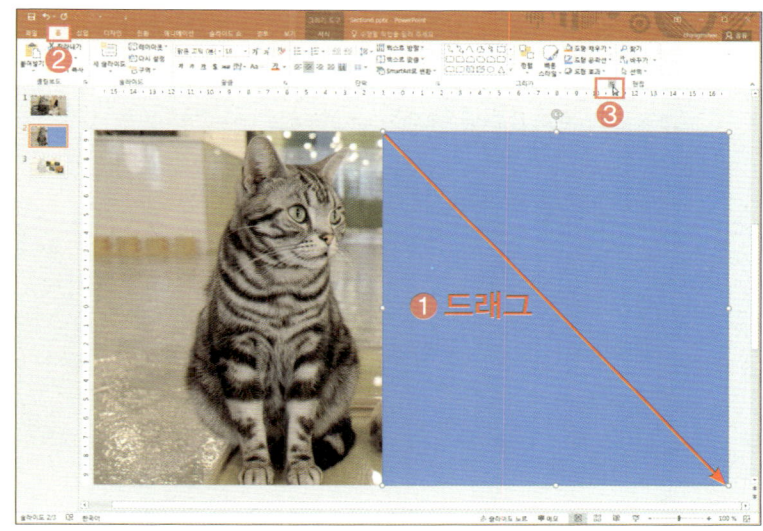

03 3번 슬라이드 오른쪽의 [도형 서식] 창이 열리면 [도형 옵션]에서 [채우기 및 선]의 [그라데이션 채우기]를 클릭합니다. '종류 : 선형'과 '방향 : 선형 오른쪽'을 선택한 후 '선 : 선 없음'을 선택합니다.

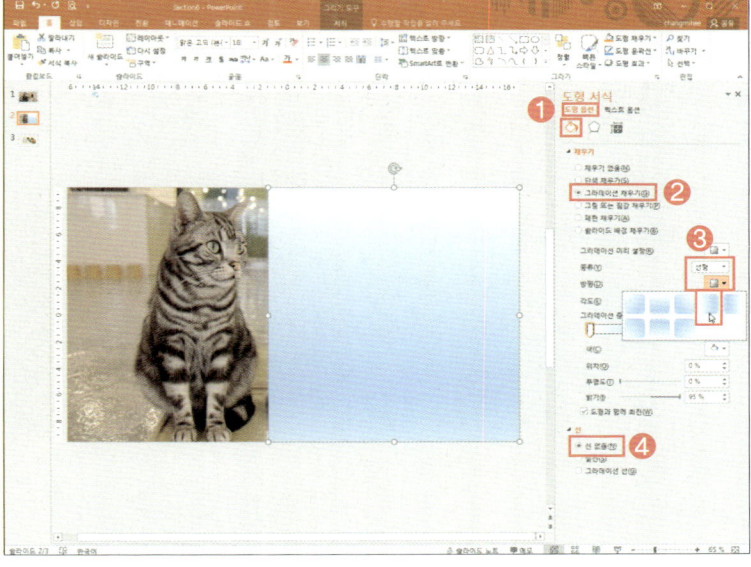

04 도형을 그라데이션으로 설정하기 위해 중지점을 편집합니다. 기본으로 설정된 4개의 중지점 중에 하나를 클릭하여 제거( )를 누릅니다.

> **Tip**
> - 중지점 추가 : 중지점은 7개까지 추가 가능
> - 중지점 삭제 : 또는 그라데이션 중지점 슬라이더 막대 밖으로 드래그

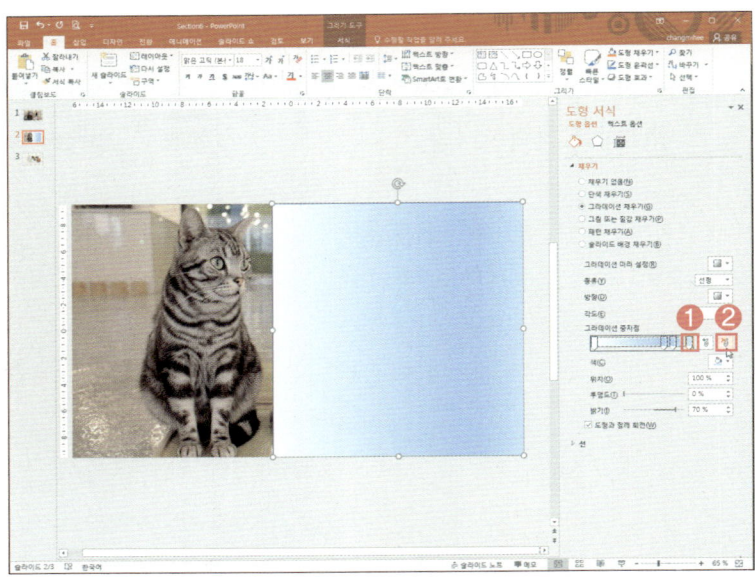

05 첫 번째 중지점을 드래그하여 위치를 설정합니다. 도형의 왼쪽 부분은 완전 투명으로 설정하기 위해 '투명도 : 100%'를 설정합니다.

06 두 번째 중지점을 드래그하여 위치를 설정한 후 중지점의 색은 '검정'을 선택합니다. 도형의 중간 부분의 투명도의 슬라이더 막대를 드래그하여 투명도를 설정합니다.

Section 06 | 메시지 전달을 높이는 도해 슬라이드 2

07 마지막 중지점을 오른쪽 끝으로 드래그하여 위치를 설정한 후 중지점의 색은 '검정'을 선택합니다.

08 도형의 오른쪽은 불투명하게 하기 위해 마지막 중지점을 클릭한 후 '위치'와 '투명도'를 설정합니다.

> **Tip** 중지점을 이용해 무지개 색을 만들 수 있습니다. 색, 위치, 투명도를 설정할 수 있습니다.

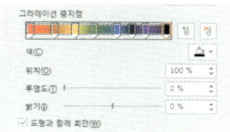

09 도형을 선택한 후 [홈] 탭의 [그리기] 그룹에서 정렬(🗗)의 뒤로 보내기(🗗)를 클릭하여 텍스트 뒤로 보냅니다. 도형과 텍스트를 드래그하여 배치합니다.

실습 03 도형과 도형의 결합 활용하기

01 슬라이드 3을 선택합니다. [홈] 탭의 [그리기] 그룹에서 [도형]의 평행사변형(▱)을 슬라이드 왼쪽에 드래그합니다.

02 도형을 Ctrl+Shift를 누른 채 오른쪽으로 드래그하여 수평 복사합니다. [홈] 탭의 [그리기] 그룹에서 [도형]의 텍스트 상자(囗)를 선택한 후 슬라이드에 클릭합니다. 텍스트를 입력하고 글꼴을 'HY견고딕'으로 바꿉니다.

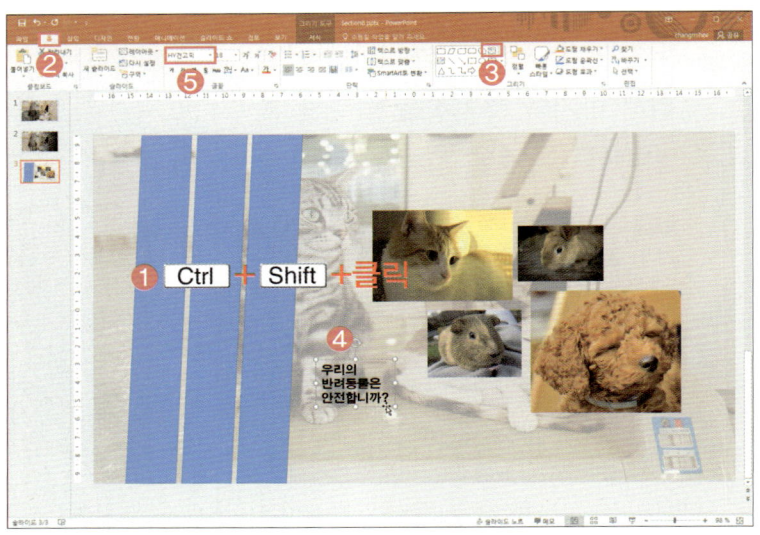

03 텍스트를 도형화하면 자유롭게 크기를 조절할 수 있습니다. 텍스트 상자를 선택한 후 [그리기 도구]의 [서식] 탭에서 [WordArt 스타일] 그룹의 텍스트 효과(가)를 클릭합니다. 변환(abc)의 '휘기' - '사각형(abcde)'을 선택합니다.

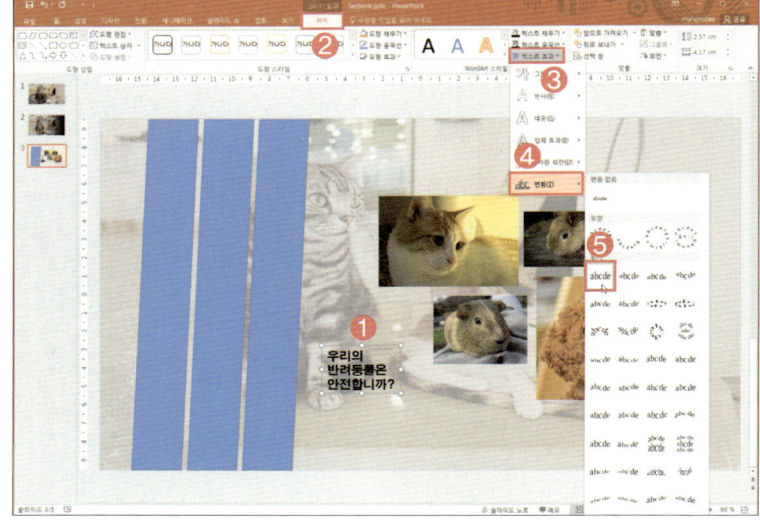

Section 06 | 메시지 전달을 높이는 도해 슬라이드 2

04 텍스트 상자를 대각선으로 드래그하면 텍스트의 폰트 크기에 관계없이 텍스트 상자 크기에 꽉 차게 크기가 조절됩니다.

05 텍스트 상자를 도형 위에 적절하게 배치한 후 도형과 텍스트 상자를 모두 선택합니다.

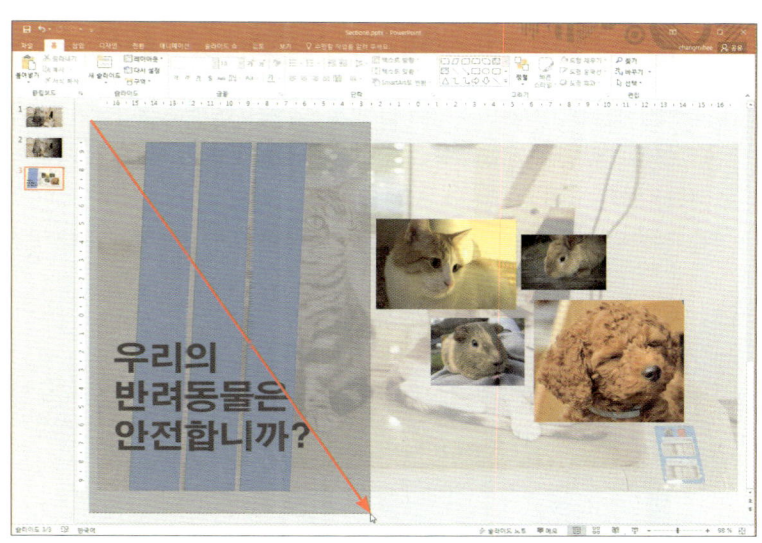

06 [그리기 도구] - [서식] 탭에서 [도형 삽입] 그룹의 도형 병합(⊘) - 결합(⊘)을 선택합니다.

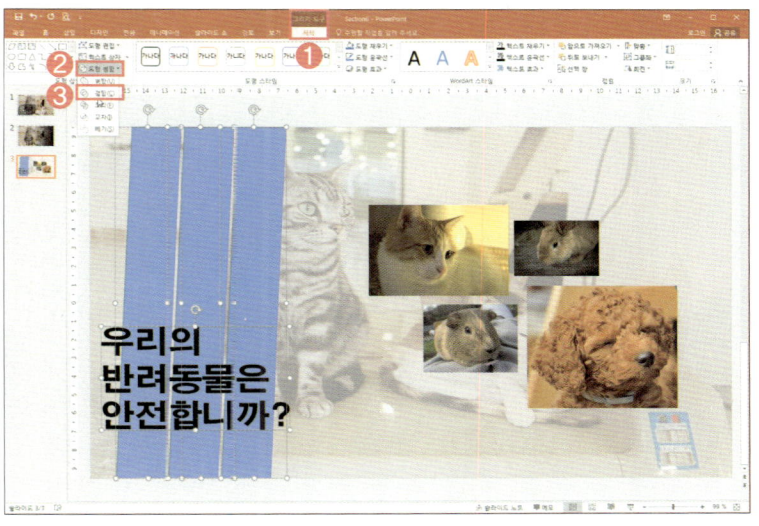

07 도형과 텍스트가 결합되어 하나로 묶어집니다. [홈] 탭의 [그리기] 그룹에서 자세히를 클릭하여 '색'과 '투명도'를 조절합니다. 도형 부분은 불투명도로 조절할 수 있으며 도형과 텍스트의 결합된 부분은 투명이 됩니다.

알아두기   도형의 '자유형'과 도형 서식의 활용 알아두기

- [도형]의 [선]의 자유형( ) 을 슬라이드에 자유롭게 드래그하여 도형을 완성합니다.
- 도형을 선택한 후 [그리기] 그룹의 '자세히'를 클릭한 후 [도형 서식]의 '채우기'에서 '단색 채우기 : 흰색'과 '투명도'를 설정합니다.

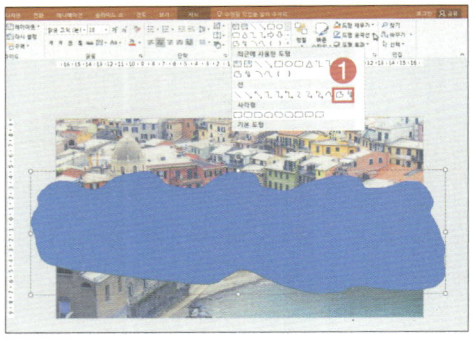 

- [도형 서식]의 '효과'에서 '부드러운 가장자리 : 크기'를 조절하여 도형 테두리를 부드럽게 합니다.
- 도형의 크기를 슬라이드에 맞게 조절합니다.
- 텍스트 상자를 이용하여 텍스트를 입력합니다. (텍스트 효과 97쪽 참고하세요.)

 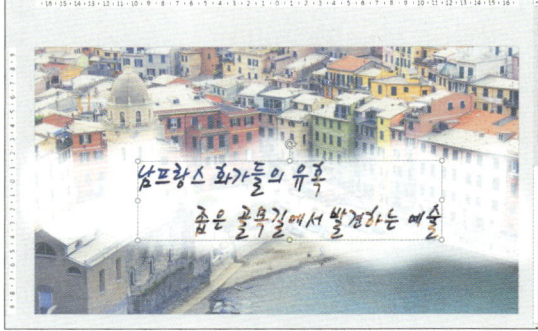

Section 06 | 메시지 전달을 높이는 도해 슬라이드 2

알아두기 | 도형의 점 편집 알아두기

도형의 '점 편집'을 활용하면 도형의 각도 조절이나 곡선 등을 만들어 또 다른 도형으로 변형할 수 있습니다.

- '사각형' 도형을 삽입한 후 [그리기 도구] – [서식] – [도형 삽입]의 [도형 편집]의 '점 편집'을 클릭합니다.

- '사각형' 도형의 모서리에 '■'의 조절점이 생깁니다. 오른쪽 하단의 '■' 위에 마우스를 올려 놓은 후 왼쪽으로 드래그합니다.
- 오른쪽 상단의 '■'도 왼쪽으로 드래그합니다. '■' 조절점을 드래그하면 직선의 도형 모양이 변경됩니다. 미세한 간격 조절 등에 활용합니다.

- 오른쪽 상단의 '■' 조절점을 클릭하면 흰색 '□' 조절점이 생깁니다. 흰색 조절점을 안쪽으로 드래그하면 오목하게 변형되고 밖으로 드래그하면 볼록하게 변형됩니다.

087

기초문제

❖ 준비파일 : Section6-기초.pptx   ❖ 완성파일 : Section6-기초-완성.pptx

01 'Section6-기초.pptx' 문서를 열고 다음의 조건대로 작성하시오.

① 'greece.jpg' 이미지를 삽입한 후 슬라이드에 맞게 크기를 조절한 후 복사하여 '배경 서식'의 '클립보드'에서 붙여넣기한 후 원본은 삭제하세요.
② '블록 화살표'의 '오각형'을 삽입한 후 '채우기 색'은 '흰색'으로 설정한 후 투명도를 임의로 지정하세요.
③ '블록 화살표'의 '갈매기형 수장'을 삽입한 후 '그라데이션 채우기'에서 '선형 : 선형 오른쪽'으로 방향을 선택하세요.
④ '그라데이션 중지점'은 두 개만 사용하고 중지점의 '위치'와 '투명도'를 임의로 설정하세요.
⑤ 텍스트 상자를 '맨 앞으로' 배치하세요.

힌트
- [삽입] – [그림]
- [이미지] 크기 조절 한 후 Ctrl + C – [디자인] – [배경 서식] – [채우기] – [그림 또는 질감 채우기] – [클립보드] – 삽입된 그림 삭제
- [도형 서식] – [단색 채우기] – [색 : 흰색] – [투명도 : 28%]
- [도형 서식] – [그라데이션 채우기] –[종류 : 선형, 방향 : 선형 오른쪽] – [위치] – [투명도] 설정

02 'Section6-기초.pptx'에 이어서 다음의 조건대로 작성하시오.

① 두 번째 슬라이드를 삽입한 후 'greece2.jpg'를 삽입하여 배경으로 설정하세요.
② '사각형'을 삽입한 후 '채우기 : 없음', '도형 윤곽선'을 그림과 같이 설정하세요.
③ 안쪽에 '사각형'을 삽입한 후 '채우기 : 흰색', '투명도'를 그림과 같이 설정하세요.
④ 텍스트 상자를 '맨 앞으로' 배치하세요.

심화문제

❖ 준비파일 : Section6-심화.pptx ❖ 완성파일 : Section6-심화-완성.pptx

01 'Section6-심화.pptx' 문서를 열고 다음의 조건대로 작성하시오.

① 두 번째 슬라이드를 Ctrl + D 를 눌러 복제한 후 삽입된 도형들 모두 삭제하시오.
② 배경의 투명도를 그림에 맞게 설정하세요.
③ '사각형'을 슬라이드 왼쪽에 삽입하세요.
④ '기본 도형 : 텍스트 상자'를 삽입한 후 내용을 입력한 후 '글꼴 : HY견고딕', 크기'를 임의로 설정하세요.
⑤ 도형과 텍스트 상자를 배치한 후 도형과 텍스트 상자를 선택하여 '결합'하세요. '도형 채우기'와 '도형 윤곽선'을 설정하세요.

힌트
- [디자인] - [배경서식] - [그림 또는 질감 채우기] - [파일] - [투명도 : 52%]
- [그리기 도구] - [서식] - [도형 삽입] - [도형 병합] - [결합]
- 두 개체 선택 - [빠른 메뉴] - [도형 병합] - [결합]

02 'Section6-심화.pptx' 문서에 이어서 다음의 조건대로 작성하시오.

① 1번 문제에 이어서 작성하세요.
② 사각형과 원을 차례대로 삽입하여 배치하세요.
③ 두 도형을 선택한 후 '도형 빼기'를 하세요.
④ 원을 삽입하여 복사한 후 그림과 텍스트를 삽입하세요.

힌트
- '직사각형'을 삽입하고 '원'을 '직사각형'위에 겹쳐서 삽입합니다.
- '직사각형'을 먼저 선택한 후 Ctrl 을 누르고 '원'을 선택하세요.
- 두 개체 선택 - [빠른 메뉴] - [도형 병합] - [빼기]
- 'Greece3.png', 'users.png', 'dollar.png', 'language.png' 이미지 삽입
- 이미지 선택 후 [그림 도구] - [서식] - [색]

Power Point 2016

07 WordArt로 꾸미는 텍스트
SECTION

WordArt는 텍스트의 효과를 빠르게 적용하여 돋보이게 만들 수 있습니다. 파워포인트에서는 일반 텍스트도 WordArt로 전환이 가능하며, WordArt를 직접 삽입하고 특수 효과를 적용할 수 있으며 WordArt에 그림 채우기와 투명도, 모양 변형을 이용할 수 있습니다.

PREVIEW

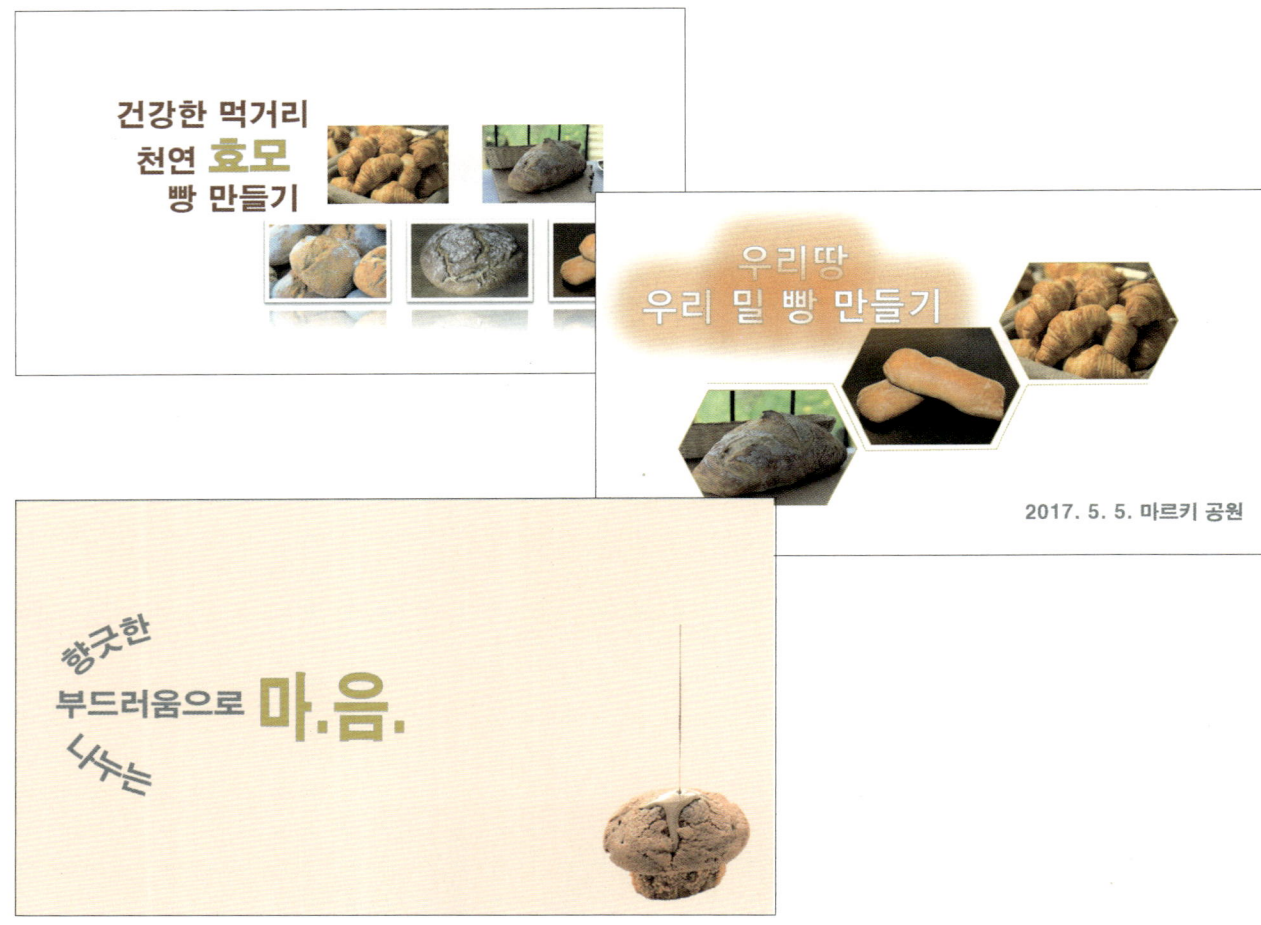

▲ 준비파일 : Section7.pptx, 완성파일 : Section7-완성.pptx

학습내용
- 실습 01 일반 텍스트의 WordArt
- 실습 02 WordArt 삽입과 스타일
- 실습 03 WordArt 변형 활용하기

체크포인트
- 일반 텍스트를 WordArt로 변경해 봅니다.
- 빠른 스타일을 이용하여 WordArt를 삽입해 봅니다.
- 삽입한 WordArt의 변형 기능을 활용해 봅니다.

실습 01 일반 텍스트의 WordArt

▼ 준비파일 : Section7.pptx

01 슬라이드 1을 선택한 후 텍스트를 삽입하기 위해 [홈] 탭의 [그리기] 그룹에서 '텍스트 상자'를 슬라이드에 삽입한 후 텍스트를 입력합니다. '효모' 텍스트만 드래그하여 영역을 선택한 후 [그리기 도구] – [서식] 탭의 [WordArt 스타일] 그룹의 자세히( )를 누릅니다.

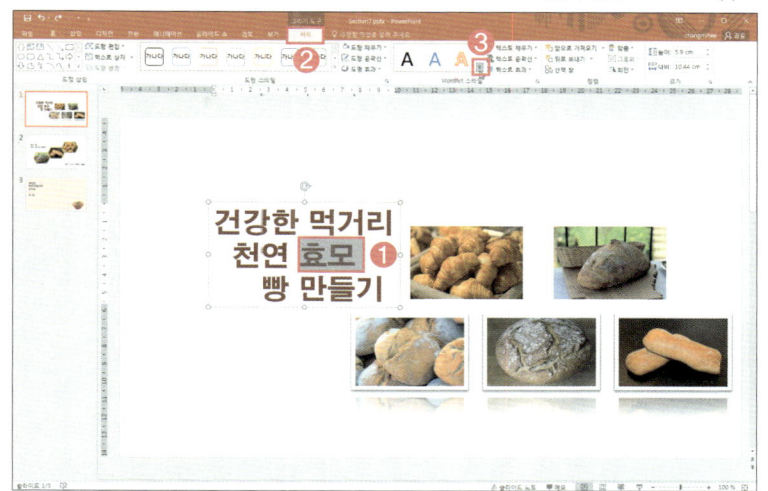

02 'WordArt 스타일' 목록에서 임의의 워드아트를 선택합니다. 영역으로 설정된 부분만 워드아트로 변경됩니다. 일반 텍스트를 WordArt로 변경할 수 있습니다.

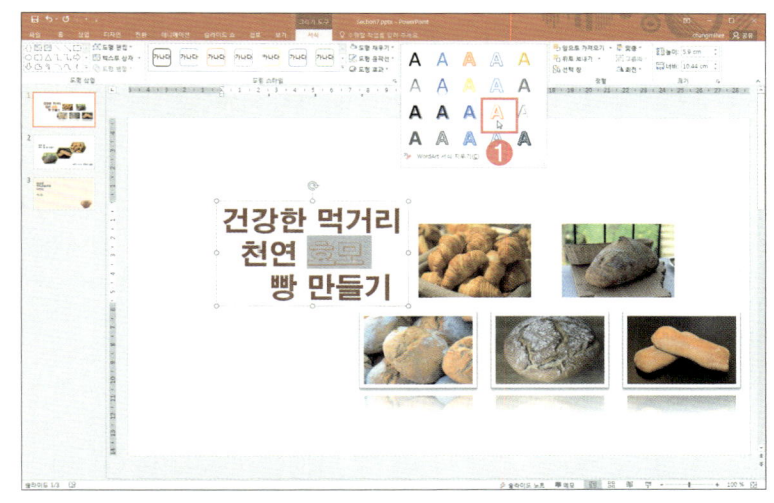

03 영역으로 설정된 텍스트 위에 마우스 오른쪽 단추를 눌러 '빠른 메뉴'에서 글꼴 크기를 크게 조절합니다.

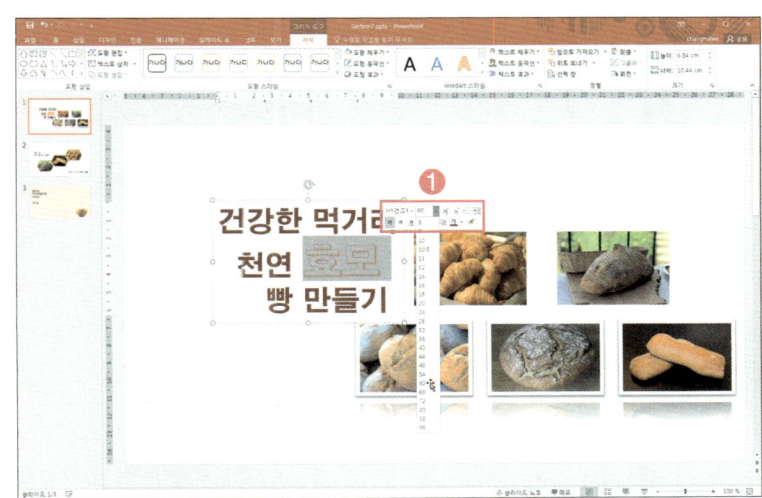

04 'WordArt'의 색을 변경하기 위해 [그리기 도구] - [서식] 탭의 [WordArt 스타일] 그룹에서 텍스트 채우기(가)를 클릭합니다. 임의의 색을 선택합니다.

05 'WordArt'의 윤곽선 색을 변경하기 위해 [그리기 도구] - [서식] 탭의 [WordArt 스타일] 그룹에서 텍스트 윤곽선(가)을 클릭합니다. 임의의 색을 선택합니다.

06 워드아트의 그림자는 해제하기 위해 [홈] 탭의 [글꼴] 그룹에서 그림자(S)를 클릭하여 해제합니다.

WordArt 삽입과 스타일

01 두 번째 슬라이드를 선택합니다. [삽입] 탭의 [텍스트] 그룹에서 WordArt( )를 클릭합니다. 임의의 'WordArt'를 선택합니다.

02 'WordArt'가 삽입되면 슬라이드에 '텍스트'를 입력할 수 있는 상자가 표시됩니다. 영역이 설정된 상태에서 텍스트를 입력할 수 있습니다.

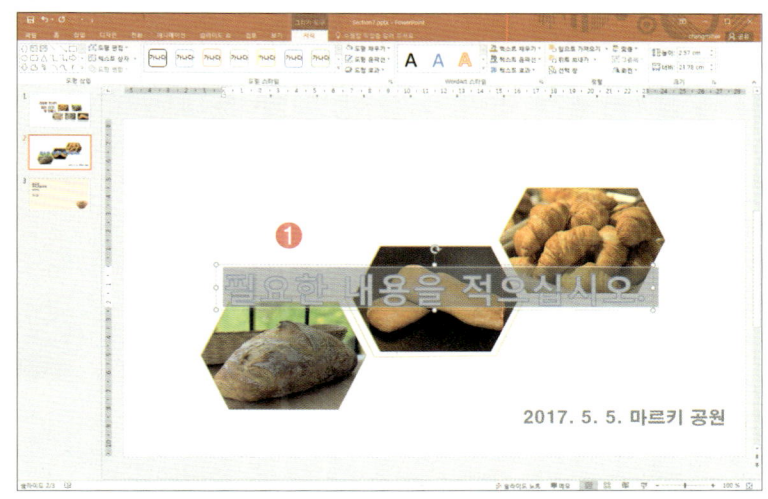

03 그림과 같이 텍스트를 입력하고 위치를 조절합니다. 'WordArt'의 윤곽선 색을 변경하기 위해 [그리기 도구] – [서식] 탭의 [WordArt 스타일] 그룹에서 텍스트 윤곽선( )을 클릭하여 임의의 색을 선택합니다.

> **Tip** 'WordArt' 스타일을 변경하려면 'WordArt' 선택한 후 [그리기 도구]의 [서식]탭의 'WordArt' 스타일을 다시 선택하면 변경됩니다.

093

04 선택한 'WordArt'의 '텍스트 효과'를 변경하기 위해 [그리기 도구] – [서식] 탭의 [WordArt 스타일] 그룹에서 텍스트 효과(㉮)를 클릭합니다. '네온 Ⓐ'을 선택한 후 임의의 효과를 클릭합니다.

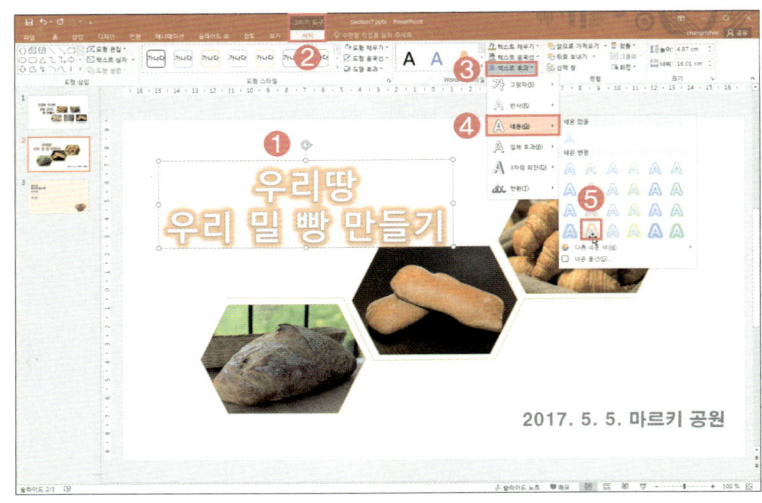

05 'WordArt'에 적용된 네온 효과를 수정할 수 있습니다. 'WordArt'를 선택한 후 [그리기 도구] – [서식] 탭의 [WordArt 스타일] 그룹에서 자세히(▫)를 클릭하여 [도형 서식] 창의 '텍스트 옵션'에서 텍스트 효과(Ⓐ)를 클릭합니다. '네온' 효과의 '색'과 '크기', '투명도'의 슬라이더를 드래그하여 조절할 수 있습니다.

06 삽입된 'WordArt'의 테두리에 배경처럼 네온 효과의 번짐 효과가 표시됩니다.

실습 03   WordArt 변형 활용하기

01   세 번째 슬라이드를 선택합니다. [홈] 탭의 [그리기] 그룹에서 텍스트 상자(📝)를 슬라이드에 클릭하여 각각 두 개의 텍스트를 따로 입력합니다.

- 첫 번째 텍스트 : HY견고딕, 40pt, 회색 계열
- 두 번째 텍스트 : 'HY견고딕', '크기 : 40pt', '글꼴색 : 황금색, 강조4, 25% 더 어둡게', '텍스트 윤곽선 : 흰색, 배경1, 35% 더 어둡게'

02   'WordArt'의 다양한 모양으로 변경할 수 있습니다. 첫 번째 텍스트 상자를 클릭한 후 [그리기 도구] – [서식] 탭의 [WordArt 스타일] 그룹에서 텍스트 효과(🎨)의 변환(abc)을 클릭하여 단추(◌)를 선택합니다.

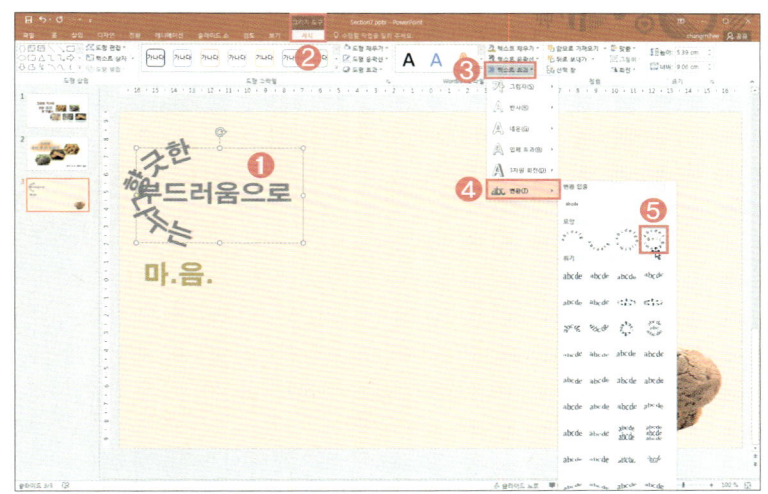

03   모양이 변환된 'WordArt'를 클릭하여 '노란 조절점(●)'을 오른쪽 위로 드래그하여 모양을 변형합니다.

095

04 두 번째 텍스트는 크기를 자유롭게 조절하기 위해 '마음' 텍스트 상자를 클릭합니다. [그리기 도구] - [서식] 탭의 [WordArt 스타일] 그룹에서 텍스트 효과(가)의 변환(abc)을 클릭하여 '휘기'의 사각형(abcde)을 선택합니다.

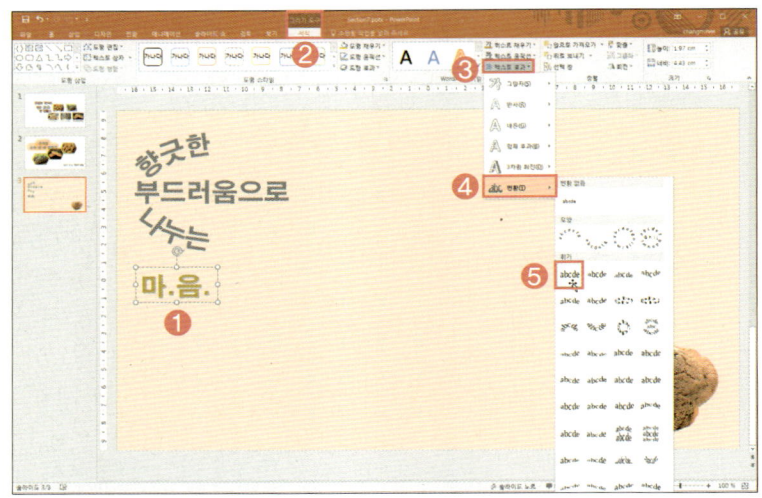

05 변형된 텍스트 상자의 크기를 조절해 봅니다. 사각형 형태로 변형되었기 때문에 글꼴 크기에 상관없이 사각형에 꽉 차게 자유자재로 변경이 가능합니다.

06 두 텍스트를 크기와 위치를 배치합니다.

알아두기 | 워드아트의 다양한 편집

- '가로 텍스트 상자'를 이용하여 텍스트를 입력한 후 글꼴과 크기를 설정합니다.
- '텍스트'를 선택한 후 [그리기 도구] – [서식] – [WordArt 스타일]의 '자세히'를 클릭합니다.
- [도형 서식] – [텍스트 옵션]의 '텍스트 채우기 : 그림 또는 질감 채우기'에서 '파일'을 선택하여 텍스트에 그림을 채우기한 후 '투명도'를 설정합니다.

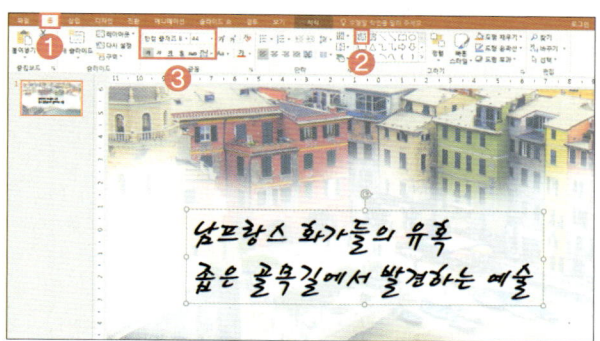 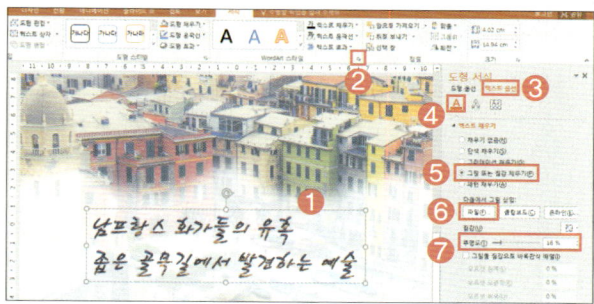

- [도형 서식] – [텍스트 옵션]의 '텍스트 채우기 : 패턴 채우기'에서 '패턴'과 '색'을 선택합니다. [텍스트 윤곽선]은 '실선'을 선택하고 윤곽선 색을 설정합니다.
- [도형 서식] – [텍스트 옵션]의 '그라데이션 채우기'에서 '중지점'의 '색'과 '위치', '투명도'를 편집합니다.

 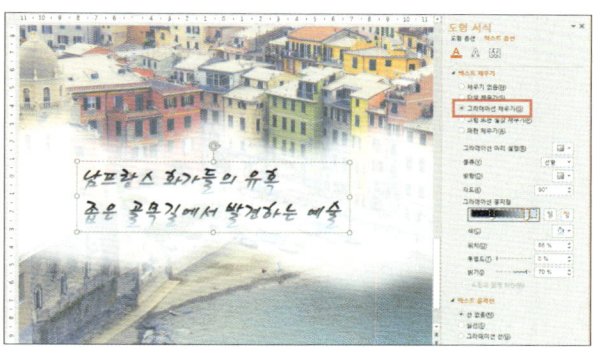

- [도형 서식] – [텍스트 옵션]의 '텍스트 상자'에서 '열'을 클릭하여 '개수 : 2'를 설정합니다. 텍스트 상자가 둘로 나뉘어 텍스트가 배치됩니다.

기초문제

❖ 준비파일 : Section7-기초.pptx   ❖ 완성파일 : Section7-기초-완성.pptx

01 'Section7-기초.pptx' 문서를 열고 다음의 조건대로 작성하시오.

조건

① 임의의 워드아트를 삽입한 후 텍스트를 입력하고 '글꼴 : HY견고딕'으로 설정하세요.
② 워드아트의 텍스트 윤곽선은 '윤곽선 없음'으로 설정하세요.
③ '네온'효과를 적용하세요.
   '네온 색 : 흰색, 배경1, 50% 더 어둡게', '크기 : 18pt', '투명도 : 30%'

힌트
- [삽입] – [WordArt]
- [WordArt] 선택 – [그리기 도구] – [서식] – [WordArt 스타일] – [텍스트 효과] – [네온] – [네온 옵션]

02 'Section7-기초.pptx' 문서에 이어서 다음의 조건대로 작성하시오.

조건

① 두 번째 슬라이드를 선택한 후 '텍스트 상자'를 삽입하고 'GREECE'를 입력하세요.
② 'WordArt'의 스타일의 '텍스트 효과'의 '변형 : 사각형'으로 변형한 후 '텍스트 채우기 : 흰색', '텍스트 투명도'를 설정하세요.

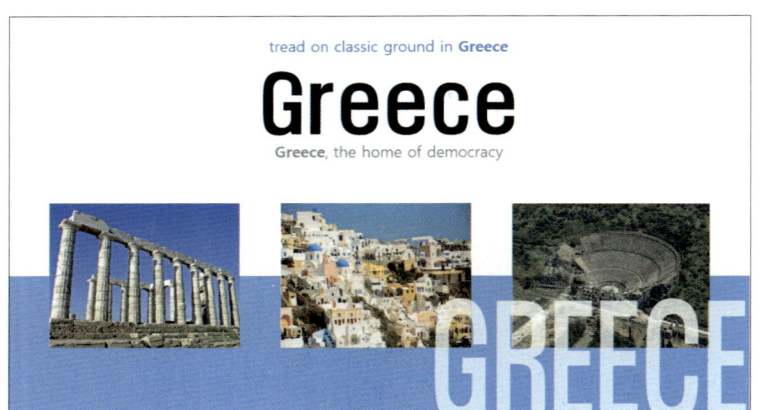

힌트
- [텍스트] 선택 – [그리기 도구] – [서식] – [WordArt 스타일] – 텍스트 효과] – [변환]
- [텍스트] 선택 – [그리기 도구] – [서식] – [WordArt 스타일] – [자세히] 단추 – [텍스트 옵션] – [텍스트 채우기]

심화문제

❖ 준비파일 : Section7-심화.pptx   ❖ 완성파일 : Section7-심화-완성.pptx

01 'Section7-심화.pptx' 문서를 열고 다음의 조건대로 작성하시오.

① '재생에너지' 텍스트만 '반사' 효과와 '그림자' 효과를 설정하세요.
② '자립' 텍스트에 '입체 효과 : 부드럽게 둥글리기'를 설정하세요.

힌트
- [텍스트 선택] – [그리기 도구] – [서식] – [WordArt 스타일] – [텍스트 효과] – [반사]
- [텍스트 선택] – [그리기 도구] – [서식] – [WordArt 스타일] – [텍스트 효과] – [입체 효과]

02 'Section7-심화.pptx' 문서에 이어서 다음의 조건대로 작성하시오.

① 임의의 워드아트를 삽입한 후 '신재생에너지'를 입력하고 '글꼴 : HY견고딕'으로 설정하세요.
② 워드아트의 채우기를 '질감 : 코르크'를 설정하세요.
③ '기존의 화석연료를 재활용 또는 재생 가능한 에너지로 변환' 텍스트를 그림과 같이 '변형 효과'를 적용하세요.

힌트
- [텍스트 선택] – [그리기 도구] – [서식] – [WordArt 스타일] – [텍스트 채우기] – [질감]
- [텍스트 선택] – [그리기 도구] – [서식] – [WordArt 스타일] – [텍스트 효과] – [변환]

Power Point 2016

SECTION 08 직관적인 전달력 SmartArt

파워포인트의 SmartArt는 쉽고 빠르게 메시지나 아이디어를 효과적으로 전달할 수 있는 도해 슬라이드 정보를 제공하고 있습니다. 전달하려는 메시지 형태에 따라 다양한 도해 레이아웃을 이용하여 메시지를 표현할 수 있습니다. SmartArt를 삽입하고, 레이아웃을 변경하여 SmartArt 스타일과 효과를 적용할 수 있습니다.

PREVIEW

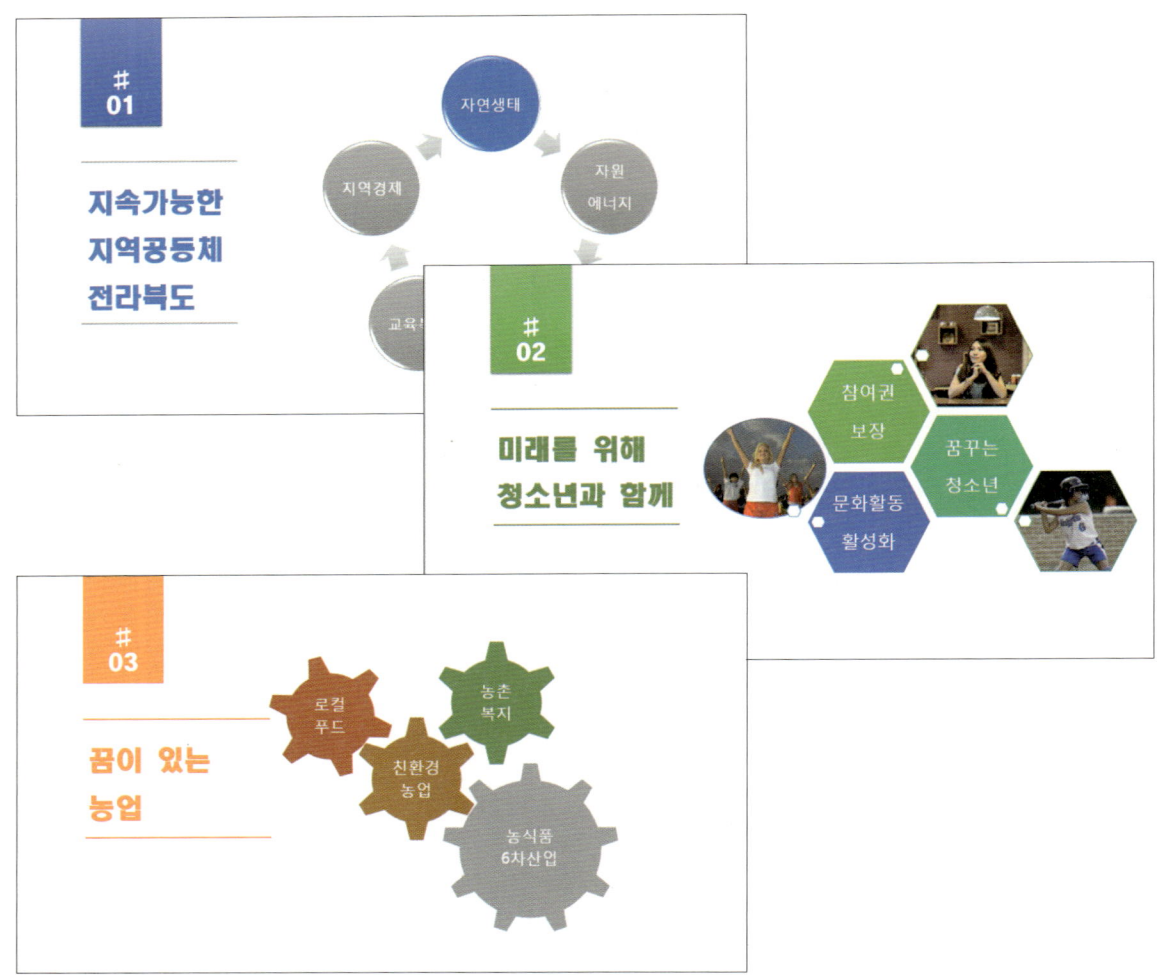

▲ 준비파일 : Section8.pptx, 완성파일 : Section8-완성.pptx

학습내용

- 실습 01 일반 텍스트의 SmartArt 변환
- 실습 02 직관적 전달력 SmartArt 그래픽
- 실습 03 제한적인 SmartArt 활용

체크포인트

- 일반 텍스트를 SmartArt로 변경해 봅니다.
- SmartArt를 삽입하고, 스타일과 효과를 적용해 봅니다.
- 도형 추가의 제한적인 SmartArt를 활용해 봅니다.

 ## 일반 텍스트의 SmartArt 변환

▼ 준비파일 : Section8.pptx

01 일반 텍스트를 'SmartArt'로 변경할 수 있습니다. 텍스트 상자를 선택한 후 [홈] 탭의 [단락] 그룹에서 SmartArt로 변환( )을 클릭하여 '기타 SmartArt 그래픽'을 선택합니다.

> Tip 내용 개체 틀에서 삽입할 경우에는 개체 틀의 ' '을 클릭합니다.
>
>

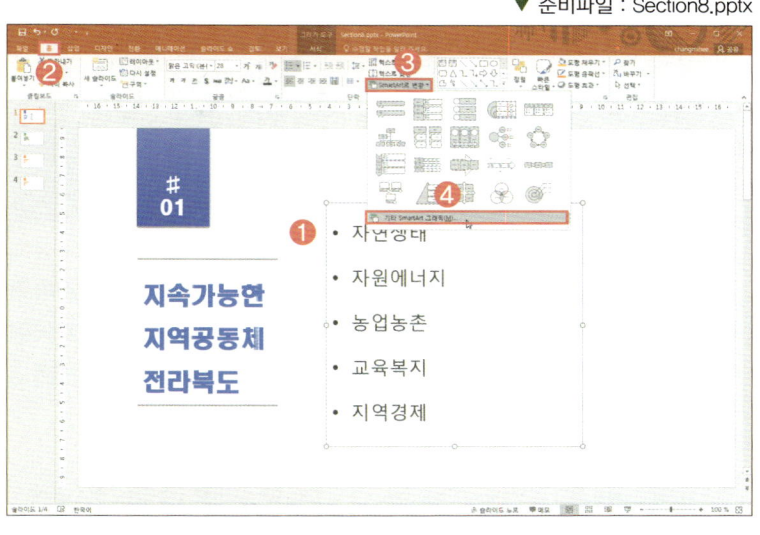

02 [SmartArt 그래픽 선택] 대화상자가 열리면 주기형( )의 기본 주기형( )을 선택한 후 [확인]을 클릭합니다.

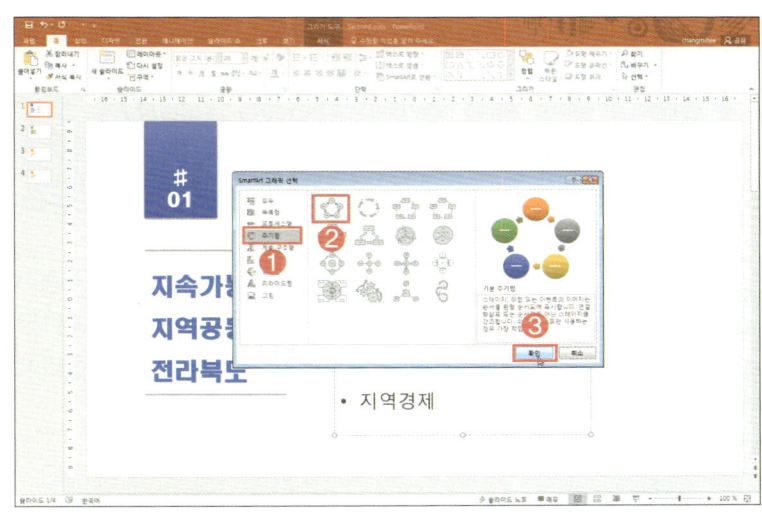

03 텍스트 상자가 'SmartArt'로 변경되었습니다. 'SmartArt'를 선택한 후 [홈] 탭의 [글꼴] 그룹에서 '글꼴 크기'를 조절합니다. 'SmartArt'의 전체 크기를 조절할 때는 조절점을 이용하여 드래그합니다.

> Tip 삽입된 'SmartArt'를 다른 'SmartArt'로 변경하려면 [디자인] – [레이아웃]에서 다른 스마트아트로 변경이 가능합니다.

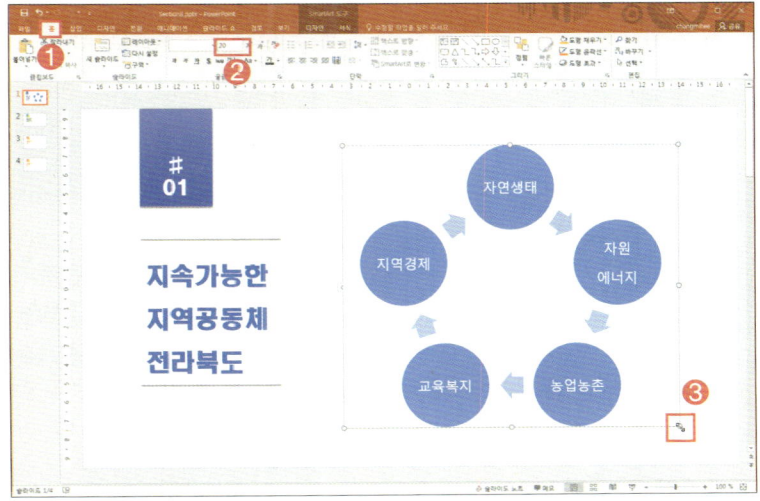

04 'SmartArt'의 색을 변경하기 위해 'SmartArt' 개체를 선택한 후 [SmartArt 도구] - [디자인] 탭에서 [SmartArt 스타일] 그룹의 색 변경(⚙)을 클릭합니다. 임의의 색을 선택합니다.

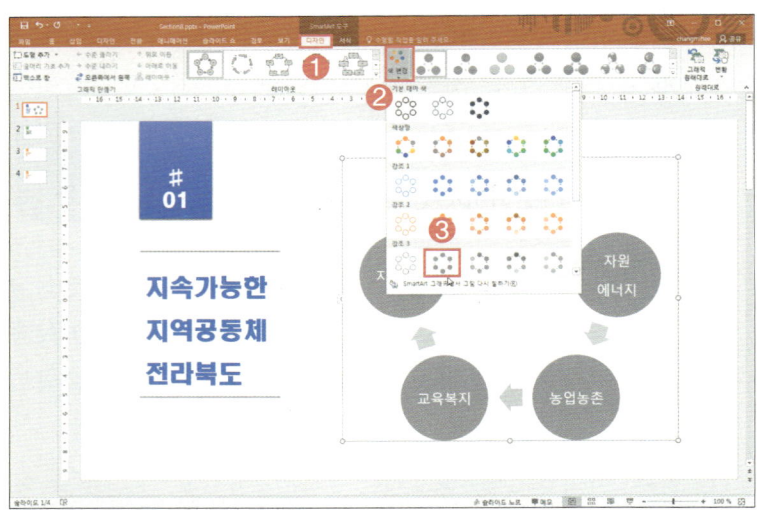

05 'SmartArt'의 스타일을 변경하려면 'SmartArt' 개체를 선택한 후 [SmartArt 도구] - [디자인] 탭에서 [SmartArt 스타일] 그룹의 [자세히]를 클릭하여 [3차원] - [광택처리]를 선택합니다.

> **Tip**
> - [디자인] - [그래픽 만들기] 그룹의 '텍스트 창'을 열고 닫기가 가능합니다.
> - [디자인] - [그래픽 만들기] 그룹의 '도형 추가'를 이용해 텍스트를 추가할 수 있습니다.

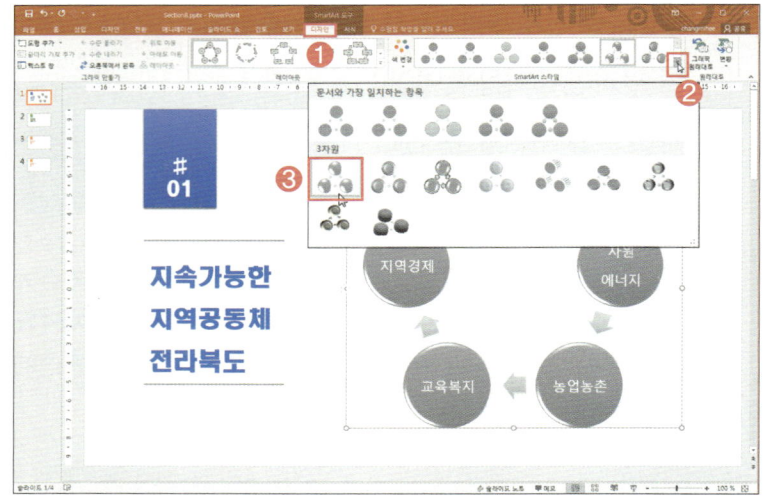

06 'SmartArt'의 내용을 삭제할 때는 도형 개체를 선택하여 Del을 누르면 삭제됩니다. 내용을 추가하려면 'SmartArt'을 선택하면 왼쪽의 ⟨를 누르면 텍스트 창이 표시되어 추가를 할 수 있습니다. 텍스트 창을 닫으려면 ⟩을 누릅니다.

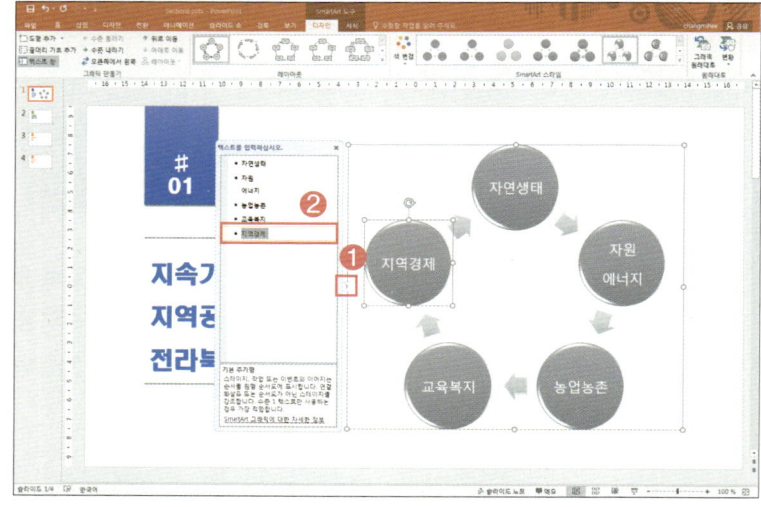

Section 08 | 직관적인 전달력 SmartArt

07 [디자인]-[그래픽 만들기] 그룹에서 '오른쪽에서 왼쪽(⇄ 오른쪽에서 왼쪽)' 단추를 선택합니다. 'SmartArt'의 개체가 좌우로 전환됩니다.

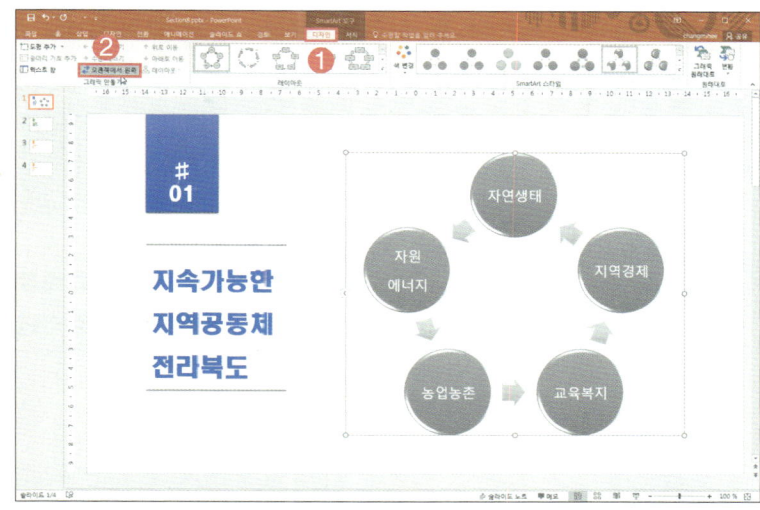

08 'SmartArt'를 선택한 후 'SmartArt'의 '자연생태' 도형만 선택합니다. [SmartArt 도구] - [서식] 탭에서 [도형 스타일] 그룹의 '도형 채우기'에서 임의의 색을 선택합니다.

> Tip '도형 채우기'의 '그림'을 클릭하여 이미지를 삽입할 수 있습니다.

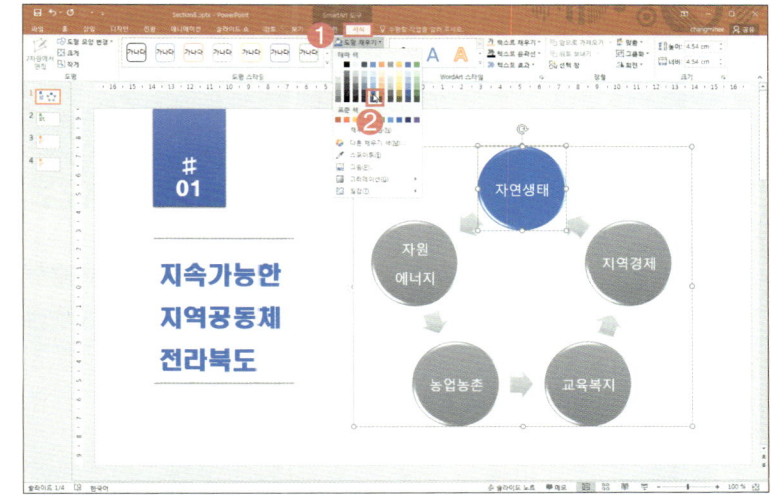

09 'SmartArt'를 '일반 텍스트'로 다시 변경하려면 [SmartArt 도구] - [디자인] 탭의 [원래대로] 그룹에서 변환( )을 클릭하여 텍스트로 변환( )을 클릭합니다.

> Tip 'SmartArt'를 일반 도형으로 변환하려면 [SmartArt도구]의 [디자인] 탭의 [원래대로] 그룹에서 변환( )의 도형으로 변환( )을 클릭합니다.

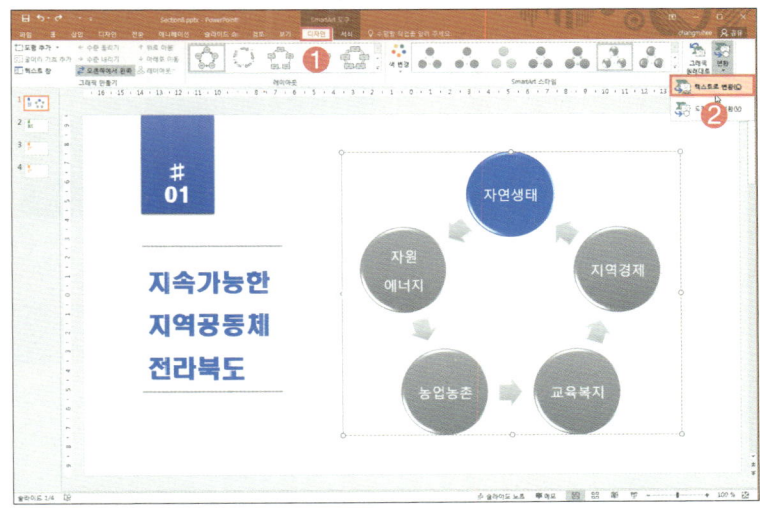

103

실습 02 직관적 전달력 SmartArt 그래픽

01 두 번째 슬라이드를 선택합니다. 'SmartArt' 그래픽을 삽입하기 위해 [삽입] 탭의 [일러스트레이션] 그룹에서 SmartArt(📄)를 클릭합니다. [SmartArt 그래픽 선택] 대화상자에서 관계형(📄)의 육각형 클러스터형(🔷)을 선택한 후 [확인]을 클릭합니다.

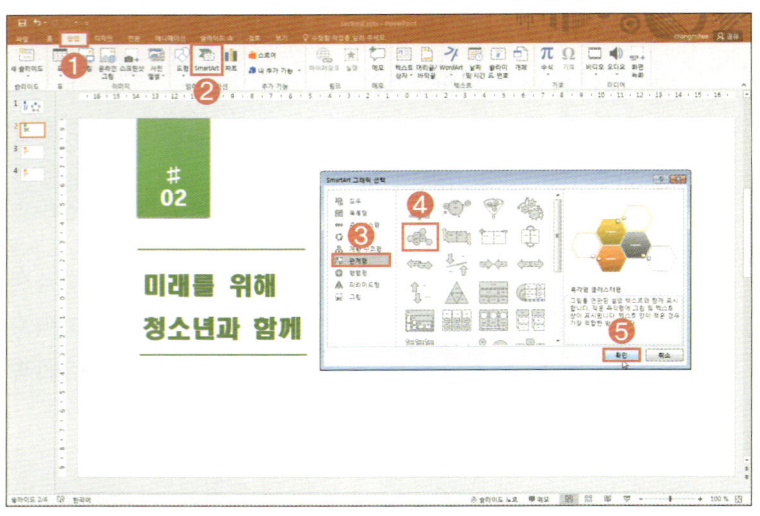

02 텍스트를 각각 입력한 후 도형의 그림(🖼) 아이콘을 클릭합니다.

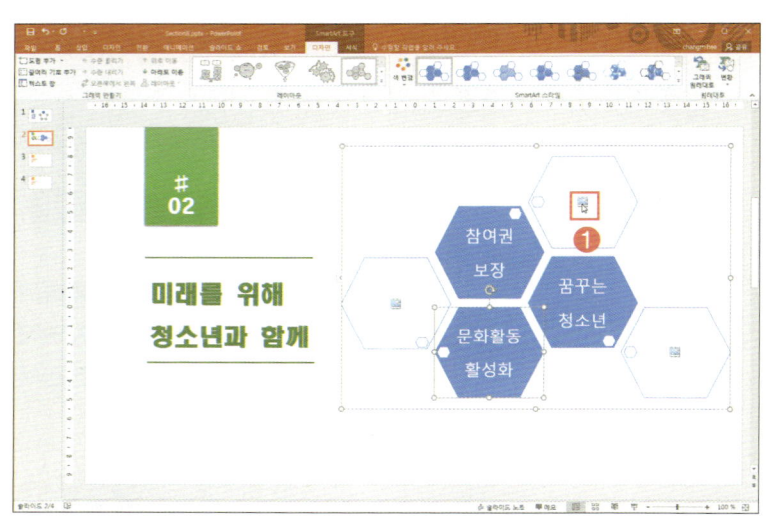

03 [그림 삽입] 대화상자가 열리면 [파일에서] - [찾아보기]를 클릭하여 컴퓨터에 저장된 이미지를 삽입합니다. 여기서는 예제 파일의 'adult.jpg' 파일을 선택했습니다.

> **Tip** 'Bing 이미지 검색'의 검색란에 검색어를 입력하면 'Bing' 사이트에서 이미지가 검색되어 바로 삽입이 가능합니다.

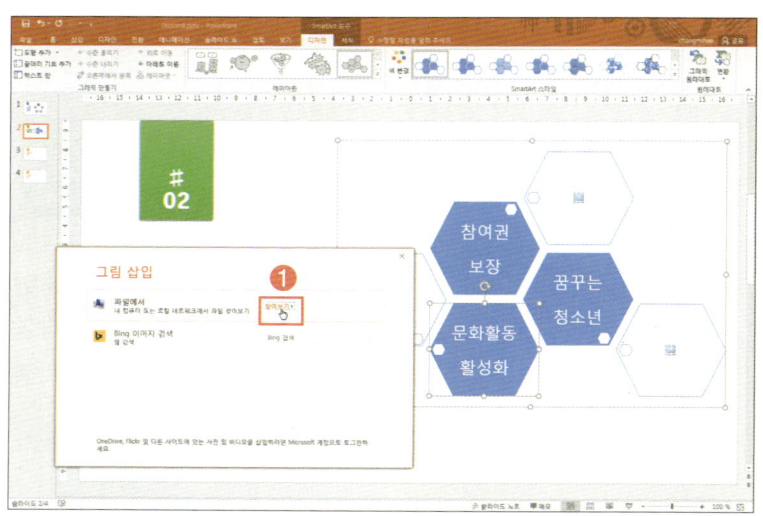

04 이미지를 삽입할 수 있는 도형에 예제 파일의 이미지를 그림과 같이 모두 삽입합니다.

> Tip 일반 텍스트를 입력할 수 있는 도형에도 그림을 삽입할 수 있습니다. 'SmartArt' 그래픽의 도형을 선택한 후 [SmartArt 도구]의 [서식] 탭의 '도형 스타일'의 '도형 채우기 : 그림'에서 삽입할 수 있습니다.

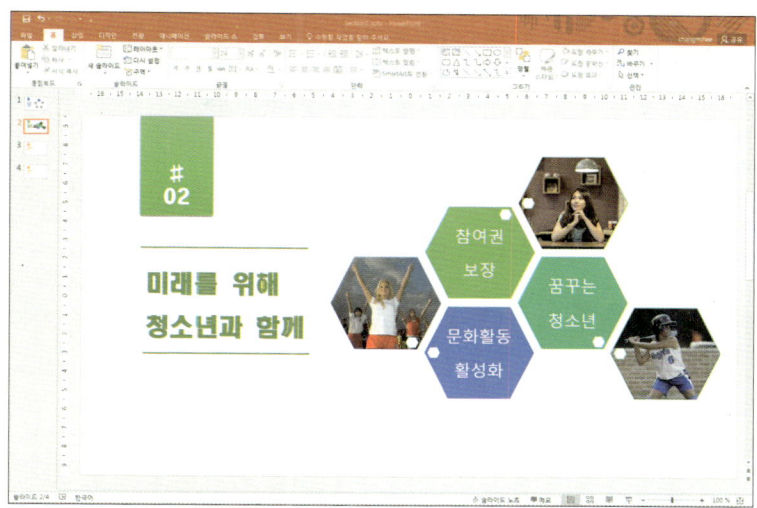

05 'SmartArt' 그래픽의 도형을 다른 도형으로 변경할 수 있습니다. 도형을 선택한 후 [SmartArt 도구] - [서식] 탭의 [도형] 그룹에서 도형 모양 변경(🔷)을 '타원'으로 선택합니다.

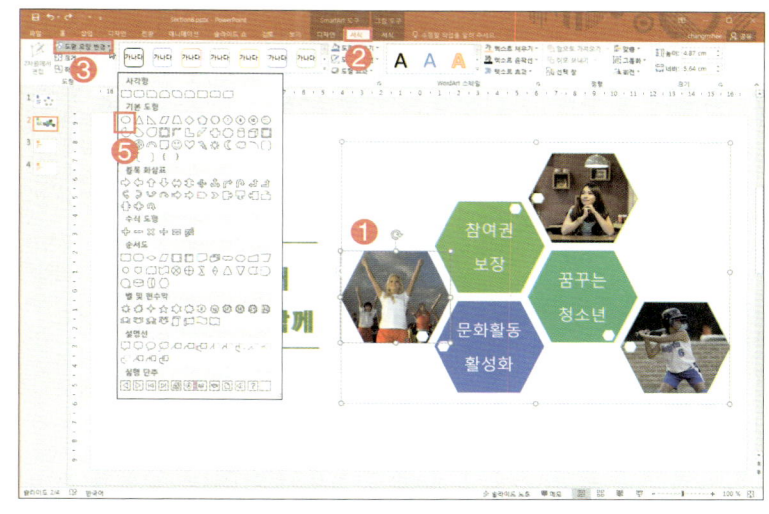

06 도형에 삽입된 그림을 수정하기 위해 도형을 선택한 후 [그림 도구] - [서식] 탭의 [조정] 그룹에서 수정(☀)을 클릭하여 '밝기/대비'에서 '밝기+20%, 대비-20%'을 선택합니다.

> Tip '그림'의 '밝기/대비'와 '선명도' 및 '채도, 색조' 등을 세밀하게 조절하려면 [그림 도구] - [서식] 탭에서 [조정] 그룹의 수정(☀)을 클릭하여 '그림 보정 옵션'을 클릭하세요. [그림 서식] 대화상자에서 조절할 수 있습니다.

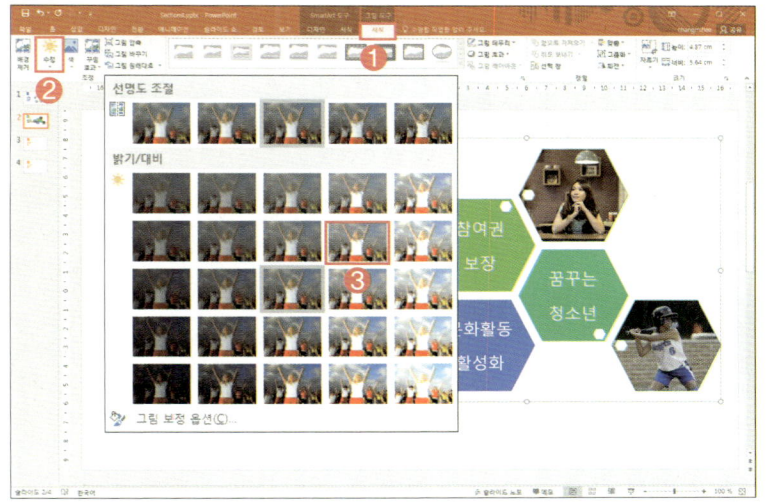

실습 03 제한적인 SmartArt 활용

01 세 번째 슬라이드를 선택합니다. 'SmartArt' 그래픽을 삽입하기 위해 [삽입] 탭의 [일러스트레이션] 그룹에서 SmartArt(🗔)를 클릭합니다. [SmartArt 그래픽 선택] 대화상자에서 프로세스형(⋙)의 톱니바퀴형(⚙)을 선택한 후 [확인]을 클릭합니다.

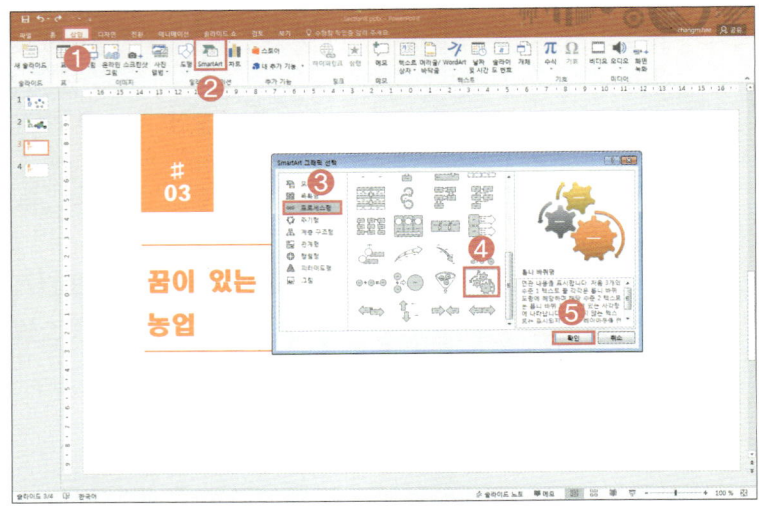

02 SmartArt에 그림과 같이 텍스트를 입력하고 색 변경을 '강조색 3 또는 4'로 변경합니다.

> **Tip** SmartArt에 그림과 같이 텍스트를 입력하고 색 변경을 '강조색 3 또는 4'로 변경합니다. '친환경 농업' 톱니 바퀴형을 클릭하고 [SmartArt 도구] – [디자인] 탭의 [그래픽 만들기] 그룹에서 '도형 추가'의 '아래에 도형 추가( )'를 클릭합니다. '톱니바퀴' 도형이 추가된 것이 아닌 모서리가 둥근사각형이 삽입됩니다. 톱니 바퀴형은 '톱니바퀴'의 숫자가 제한 되어있습니다.

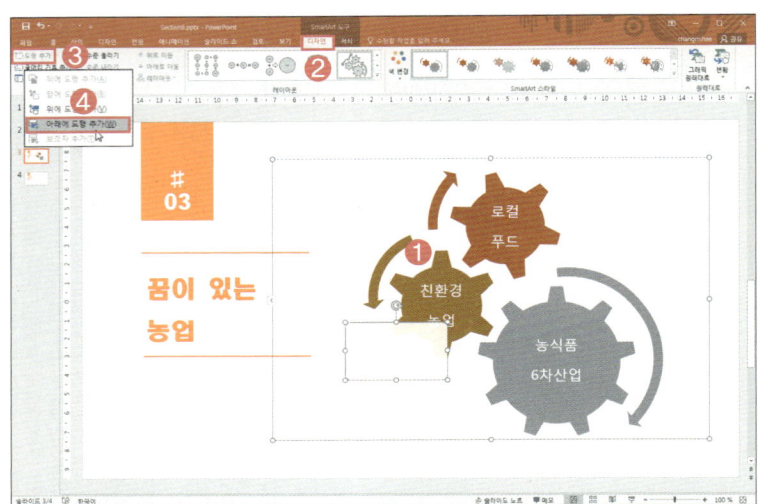

03 'SmartArt'를 일반 도형으로 변환하여 도형을 추가하기 위해 '톱니바퀴형' SmartArt을 선택한 후 [SmartArt 도구] – [서식] 탭의 [정렬] 그룹에서 그룹화( )의 그룹 해제( )를 클릭합니다.

> **Tip**
> • 그룹 해제 : Ctrl + Shift + G
> • [SmartArt 도구] – [디자인] – [변환] – [도형으로 변환]

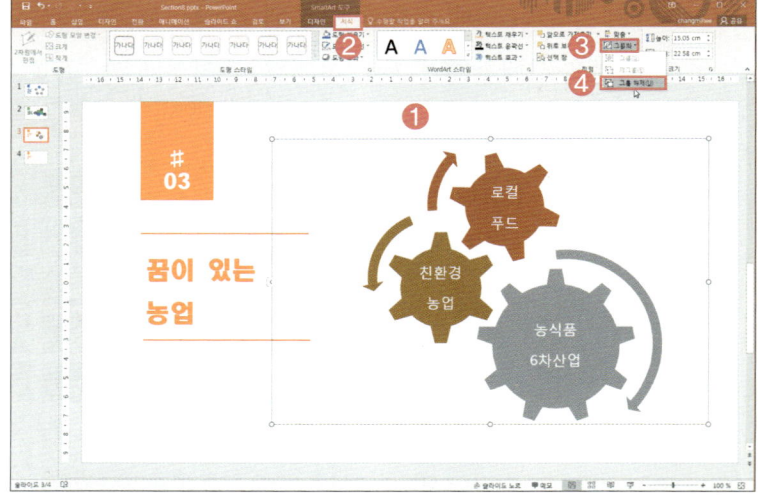

Section 08 | 직관적인 전달력 SmartArt

04 [그리기 도구] – [서식] 탭의 [정렬] 그룹에서 그룹화( )의 그룹 해제( )를 클릭합니다.

> Tip 'SmartArt'를 선택한 후 그룹 해제 단축키를 두 번 눌러 해제 할 수 있습니다.
> • 그룹 해제 : Ctrl + Shift + G

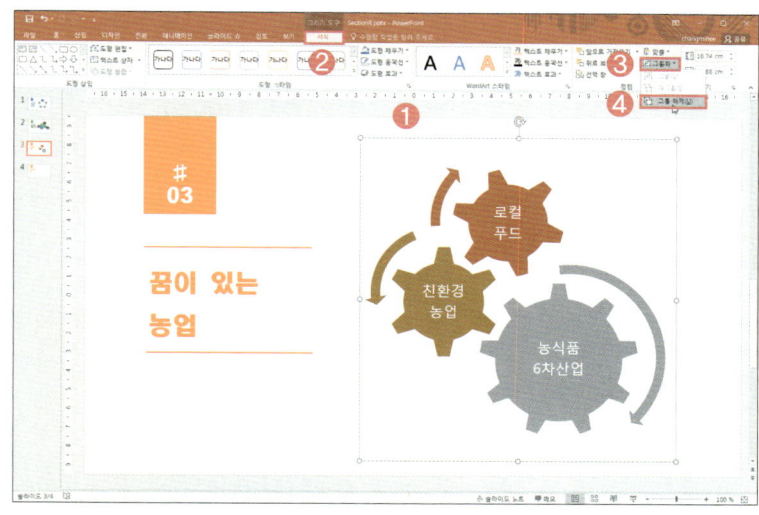

05 빈 슬라이드 공간에 한 번 더 클릭하여 범위 설정된 'SmartArt'를 해제한 후 '톱니바퀴' 도형만 남기고 화살표 도형을 Del 을 눌러 삭제합니다.

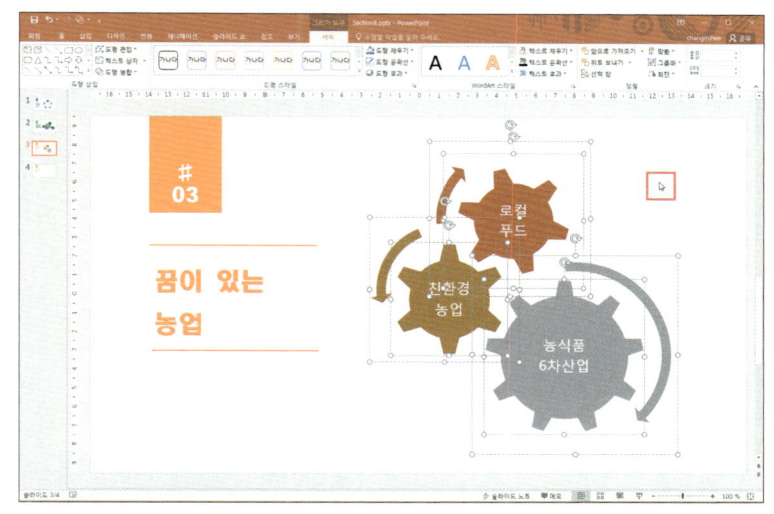

06 '톱니바퀴' 도형을 Ctrl + D 눌러 복제한 후 그림과 같이 위치를 조절하고 '농촌 복지'를 입력합니다. '농촌 복지' 톱니바퀴형을 선택하고 [그리기 도구] – [서식] 탭에서 [도형 스타일] 그룹의 '도형 채우기'에서 '녹색, 강조6, 25% 더 어둡게'를 선택합니다.

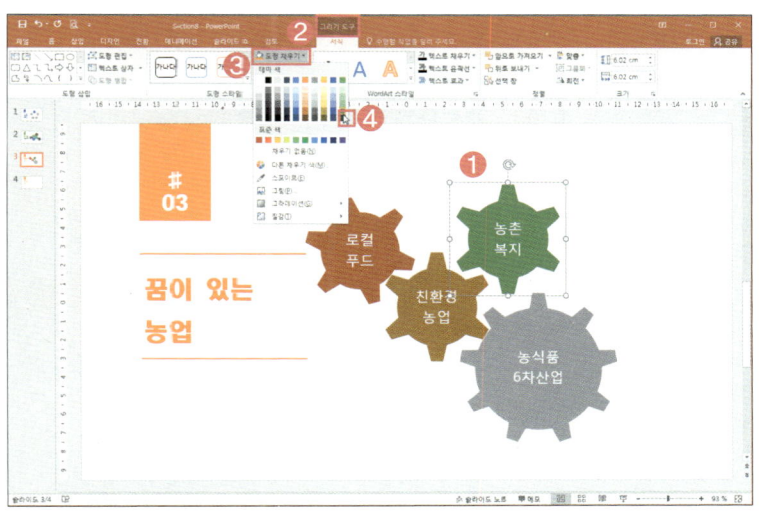

107

기초문제

❖ 준비파일 : Section8-기초.pptx   ❖ 완성파일 : Section8-기초-완성.pptx

01

'Section8-기초.pptx' 문서를 열고 다음의 조건대로 작성하시오.

① 슬라이드에 삽입된 텍스트를 'SmartArt' 그래픽의 '목록형 : 표 목록형' 레이아웃으로 변경하세요.
② 변경된 'SmartArt'의 그래픽을 '색상형 – 강조색'으로 설정하세요.

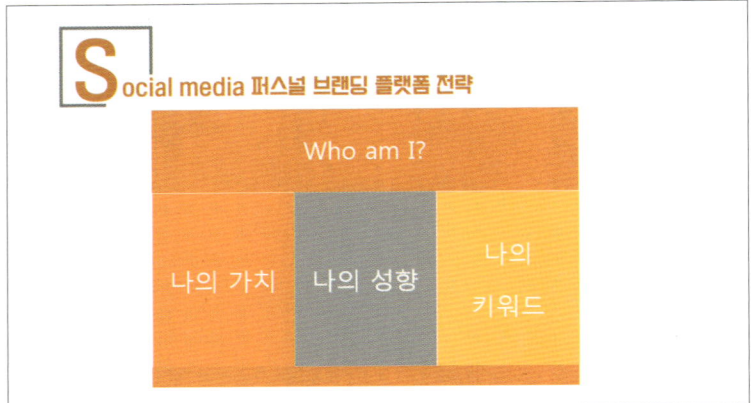

▶ 힌트

- [개체 틀] 선택 – [홈] – [단락] – [SmartArt로 변환] – [기타 SmartArt 그래픽]
- [SmartArt 그래픽] – [디자인] – [SmartArt 스타일] – [색 변경]

02

'Section8-기초.pptx' 문서에 이어서 다음의 조건대로 작성하시오.

① 두 번째 슬라이드에 'SmartArt' 그래픽의 '프로세스형 : 원 강조 시간 표시 막대형'을 삽입하세요.
② 'SmartArt' 그래픽에 내용을 입력하세요.

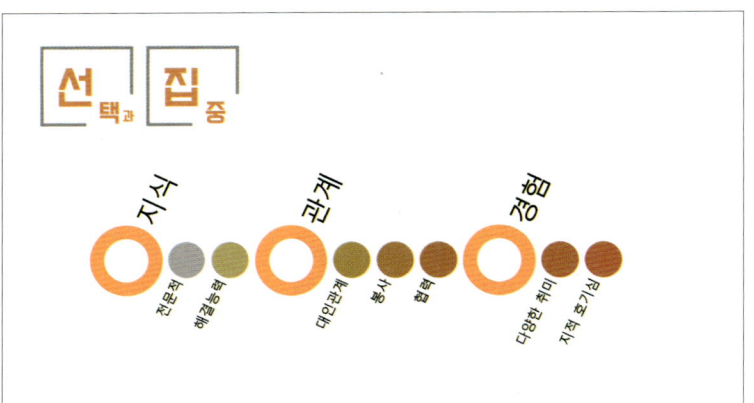

▶ 힌트

- [삽입] – [일러스트레이션] – [SmartArt] – [프로세스형]
- [SmartArt]의 [텍스트 창]
- Tab : 한 수준 올리기 / Shift + Tab : 한 수준 내리기

심화문제

❖ 준비파일 : Section8-심화.pptx ❖ 완성파일 : Section8-심화-완성.pptx

01

'Section8-심화.pptx' 문서를 열고 다음의 조건대로 작성하시오.

① 'SmartArt' 그래픽의 '관계형 : 누적 벤형'을 삽입하세요.
② '색상형 범위 : '강조색 2 또 3'으로 색을 변경하세요.
③ SmartArt는 스타일의 '강한 효과'를 적용하세요.

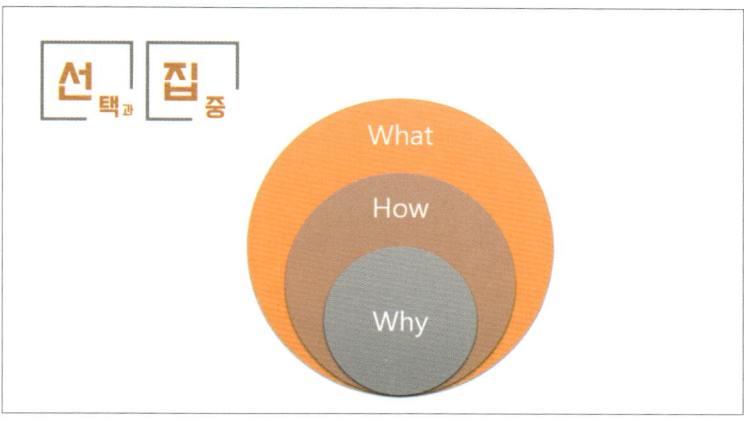

힌트

- [삽입] – [일러스트레이션] – [SmartArt] – [프로세스형]
- [SmartArt 그래픽] – [디자인] – [SmartArt 스타일] – [색 변경]
- [SmartArt 그래픽] – [디자인] – [SmartArt 스타일]

02

'Section8-심화.pptx' 문서에 이어서 다음의 조건대로 작성하시오.

① 두 번째 슬라이드에 'SmartArt' 그래픽의 '행렬형 : 주기 행렬형'을 삽입하세요.
② 텍스트를 입력한 후 'SmartArt 스타일'을 '3차원 : 경사'스타일로 변경하세요.
③ 두 번째 슬라이드를 복사한 후 세 번째 슬라이드에 '목록형 : 계층구조 목록형'으로 변환하세요.
④ 'SmartArt' 그래픽을 '텍스트로 변환' 하세요.

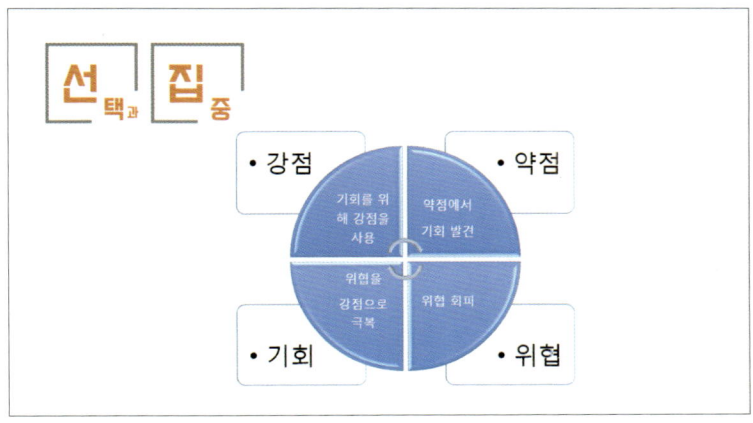

힌트

- [삽입] – [일러스트레이션] – [SmartArt] – [행렬 형]
- [SmartArt 그래픽] – [디자인] – [SmartArt 스타일] – [색 변경]
- [SmartArt 그래픽] – [디자인] – [레이아웃] – [기타 레이아웃]
- [SmartArt 그래픽] – [디자인] – [SmartArt 스타일] – [원래대로] – [변환] – [텍스트로 변환]

Power Point 2016

09 내용의 요약 정리 표
SECTION

내용을 비교하고 요약하거나 정리할 때 표를 작성합니다. 텍스트로 나열해서 보여주는 것보다 일목요연하게 정리하여 보여주면 가독성과 내용의 이해가 빠르게 됩니다. 표를 삽입하고 표의 스타일과 표의 효과를 지정하여 강조하고자 하는 부분을 돋보이는 표를 만들 수 있습니다.

PREVIEW

▲ 준비파일 : Section9.pptx, 완성파일 : Section9-완성.pptx

학습내용

실습 01 표 삽입과 표 스타일

실습 02 표 레이아웃 편집

실습 03 내용을 강조하는 셀 서식

체크포인트

● 표를 삽입하고 표 스타일을 이용해 빠르게 표를 꾸며 봅니다.

● 표의 삽입과 삭제 등 레이아웃을 편집해 봅니다.

● 표의 특정한 부분을 입체 효과를 설정하여 강조해 봅니다.

110

 **실습 01 표 삽입과 표 스타일**

▼ 준비파일 : Section9.pptx

01 슬라이드에 표를 삽입하기 위해 [삽입] 탭의 [표] 그룹에서 표(▦)를 클릭하여 [표 삽입]을 선택합니다. [표 삽입] 대화상자에 '열 개수 : 3, 행 개수 : 7'을 입력한 후 [확인]을 클릭합니다.

> Tip '개체 틀'이 있는 슬라이드인 경우 '개체 틀'의 표(▦)를 클릭합니다.

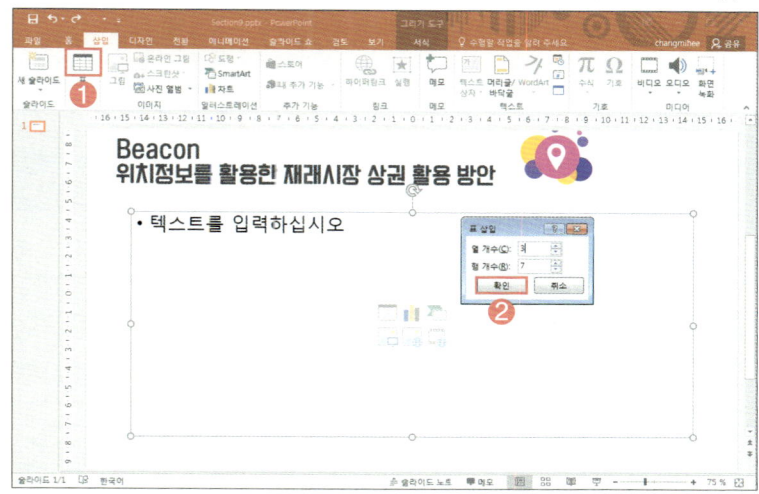

02 표 안에서 →, ↓ 또는 Tab 으로 셀을 이동하여 표 안에 내용을 입력합니다.

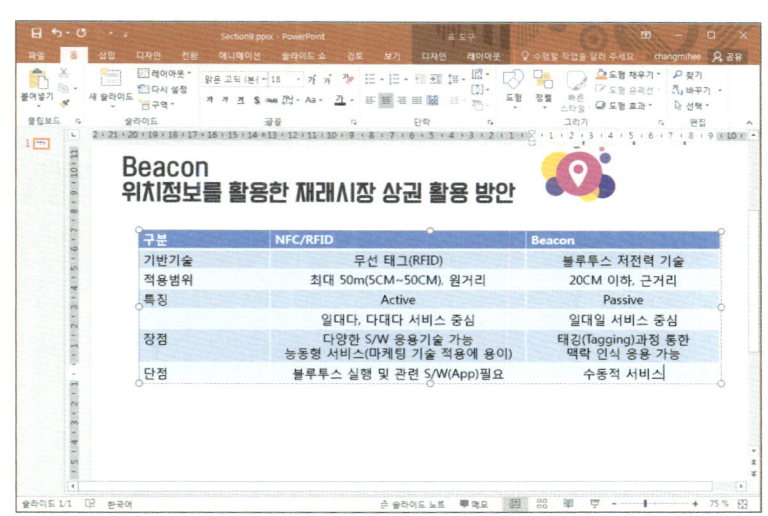

03 표 테두리를 클릭하여 표 전체를 선택한 후 [홈] 탭의 [글꼴] 그룹에서 '글꼴 크기 : 18pt'로 설정합니다. 표에 내용을 입력하면 왼쪽과 윗쪽으로 정렬이 됩니다. 표의 내용을 정렬하기 위해 표 전체가 선택된 상태에서 [단락] 그룹에서 '가운데 정렬(≡)'과 '텍스트 맞춤(⬚)'의 '중간(☰)' 맞춤을 설정합니다.

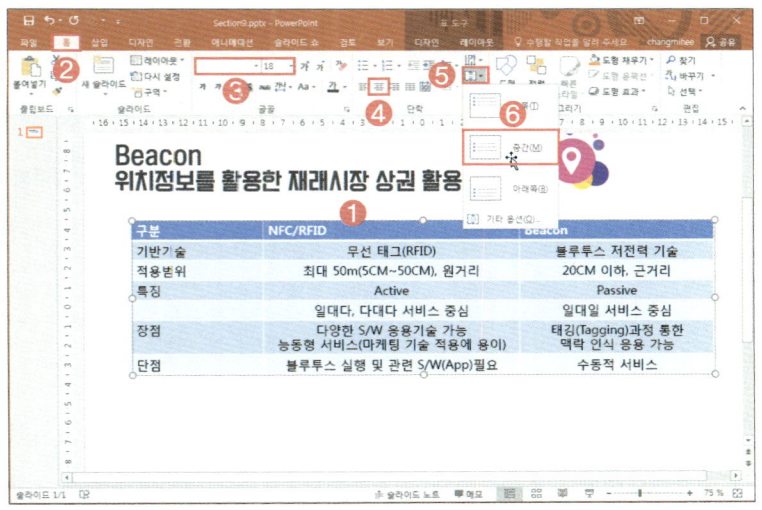

04 표 스타일을 직접 꾸미지 않고 미리 만들어진 스타일로 변경할 수 있습니다. 표 전체를 선택한 후 [표 도구] - [디자인] 탭에서 [표 스타일] 그룹의 자세히(▼)를 클릭합니다. '표 스타일' 목록에서 '보통 스타일1 - 강조2'를 선택합니다.

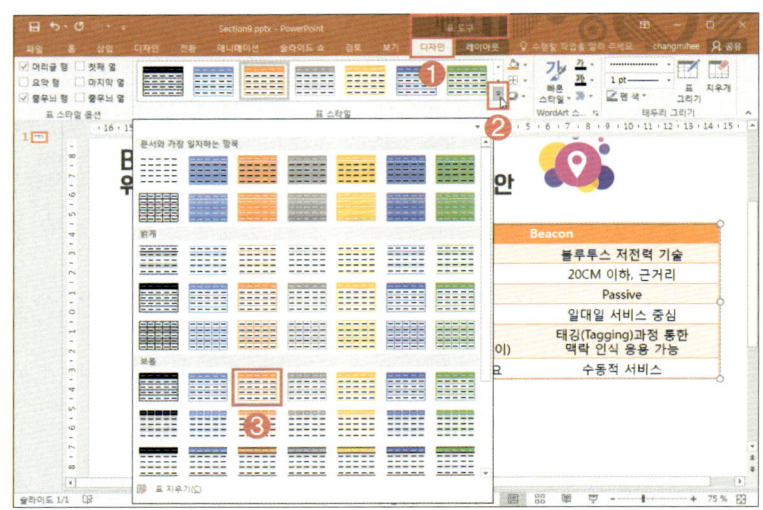

05 표 내부의 열과 열 사이의 선을 드래그하여 열 너비를 조절합니다.

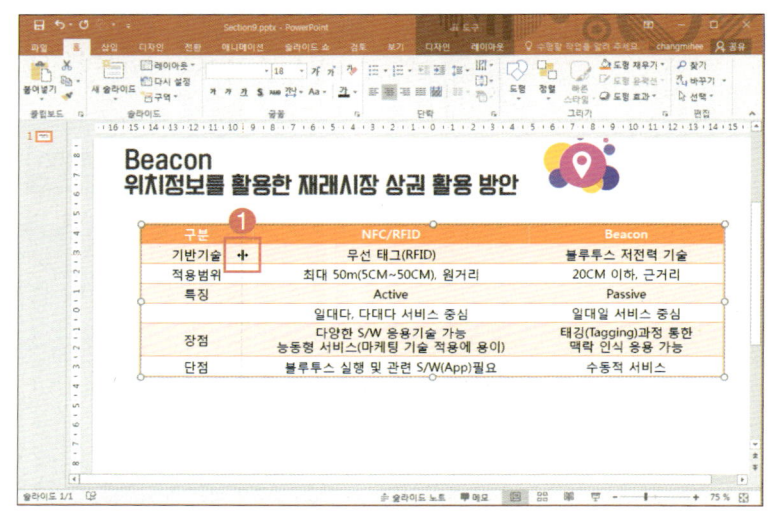

06 표 전체 크기를 조절하기 위해 오른쪽 하단의 모서리에 마우스를 올려놓고 드래그하여 표 전체 크기를 맞춥니다.

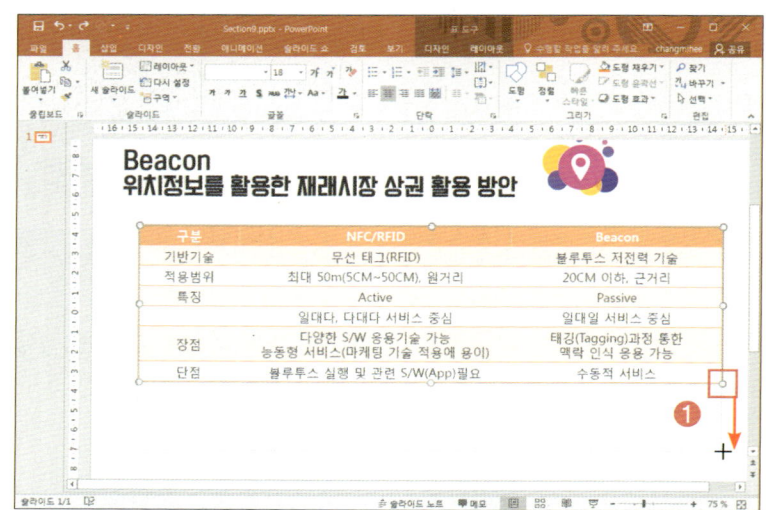

표 레이아웃 편집

01 표의 셀을 병합하기 위해 표의 1열의 4행과 5행을 드래그하여 영역을 설정한 후 [표 도구] - [레이아웃] 탭에서 [병합] 그룹의 셀 병합(▦)을 클릭합니다.

> **Tip** 셀을 나누려면 셀에 클릭한 후 [표 도구]의 [레이아웃] 탭에서 '병합' 그룹의 셀 분할(▦)을 클릭합니다.

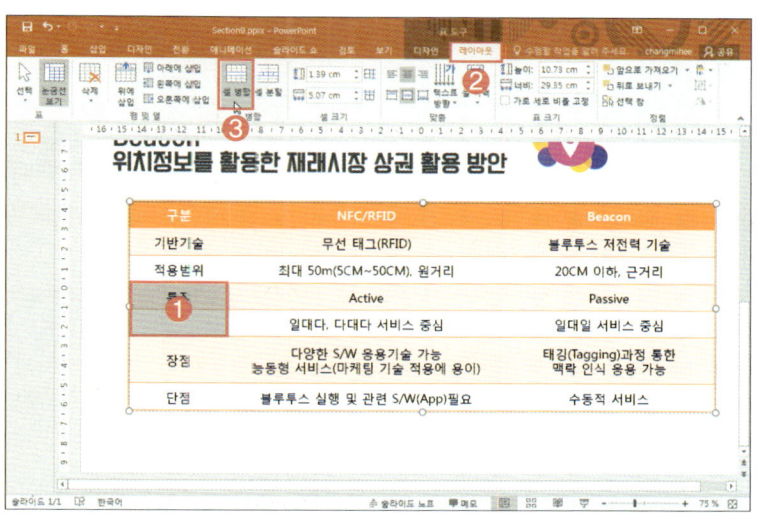

02 행을 삽입하기 위해 마지막 행을 클릭한 후 [표 도구] - [레이아웃] 탭에서 [행 및 열] 그룹의 아래에 삽입(▦)을 클릭합니다.

> **Tip** 행의 마지막 열에서 Tab 을 누르면 빠르게 행 삽입을 할 수 있습니다.

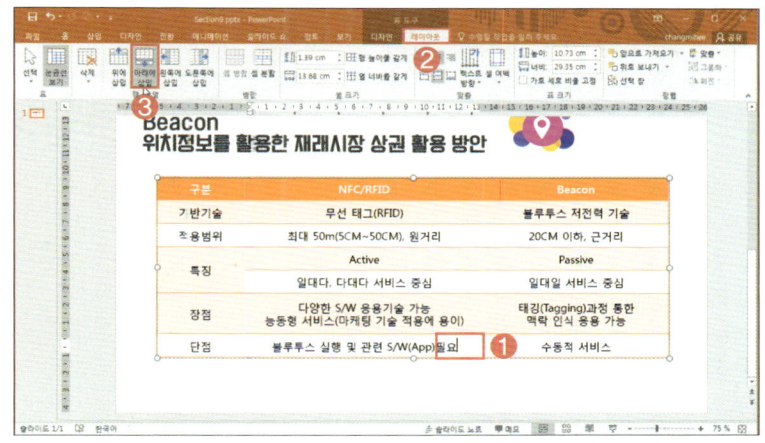

03 삽입된 행의 첫 열에 '공통점'을 입력하고 8행의 2열과 3열은 드래그하여 [표 도구] - [레이아웃] 탭에서 [병합] 그룹의 셀 병합(▦)을 클릭합니다. 병합된 셀에 내용을 입력합니다.

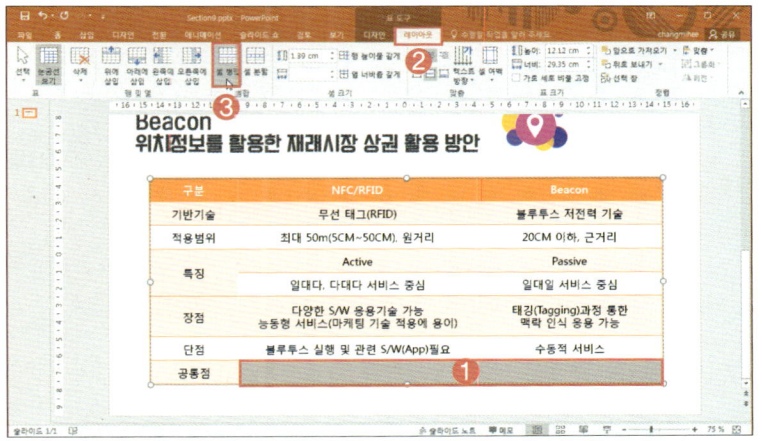

04 표의 왼쪽에 열을 삽입하기 위해 '첫 열'을 클릭한 후 [표 도구] – [레이아웃] 탭에서 [행 및 열] 그룹의 왼쪽에 삽입(　)을 클릭합니다.

> **Tip** 행과 열을 삭제할 때에는 삭제하고자 하는 행과 열에 클릭한 후 [표 도구] – [레이아웃] 탭에서 [행 및 열] 그룹의 삭제(　)를 클릭합니다.

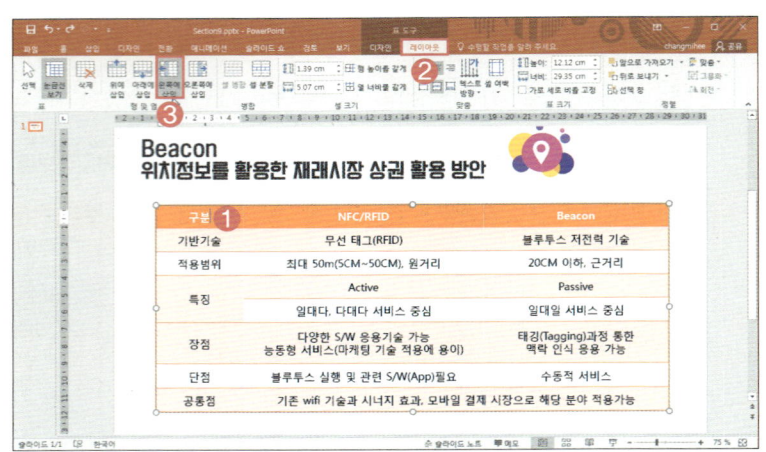

05 삽입된 열 전체를 드래그하여 병합한 후 'NFC vs Beacon'을 입력합니다.

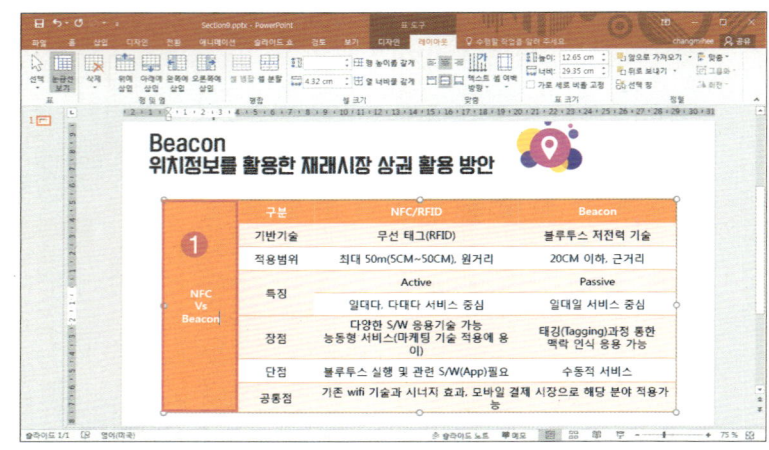

06 표 전체의 행의 높이를 동일하게 맞추기 위해 표 전체를 선택한 후 [표 도구] – [레이아웃] 탭에서 [셀 크기] 그룹의 행 높이를 같게(　)를 클릭합니다.

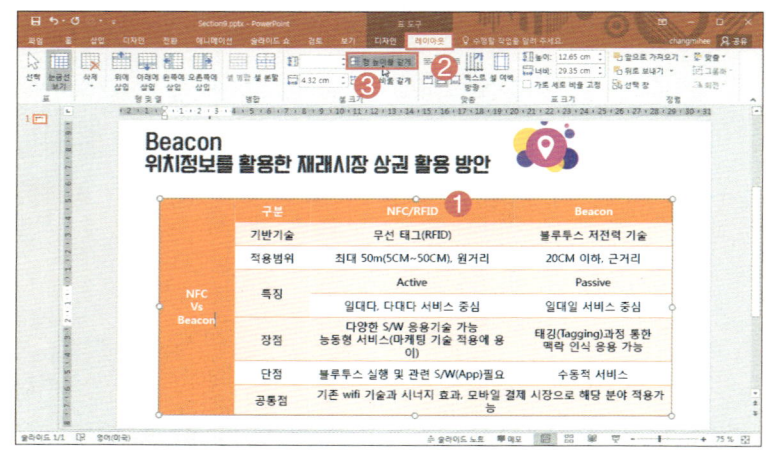

내용을 강조하는 셀 서식

01 표의 테두리 스타일을 변경하기 위해 표 전체를 선택한 후 [표 도구] – [디자인] 탭에서 [테두리 그리기] 그룹의 펜 스타일과 '펜 두께', '펜 색'을 선택합니다.

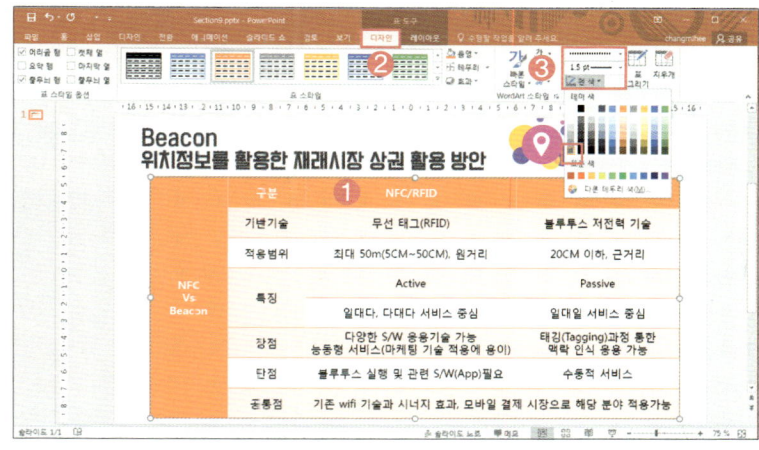

02 [표 도구] – [디자인] 탭에서 [표 스타일] 그룹의 테두리(▦)의 안쪽 테두리(▦)를 선택합니다. 표 안쪽의 테두리가 변경됩니다.

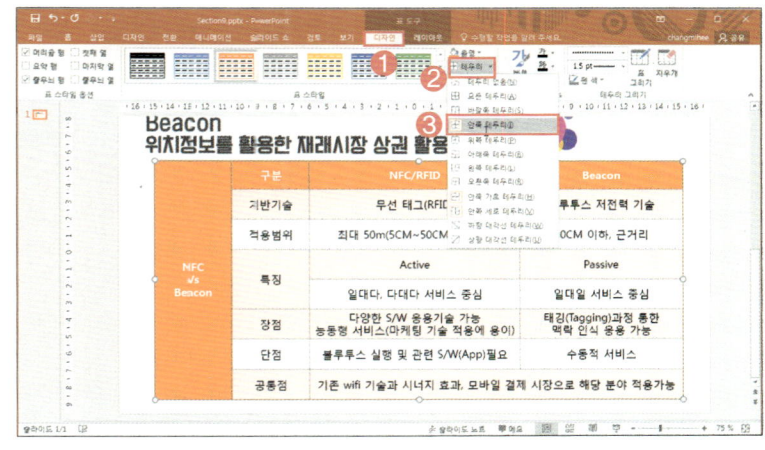

03 셀 일부의 셀 색을 변경하기 위해 6행의 3열과 4열을 드래그하여 영역을 설정합니다. [표 도구] – [디자인] 탭에서 [표 스타일] 그룹의 음영(🎨)에서 '파랑, 강조1, 40% 더 밝게'를 선택합니다. 영역 설정된 셀의 색이 변경됩니다.

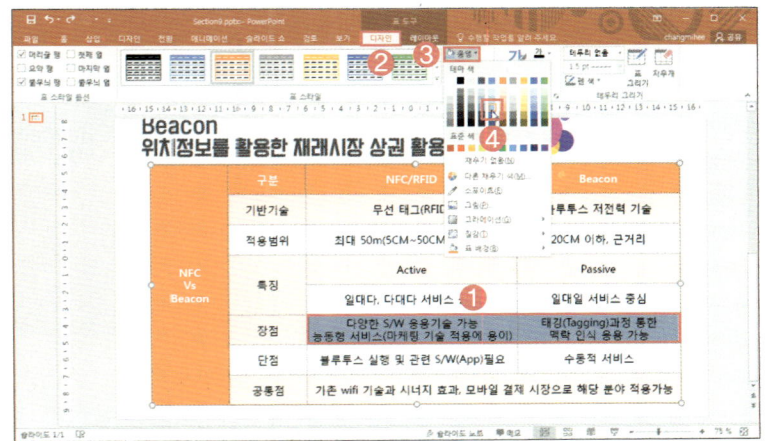

04 셀 색이 변경된 셀 영역을 드래그한 후 [표 도구] - [디자인] 탭에서 [표 스타일] 그룹의 효과(◉)의 셀 입체 효과(□)에서 '입체 효과'의 '둥글게'를 선택합니다. 셀이 입체적으로 변경됩니다.

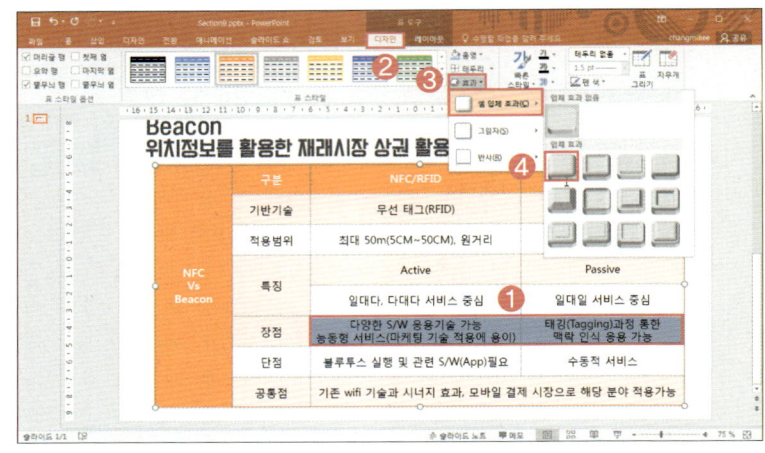

05 표 전체에 그림자를 넣기 위해 표 전체를 선택합니다. [표 도구] - [디자인] 탭에서 [표 스타일] 그룹의 효과(◉)에서 그림자(□)를 클릭합니다. '바깥쪽 : 오프셋 대각선 오른쪽 아래'를 선택합니다.

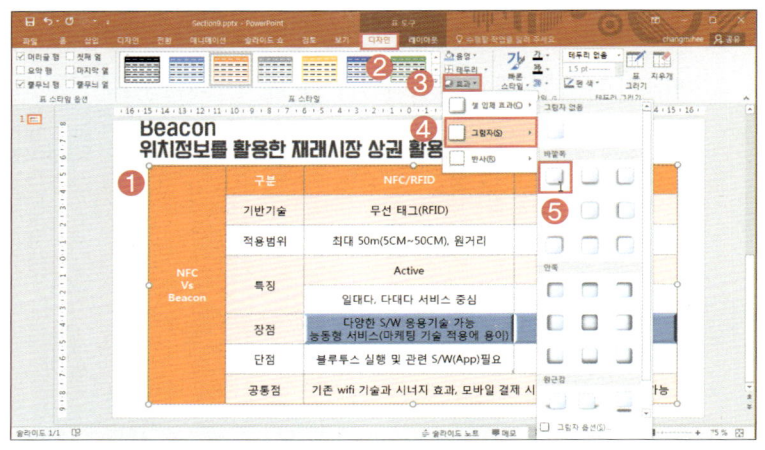

06 표 전체에 그림자가 적용되었습니다. 표 전체 크기와 위치를 드래그하여 정리합니다.

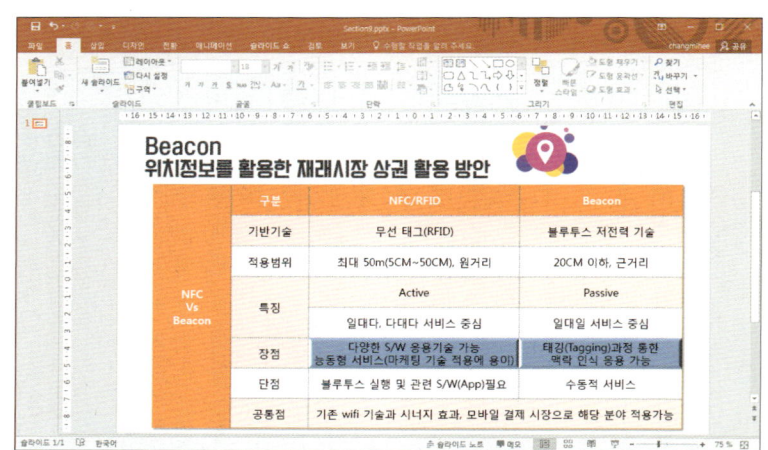

Section 09 | 내용의 요약 정리 표

알아두기 — 표의 다양한 편집 알아보기

- '표'를 선택한 후 [표 도구] – [디자인] – [표 스타일 옵션]의 '머리글' 체크를 해제합니다.
- '머리글'은 표의 첫 행의 서식을 꾸며줍니다. 체크를 해제하면 서식이 해제됩니다.

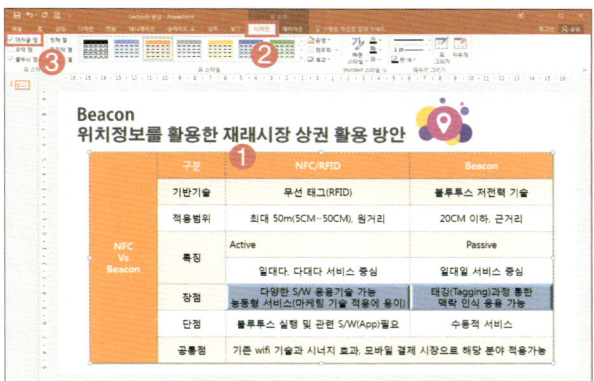
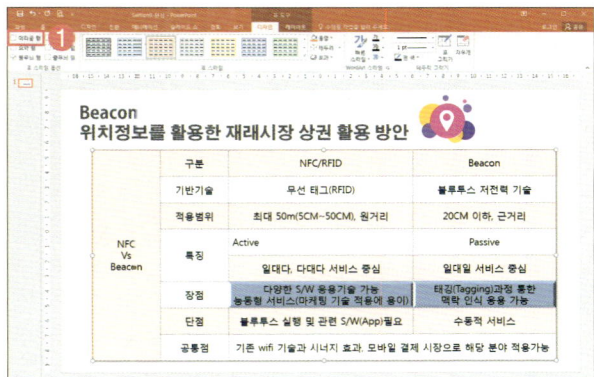

- '표'를 선택한 후 [표 도구] – [디자인] – [표 스타일 옵션]의 '줄무늬 행' 체크를 해제하고, '줄무늬' 열은 체크를 합니다. 줄무늬 행/열은 짝수 행(열), 홀수 행(열)등 번갈아 표시를 합니다.
- [표 도구] – [디자인] – [표 스타일]의 '효과'에서 '그림자'를 선택합니다. 표 전체에 그림자를 표시합니다.

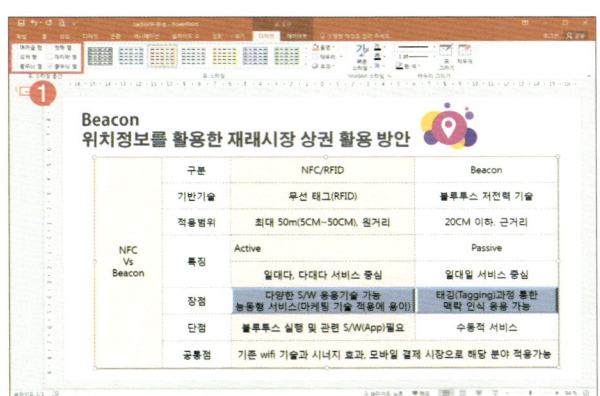
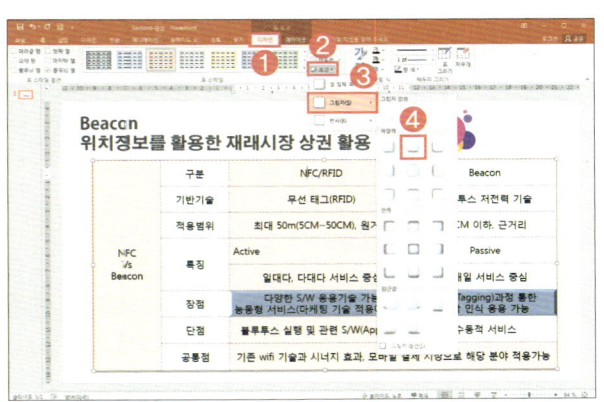

- '표' 전체 또는 일부 행과 열을 영역 설정한 후 [표 도구] – [레이아웃] – [셀 크기]의 '열 너비를 같게' 또는 '행 높이를 같게'를 체크하면 표 전체 또는 영역 설정한 행과 열의 너비와 높이를 동일하게 설정할 수 있습니다.

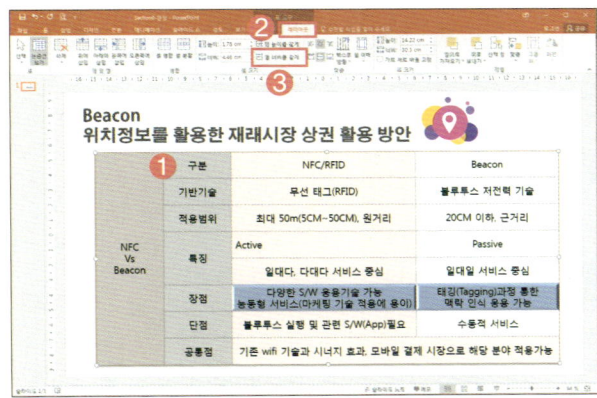
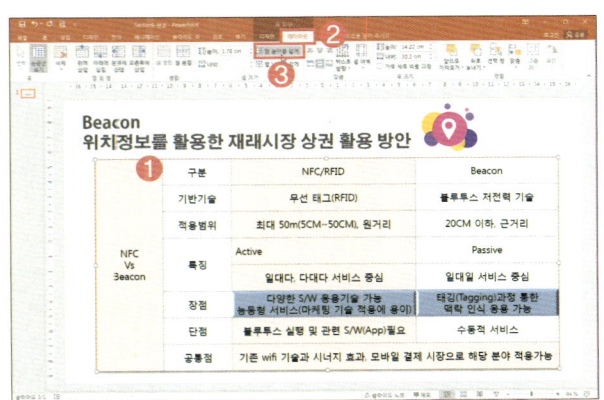

기초문제

❖ 준비파일 : Section9-기초.pptx   ❖ 완성파일 : Section9-기초-완성.pptx

01 'Section9-기초.pptx' 문서를 열고 다음의 조건대로 작성하시오.

조건

① 슬라이드에 표를 삽입하고 내용을 입력하세요.
② 표 안의 내용을 '가운데 맞춤, 세로 가운데 맞춤'하세요.
③ 표의 '행 높이를 같게' 설정하세요.
④ '보통스타일 1 – 강조 5' 스타일을 설정하세요.

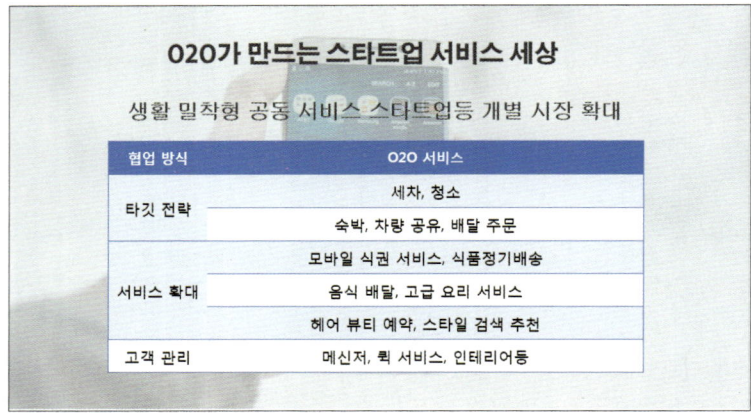

힌트

- [개체 틀] – [표]
- [표 도구] – [레이아웃] – [맞춤] 또는 [홈] – [단락]
- [표 도구] – [레이아웃] – [셀 크기] – [행 높이를 같게]
- [표 도구] – [디자인] – [표 스타일]

02 'Section9-기초.pptx' 문서에 이어서 다음의 조건대로 작성하시오.

조건

① 표의 왼쪽과 오른쪽의 테두리를 삭제하세요.
② 표의 '줄 무늬 행'을 해제하세요.
③ 표의 2행 ~ 7행까지 셀의 음영을 '채우기 없음'으로 설정하시오

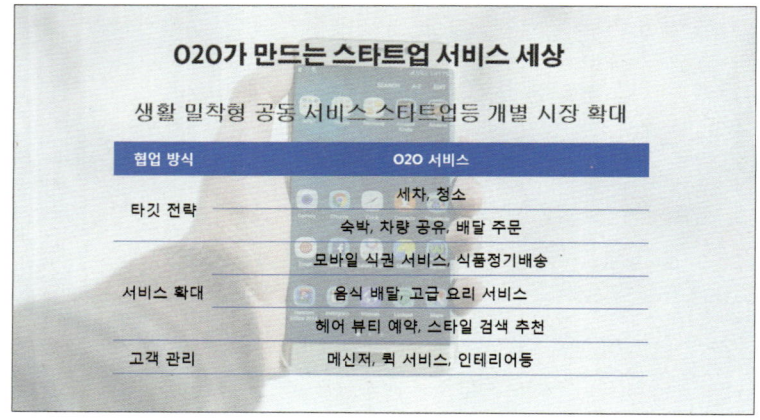

힌트

- [표 도구] – [디자인] – [테두리 그리기] – [테두리 없음] – [표 스타일] – [테두리] – [왼쪽 테두리, 오른쪽 테두리]
- [표 도구] – [디자인] – [표 스타일 옵션] – [줄 무늬 행] 해제 – [채우기 없음]
- [표 도구] – [레이아웃] – [표 스타일] – [음영] – [채우기 없음]

심화문제

❖ 준비파일 : Section9-심화.pptx   ❖ 완성파일 : Section9-심화-완성.pptx

01 'Section9-심화.pptx' 문서를 열고 다음의 조건대로 작성하시오.

조건

① [삽입] 탭을 이용해 '표'를 삽입하고 내용을 입력하세요.
② '보통스타일 2 – 강조 6' 스타일을 설정하세요.
③ 표 스타일 옵션에서 '줄 무늬 행'을 해제하세요.
④ '2열'을 '셀 입체 효과 – 각지게'를 적용하세요.

힌트

- [삽입] – [표]
- [표 도구] – [디자인] – [표 스타일]
- [표 도구] – [디자인] – [표 스타일] – [효과] – [셀 입체효과] – [입체 효과]

02 'Section9-심화.pptx' 문서에 이어서 다음의 조건대로 작성하시오.

조건

① 표의 '행 높이를 같게' 조절하세요.
② 4행의 테두리의 '바깥쪽'을 '2.25pt'의 '빨간색'으로 설정하세요.
③ 전체 표의 그림자를 '안쪽 가운데'로 설정하세요.

힌트

- [표 도구] – [레이아웃] – [셀 크기] – [행 높이를 같게]
- [표 도구] – [디자인] – [테두리 그리기] – [표 스타일] – [테두리]
- [표 도구] – [디자인] – [표 스타일] – [효과] – [그림자]

Power Point 2016

SECTION 10 수치를 표현하는 차트

수치 데이터를 표현하는 방법으로 차트를 활용합니다. 차트의 시각화를 이용해 데이터를 효과적으로 표현할 수 있도록 가장 기본적인 막대그래프와 단위가 다르거나 데이터의 크기가 많이 차이날때 활용하는 콤보 차트, 시간의 흐름을 표현하는 꺾은 선형 그래프, 비율을 나타내는 원 그래프 등으로 표현할 수 있습니다. 다양한 차트 레이아웃과 차트 요소로 표현하는 방법을 알아봅니다.

PREVIEW

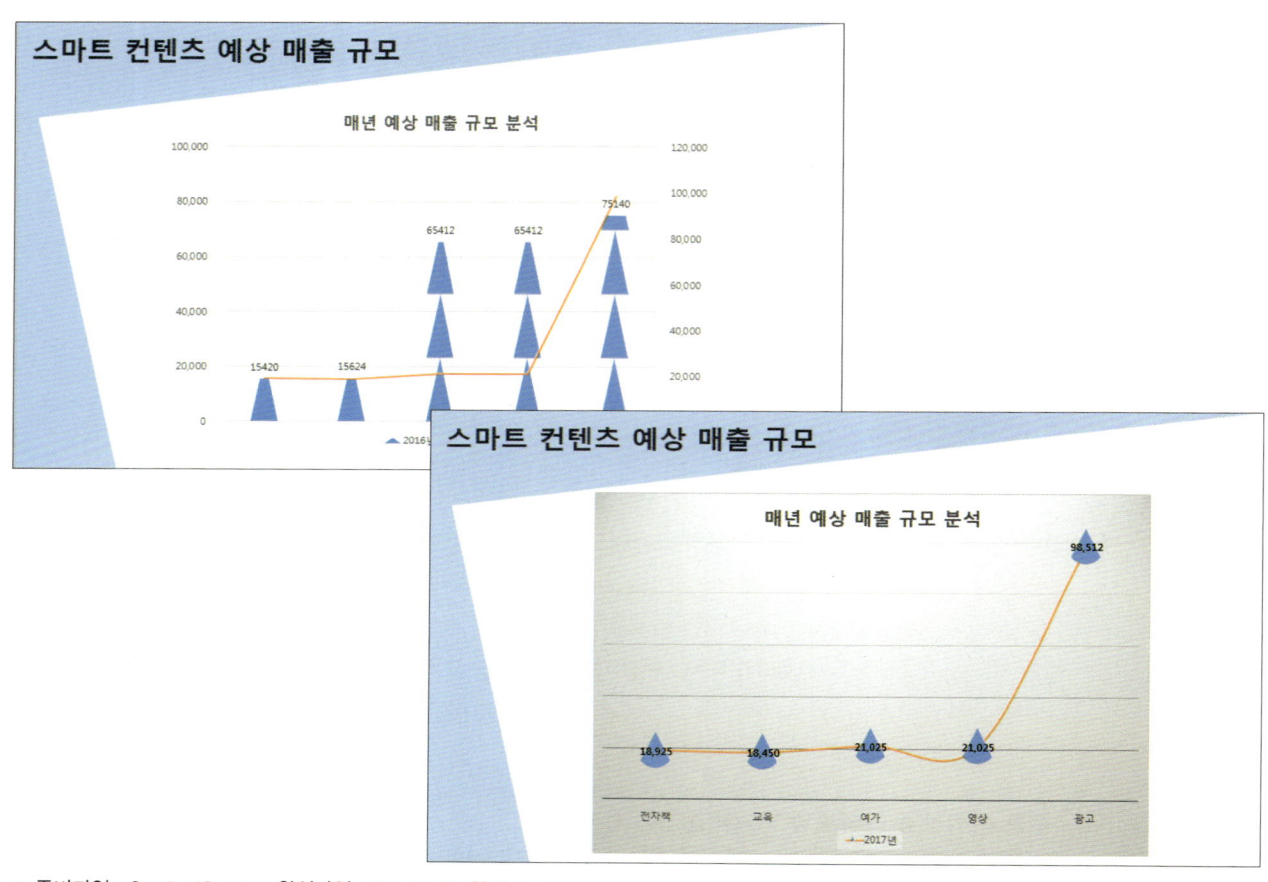

▲ 준비파일 : Section10.pptx, 완성파일 : Section10-완성.pptx

학습내용

실습 01 차트 삽입과 차트 스타일
실습 02 콤보 차트 변경과 차트 요소
실습 03 꺾은 선 차트의 활용

체크포인트

● 차트를 삽입하고, 빠르게 스타일을 변경해 차트를 완성해 봅니다.
● 차트 종류를 변경할 수 있으며, 다양한 차트 요소를 추가해 봅니다.
● 차트의 레이아웃을 편집해 봅니다.

실습 01 차트 삽입과 차트 스타일

▼ 준비파일 : Section10.pptx

01 슬라이드에 차트를 삽입하기 위해 [삽입] 탭의 [일러스트레이션] 그룹의 차트(📊)를 클릭합니다. [차트 삽입] 대화상자에서 '세로 막대형(📊) : 묶은 세로 막대형(📊)'을 선택한 후 [확인]을 클릭합니다.

> **Tip** 개체 틀에서는 개체 틀 안의 📊를 클릭합니다.

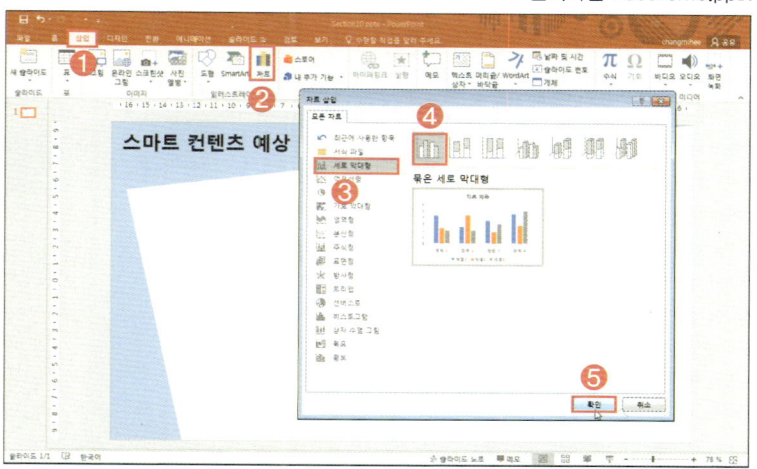

02 묶은 세로 막대형의 차트가 표시되면서 데이터를 입력할 수 있는 시트 창이 열리면 데이터를 입력합니다. 시트의 오른쪽 하단의 모서리에 마우스를 올려놓고 위로 드래그하여 차트에 표시될 데이터만 범위 지정합니다.

> **Tip** 시트의 행을 삭제해도 됩니다.

	전자책	교육	여가	영상	광고
2016년	15420	15624	65412	65412	75140
2017년	18925	18650	21025	21025	98512

03 차트에 표시될 데이터만 범위 지정한 후 시트 창이 열려진 상태에서 [차트 도구] - [디자인] 탭에서 [데이터] 그룹의 행/열 전환(📊)을 클릭합니다. 차트의 가로 항목축이 바뀝니다. 시트 창의 닫기(❌)를 눌러 데이터 편집 창을 닫습니다.

> **Tip** 데이터를 수정할 때는 [차트 도구] - [디자인] 탭에서 [데이터] 그룹의 데이터 편집(📊)을 선택합니다. 데이터의 행렬 전환은 데이터 선택(📊)에서도 할 수 있습니다.

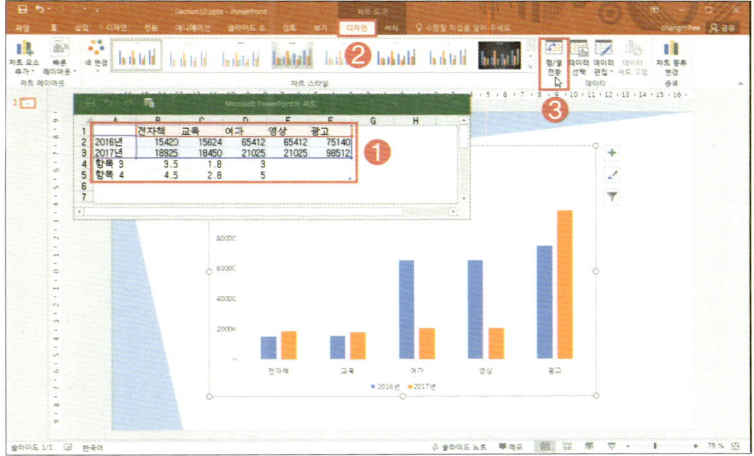

04 차트의 레이아웃을 변경하기 위해 차트 전체를 선택합니다. [차트 도구] - [디자인] 탭에서 [차트 레이아웃] 그룹의 빠른 레이아웃( )을 클릭하여 레이아웃3( )을 선택합니다.

> **Tip** '빠른 레이아웃'은 차트의 구성 요소를 미리 구성해 두어 원하는 레이아웃을 선택할 수 있습니다.

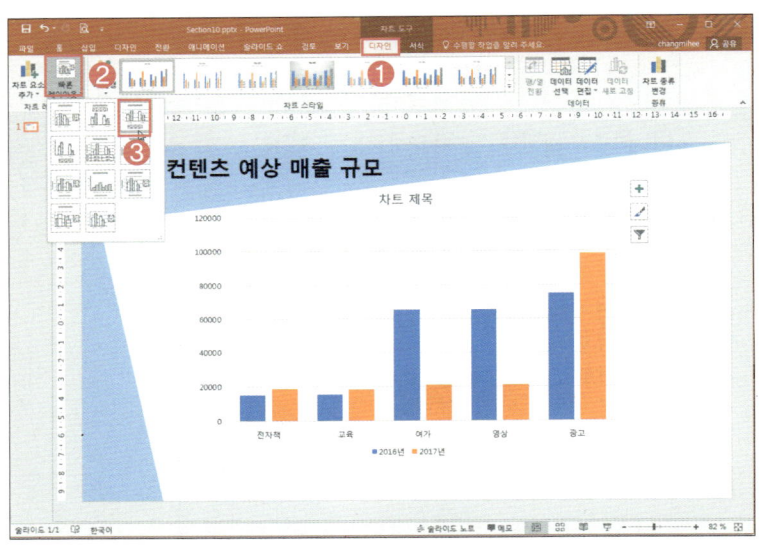

05 차트의 전체 구성 색을 바꾸기 위해 차트가 선택된 상태에서 [차트 도구] - [디자인] 탭에서 [차트 스타일] 그룹의 색 변경( )을 클릭하여 '색상형 : 색3'을 선택합니다. 미리 구성된 색상으로 차트의 그래프 색상이 바뀝니다.

> **Tip** 빠른 레이아웃 색 변경, 차트 스타일을 이용하여 쉽게 디자인을 변경할 수 있습니다.

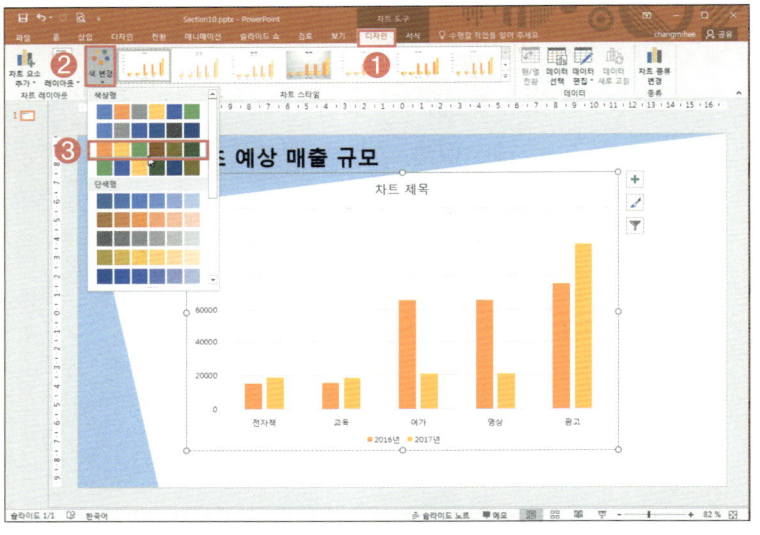

06 차트 스타일을 바꾸기 위해 [차트 도구] - [디자인] 탭의 [차트 스타일] 그룹에서 '자세히'를 클릭한 후 스타일 목록에서 '스타일3'을 선택합니다. 차트의 전체 스타일이 적용됩니다. 다시 차트의 색을 '색1'과 차트 '스타일1'로 변경해 봅니다.

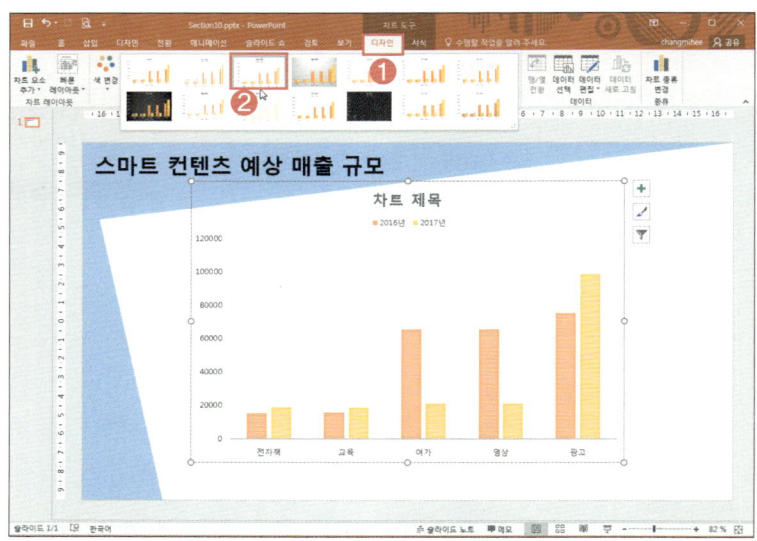

콤보 차트 변경과 차트 요소

01 이미 만들어진 차트의 종류를 변경할 수 있으며 다중 그래프인 경우 선택한 그래프만 차트 종류를 변경할 수 있습니다. [차트 도구] – [디자인] 탭에서 [종류] 그룹의 차트 종류 변경( )을 클릭합니다. [차트 종류 변경] 대화상자의 '콤보'를 선택한 후 '2017년'의 계열을 꺾은선형( )으로 바꾸고 '보조 축'에 체크한 후 [확인]을 클릭합니다.

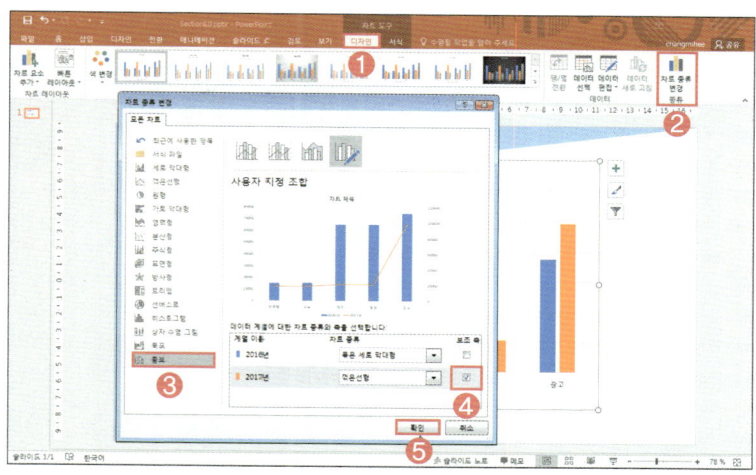

02 두 개의 그래프가 하나의 차트에 표시됩니다. '차트 제목' 상자를 클릭한 후 '매년 예상 매출 규모 분석'을 입력한 후 [홈] 탭의 [글꼴] 그룹에서 '글꼴 : 맑은 고딕'과 '글꼴 크기 : 20pt'로 변경합니다.

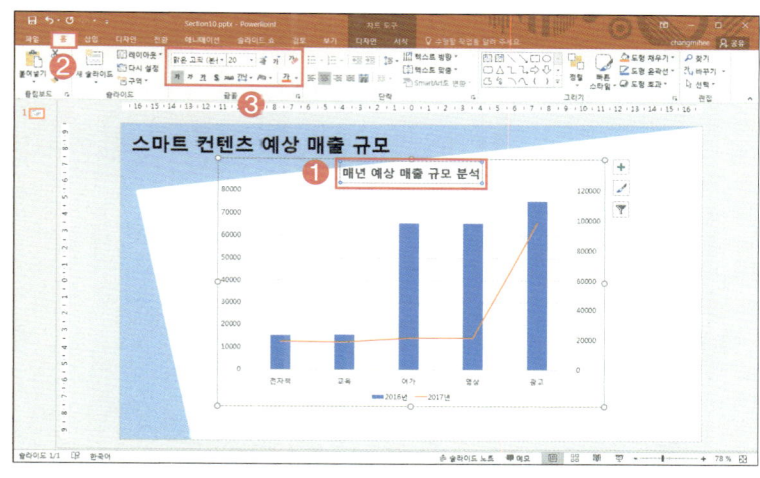

03 2016년 막대 그래프에 레이블 값을 표시하기 위해 차트에서 '2016년' 계열을 클릭합니다. [차트 도구] – [디자인] 탭에서 [차트 레이아웃] 그룹의 차트 요소 추가( )을 클릭합니다. 데이터 레이블( )의 바깥쪽 끝에( )를 선택합니다.

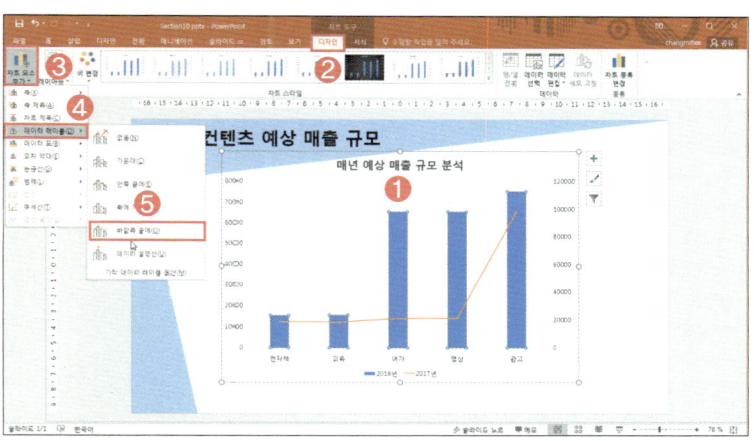

04 차트의 '축 값'을 수정하기 위해 왼쪽의 '축 값'을 선택한 후 [차트 도구] - [디자인] 탭에서 [차트 레이아웃] 그룹의 차트 요소 추가( )을 클릭합니다. 축( )의 '다른 축 옵션'을 클릭합니다.

> **Tip** '축' 값을 클릭한 후 마우스 오른쪽 단추의 '축 서식'을 클릭합니다.

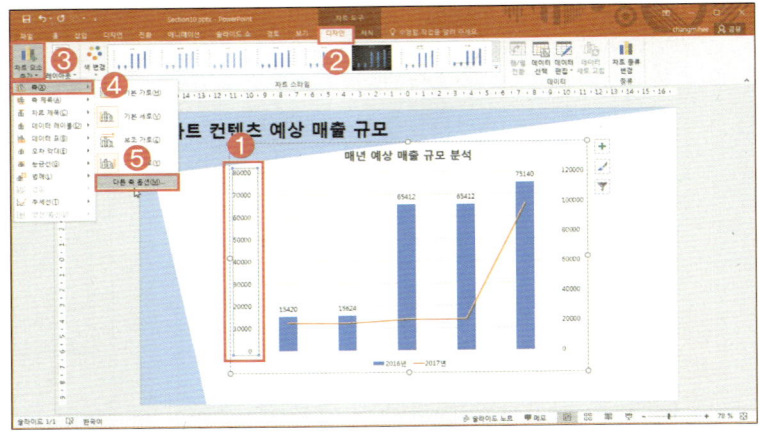

05 [축 서식] 대화상자의 축 옵션( )의 '축 옵션'에서 '최대 : 100000', 단위의 '주 : 20000'을 입력합니다. 왼쪽 Y축 값이 변경이 됩니다.

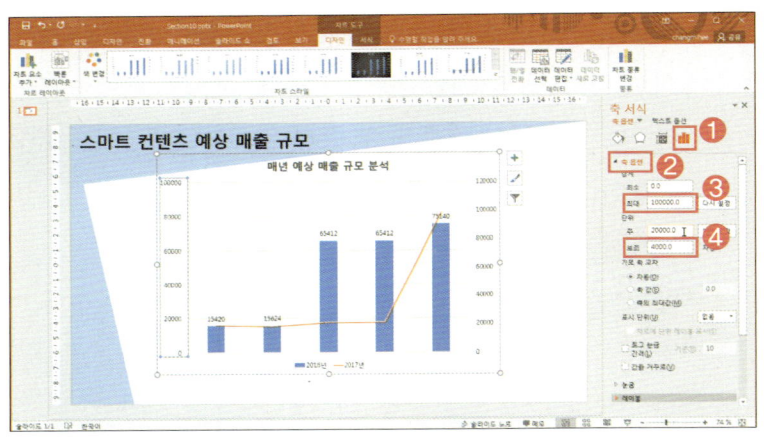

06 '표시 형식'의 '범주 : 숫자'로 설정하고 '1000단위 구분 기호 사용'에 체크합니다.

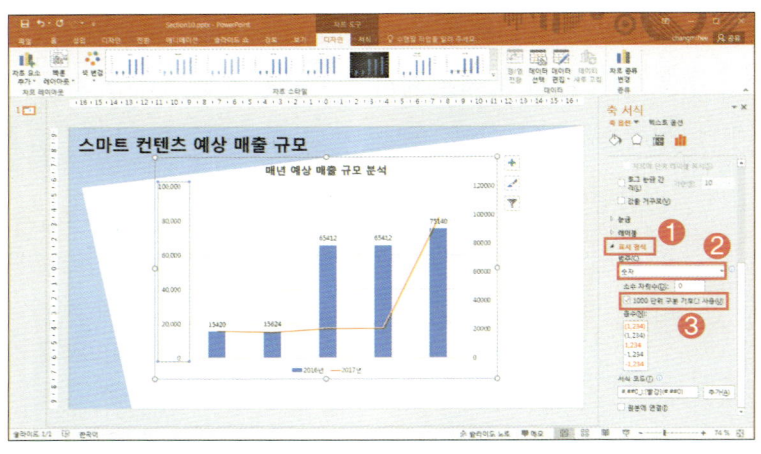

Section 10 | 수치를 표현하는 차트

07 차트의 오른쪽 '보조 축' 값을 클릭하여 '표시 형식'의 '범주 : 숫자'로 설정하고 '1000단위 구분 기호 사용'에 체크합니다.

> **Tip** [차트 도구] – [데이터] – [데이터 편집] – [Excel에서 데이터 편집]에서 데이터 범위를 선택한 후 [표시 형식]의 '쉼표 스타일'을 설정하면 축 서식을 따로 설정하지 않아도 됩니다.

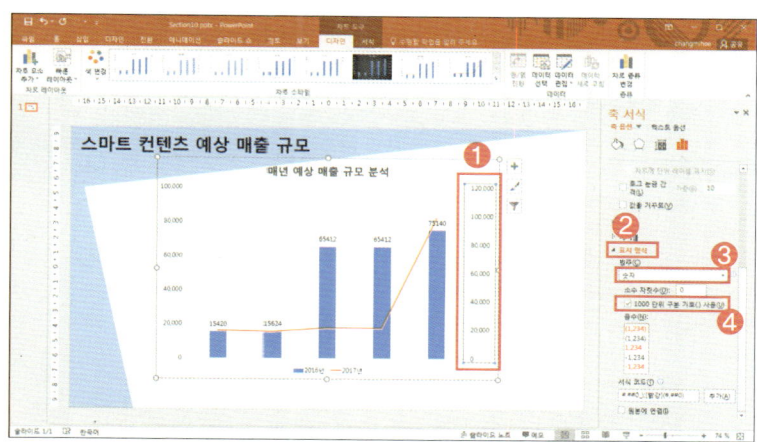

08 막대 그래프를 그림으로 변경하여 차트의 시각화를 높일 수 있습니다. 차트의 '2016년' 계열을 선택한 후 '계열 옵션'의 채우기 및 선( )을 클릭합니다. '채우기 : 그림 또는 질감 채우기'의 '파일'을 클릭하여 예제 파일의 '삼각형' 그림을 선택합니다.

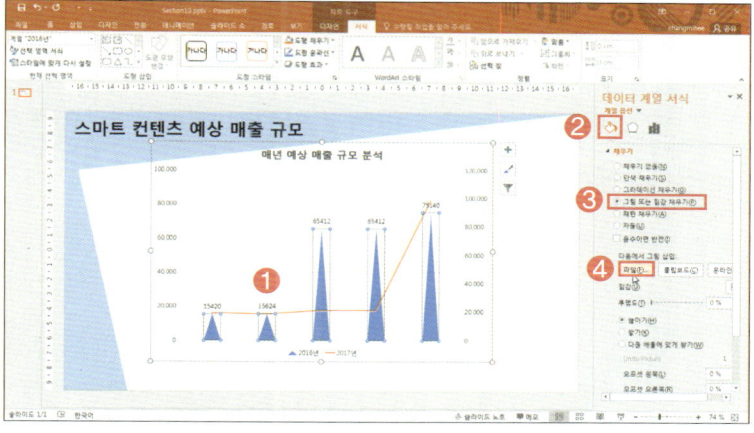

09 '채우기'의 '쌓기'를 선택하면 데이터의 크기에 따라 이미지가 쌓아 올려 집니다.

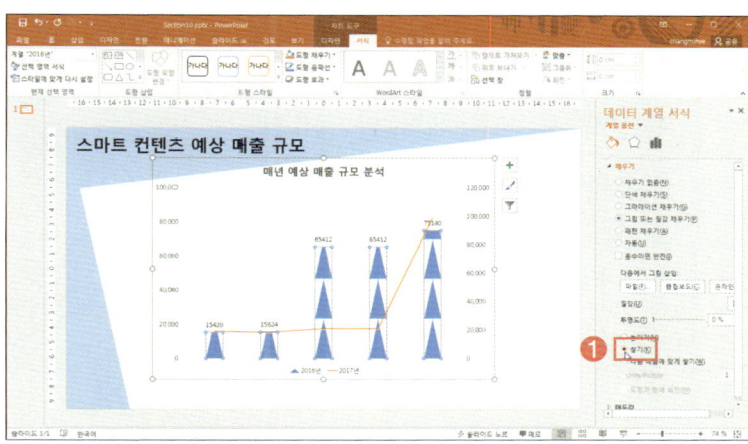

125

실습 03 꺾은 선 차트의 활용

01 차트의 '2016년' 계열을 선택하여 Del 을 눌러 삭제합니다.

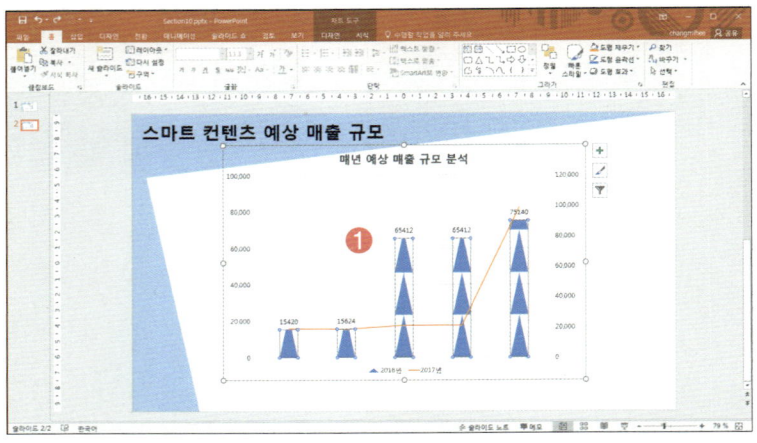

02 '2017년' 계열의 꺾은 선을 클릭한 후 차트 오른쪽의 스마트 메뉴의 차트 스타일( )을 클릭하여 스타일 목록에서 '스타일 2'를 선택합니다.

> Tip ➕ : 차트 요소를 추가
>   ▼ : 차트 필터

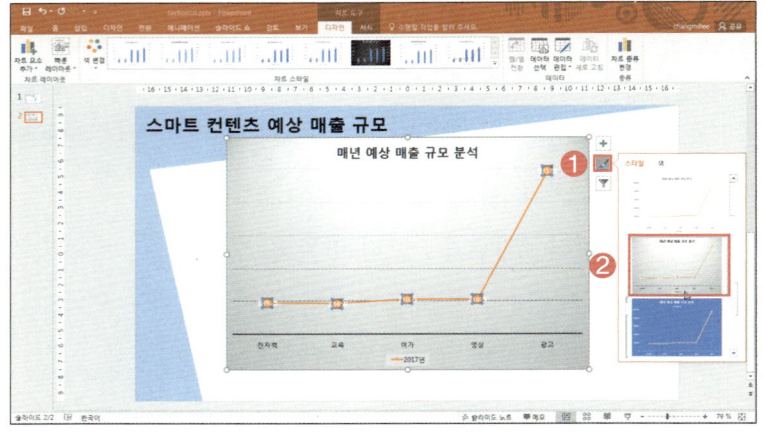

03 '2017년' 계열의 꺾은 선을 클릭한 후 차트 오른쪽 대화상자의 '채우기 및 선'의 선(~선)에서 '완만한 선'을 클릭합니다. 꺾은 선이 곡선으로 변경됩니다.

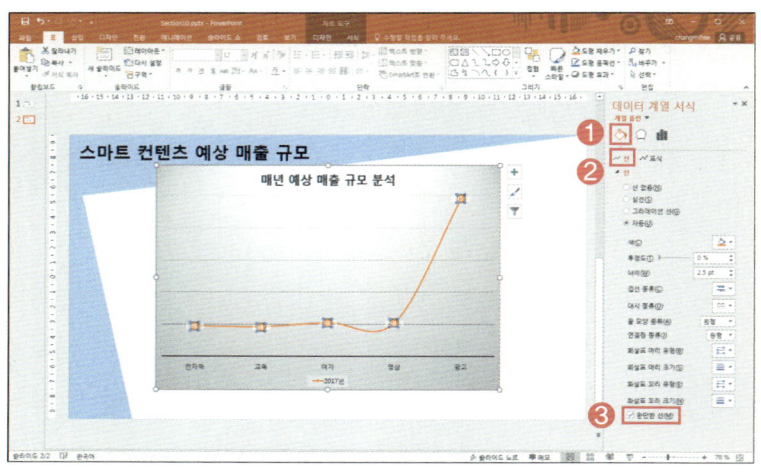

Section 10 | 수치를 표현하는 차트

04 꺾은 선의 표식의 옵션을 바꾸기 위해 표식(표식)을 클릭합니다. '표식 옵션'에서 '기본 제공'을 선택한 후 '형식 : 원형'을 선택하고 '크기'는 43으로 크게 조절합니다. 표식의 모양과 크기가 바뀌었습니다.

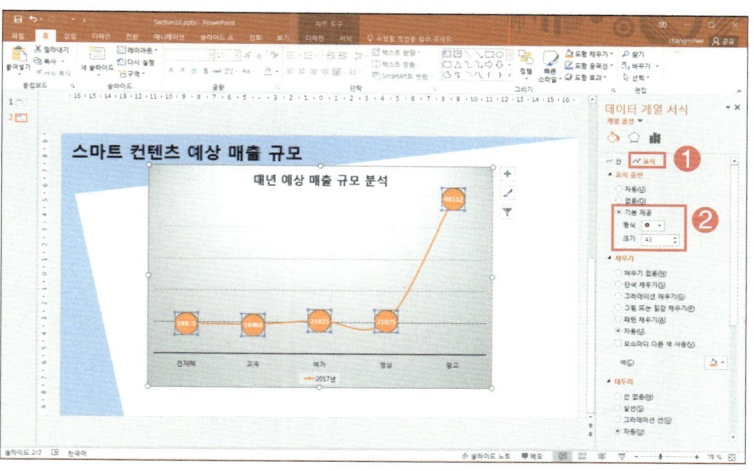

05 꺾은 선의 표식을 그림으로 채우기 위해 표식(표식)에서 '채우기'의 '그림 또는 질감 채우기'를 선택한 후 '파일 : 삼각형.jpg'를 선택합니다. 원형의 표식에 그림으로 채워집니다.

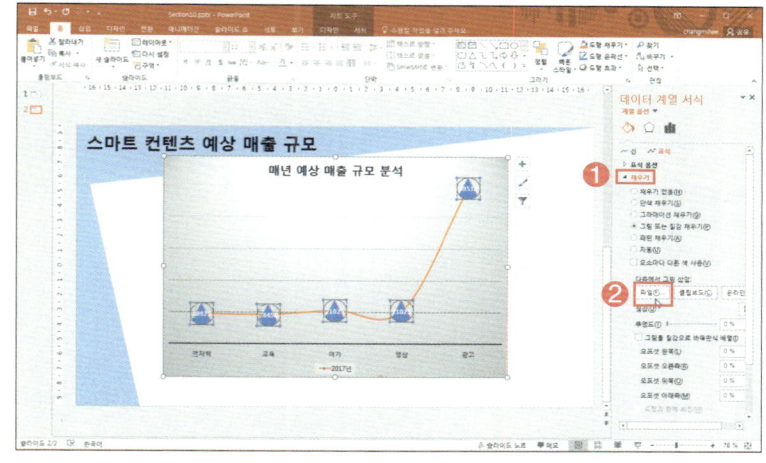

06 표식의 '레이블 값'을 클릭한 후 '레이블 옵션'의 계열 옵션( )의 '표시 형식'의 '범주 : 숫자', '1000단위 구분 기호 사용'에 체크하여 차트를 완성합니다. 레이블 값을 클릭하여 [홈] 탭의 [글꼴] 그룹에서 글꼴 색을 '검정'으로 바꿉니다.

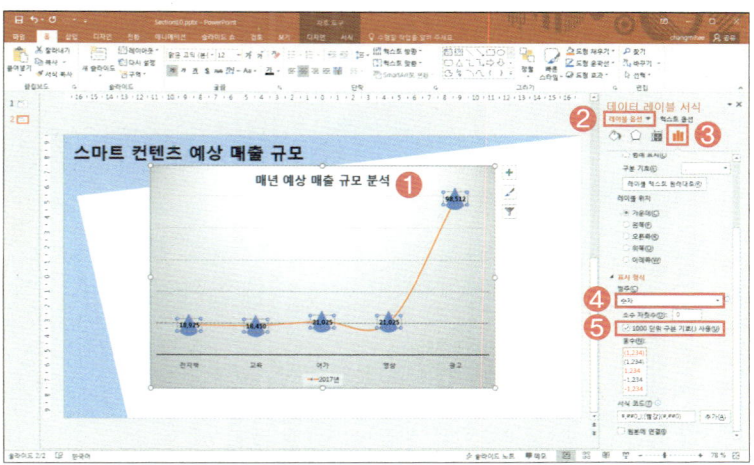

127

기초문제

❖ 준비파일 : Section10-기초.pptx　　❖ 완성파일 : Section10-기초-완성.pptx

01 'Section10-기초.pptx' 문서를 열고 다음의 조건대로 작성하시오.

> 조건
>
> ① 아래 데이터를 입력하여 '원형' 차트를 완성하세요.
>
> | | 남 | 여 |
> |---|---|---|
> | 1학년 | 12 | 18 |
> | 2학년 | 15 | 22 |
> | 3학년 | 21 | 26 |
> | 4학년 | 25 | 27 |
>
> ② 차트의 레이아웃을 '레이아웃 1'을 적용하고, '차트 제목'요소는 삭제하세요.
>
> ③ '차트 스타일 : 스타일11'을 적용하세요.

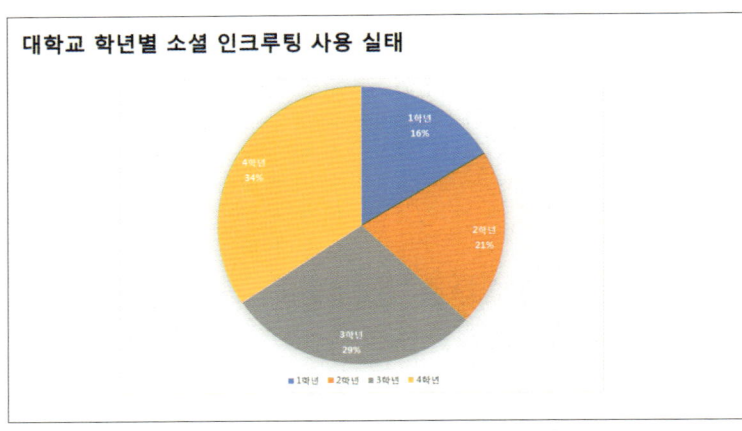

> 힌트
> - [삽입] - [차트] - [원형] - [원형]
> - [차트 도구] - [차트 레이아웃] - [빠른 레이아웃]
> - [차트 도구] - [차트 스타일]

02 'Section10-기초.pptx' 문서에 이어서 다음의 조건대로 작성하시오.

> 조건
>
> ① '원형' 차트를 복사하여 오른쪽에 배치한 후 '원형 대 가로 막대형'으로 변경하세요.
>
> ② 오른쪽 차트의 '4학년'계열의 색을 '빨강'으로 변경하세요.
>
> ③ '4학년'계열의 '입체 효과 : 둥글게'와 3차원 서식의 '재질 : 표준(금속)'으로 설정하세요.

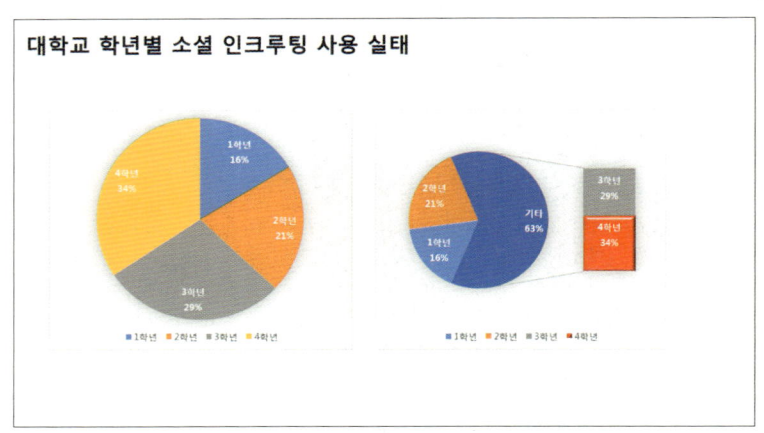

> 힌트
> - [차트 도구] - [디자인] - [차트 종류 변경] - [원형]
> - '4학년 계열 선택' - [차트 도구] - [서식] - [도형 스타일] - [도형 채우기]
> - '4학년 계열 선택' - [차트 도구] - [도형 스타일] - [도형 효과] - [입체 효과]
> - [도형 효과] - [입체 효과] - [3차원 옵션] - [3차원 서식] - [재질]

심화문제

❖ 준비파일 : Section10-심화.pptx ❖ 완성파일 : Section10-심화-완성.pptx

01 'Section10-심화.pptx' 문서를 열고 다음의 조건대로 작성하시오.

① 아래 데이터를 입력하여 '선버스트' 차트를 완성하세요.

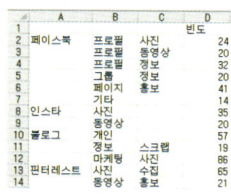

② 차트의 레이아웃을 '레이아웃 1'을 적용하고, '차트 제목'에 '소셜 이용 실태'를 입력하세요.
③ 차트 레이블의 '항목 이름'과 '값'을 표시하시오.

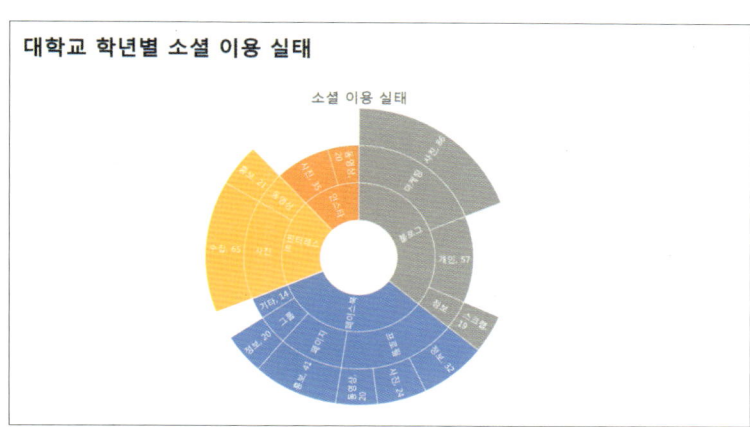

힌트
- [삽입] - [차트] - [선버스트] - [선버스트]
- [차트 도구] - [차트 레이아웃] - [빠른 레이아웃]
- [차트 도구] - [차트 요소 추가] - [데이터 레이블] - [기타 데이터 레이블 옵션] - [레이블 옵션] - [레이블 옵션] - [항목 이름], [값] 체크

02 'Section10-심화.pptx' 문서에 이어서 다음의 조건대로 작성하시오.

① 슬라이드 1을 복제한 후 트리맵으로 차트를 변경하세요.
② '핀터레스트' 데이터를 삭제하세요.

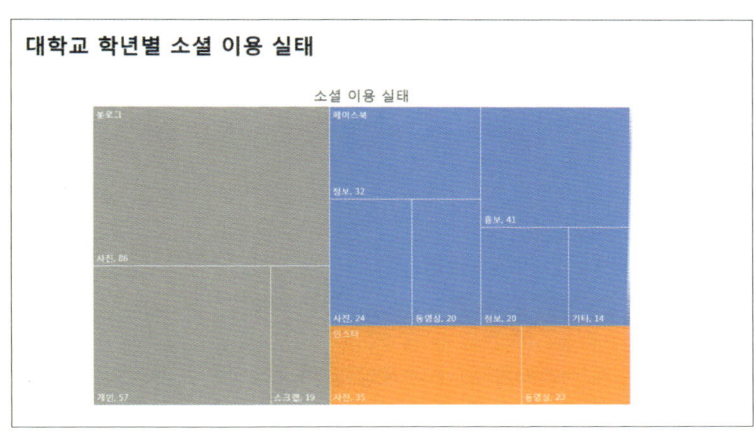

힌트
- [차트 도구] - [디자인] - [종류] - [종류] - [차트 종류 변경] - [트리맵]
- [차트 도구] - [디자인] - [데이터] - [데이터 편집]

Power Point 2016

11 임팩트 있는 전달력 동영상
SECTION

발표 자료의 임팩트 있는 순간은 관련있는 동영상을 삽입하여 더욱 더 역동적인 슬라이드를 만들 수 있습니다. 동영상을 삽입할 수 있으며, 동영상의 표지를 선택하고 파워포인트 내에서 보여주고 싶은 부분만 트리밍을 하여 재생할 수 있습니다. 또한 온라인 동영상을 연결하여 인터넷 환경에서 재생할 수 있습니다.

PREVIEW

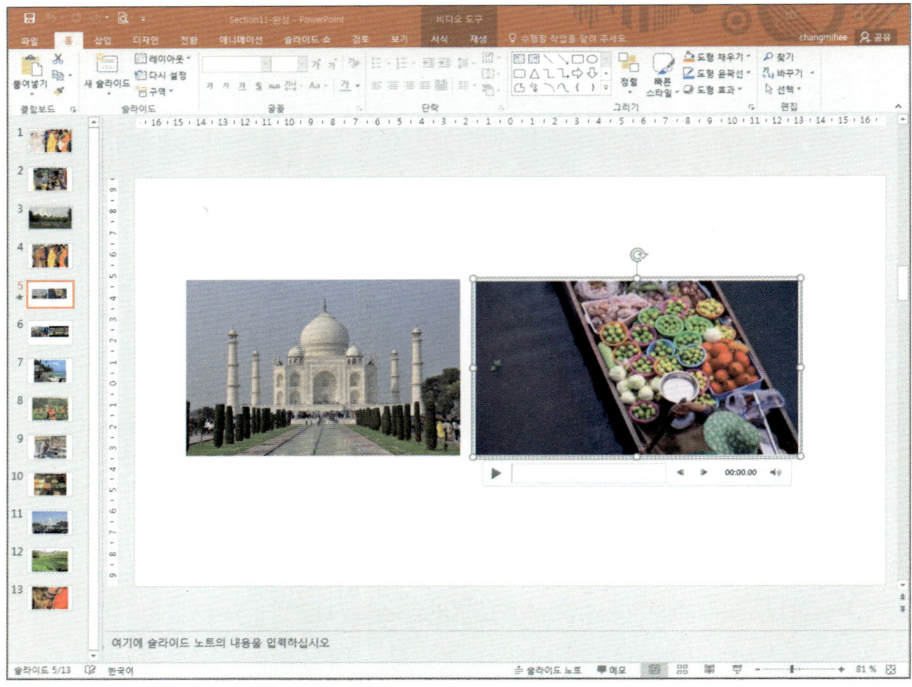

▲ 준비파일 : Section11.pptx   완성파일 : Section11-완성.pptx

학습내용

- 실습 01 동영상 삽입과 동영상 스타일
- 실습 02 동영상 옵션과 동영상 트리밍
- 실습 03 온라인 동영상 삽입

체크포인트

- PC에 포함된 동영상을 삽입하고, 스타일을 변경해 봅니다.
- 동영상의 재생 옵션과 필요한 부분만 보여주는 트리밍을 할 수 있습니다.
- 온라인의 동영상을 연결해 봅니다.

실습 01 동영상 삽입과 동영상 스타일

▼ 준비파일 : Section11.pptx

01 슬라이드 5를 선택합니다. 동영상을 삽입하기 위해 [삽입] 탭의 [미디어] 그룹에서 비디오(🎬)를 클릭한 후 내 PC의 비디오(🎬)를 선택합니다.

> Tip 개체 틀에서 삽입할 때는 🎬 를 클릭합니다.

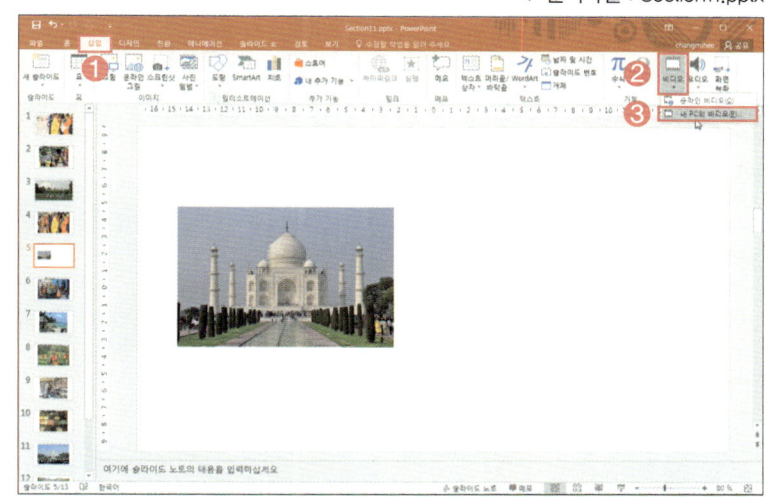

02 [비디오 삽입] 대화상자가 열리면 'india.wmv' 파일을 선택한 후 [삽입]을 클릭합니다.

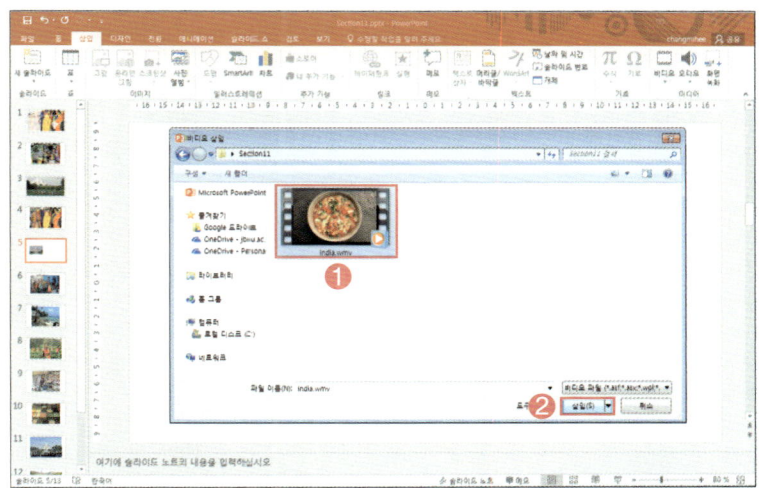

03 동영상이 삽입되면 동영상의 크기를 조절합니다.

04 동영상의 '재생' 단추를 누르거나 [비디오 도구] – [서식] 탭에서 [미리 보기] 그룹의 재생(▶)을 클릭해서 동영상을 실행합니다.

> **Tip** ▶를 누르면 동영상이 실행되며, ⏸를 누르면 일시 정지가 됩니다.

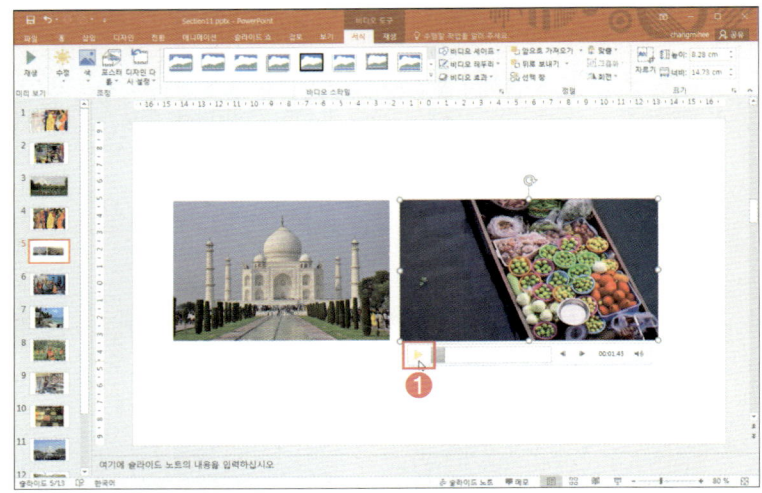

05 동영상의 표지를 만들기 위해 동영상의 타임라인을 드래그하여 표지로 사용할 부분에서 정지합니다. [비디오 도구] – [서식] 탭에서 [조정] 그룹의 포스터 틀(🖼)의 현재 틀(🖼)을 클릭합니다. 동영상의 표지가 완성됩니다.

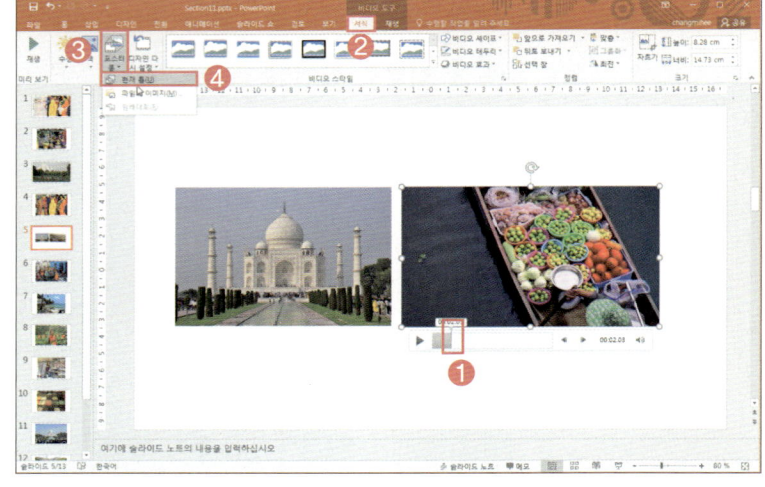

06 동영상의 스타일을 설정하기 위해 동영상을 선택한 후 [비디오 도구] – [서식] 탭에서 [비디오 스타일] 그룹의 '스타일'의 자세히(▽)를 클릭하여 '은은한 효과 : 바깥쪽 그림자 사각형'을 선택합니다.

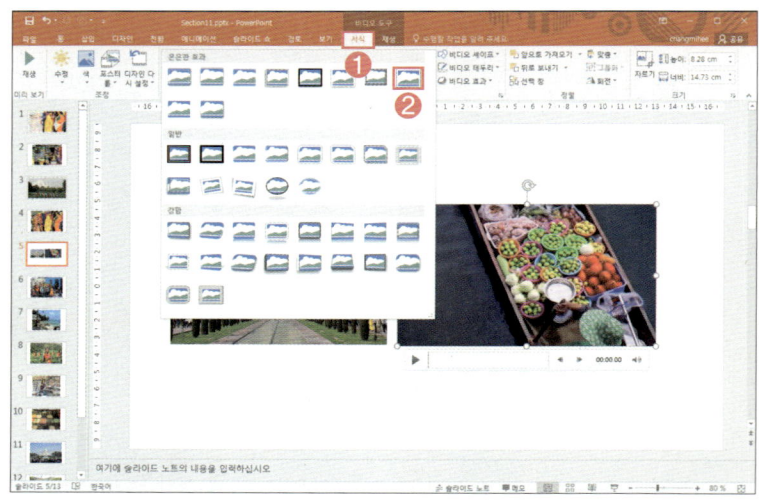

동영상 옵션과 동영상 트리밍

01 슬라이드 쇼를 실행할때 자동으로 동영상을 재생하려면 동영상을 선택한 후 [비디오 도구] - [재생] 탭에서 [비디오 옵션] 그룹의 '시작 : 자동 실행'을 클릭합니다. 슬라이드 오른쪽 하단의 슬라이드 쇼(🖵)를 눌러 자동 실행되는지 확인합니다.

02 동영상이 실행되면 '전체 화면'으로 재생하거나 동영상 재생이 끝나면 '반복 재생'을 하기 위해 동영상을 선택한 후 [비디오 도구] - [재생] 탭을 클릭합니다. [비디오 옵션] 그룹의 '전체 화면 재생'과 '반복 재생'에 체크합니다. 슬라이드 쇼(🖵)를 눌러 자동 실행되는지 확인합니다.

03 동영상 재생이 끝나면 동영상의 마지막이 표시됩니다. 동영상을 다시 처음으로 자동으로 되감기 하기 위해 [비디오 도구] - [재생] 탭에서 [비디오 옵션] 그룹의 '자동 되감기'에 체크합니다.

04 동영상의 시작과 끝을 다음 장면과 자연스럽게 이어지게 하기 위해 동영상을 선택하고 [비디오 도구] – [재생] 탭에서 [편집] 그룹의 '페이드 인'과 '페이드 아웃' 시간을 조절합니다. '재생' 단추를 누르면 장면과 장면이 자연스럽게 이어져 시작하고 끝나게 됩니다.

05 동영상의 일부분만 재생해야 할때는 동영상을 선택한 후 [비디오 도구] – [재생] 탭에서 [편집] 그룹의 비디오 트리밍(🎬)을 클릭합니다. [비디오 맞추기] 대화상자에서 '초록색'과 '빨간색'의 슬라이더 막대를 드래그하여 영역을 지정합니다. 재생 단추를 누르면 설정된 영역만 재생이 됩니다. [확인]을 클릭합니다.

06 동영상의 편집이 완료되었습니다. 재생 단추를 눌러 확인합니다.

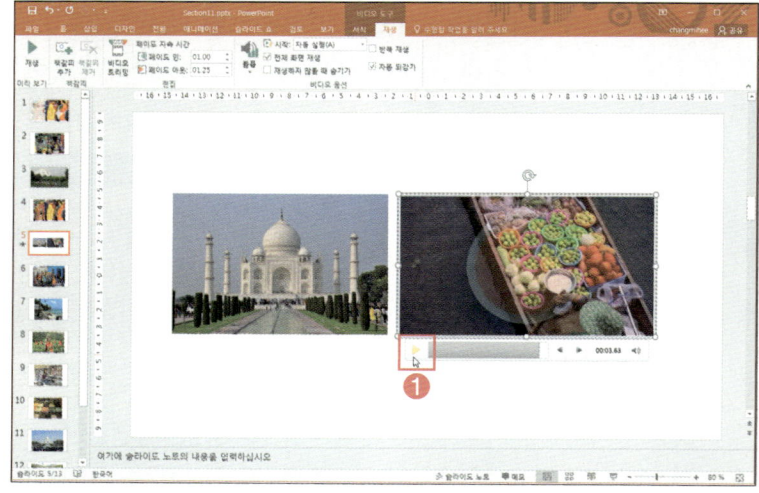

실습 03 온라인 동영상 삽입

01 슬라이드 6을 클릭합니다. 컴퓨터에 저장된 동영상이 아닌 온라인의 동영상을 삽입하기 위해 [삽입] 탭의 [미디어] 그룹에서 비디오(🎞)를 클릭한 후 온라인 비디오(🖳)를 선택합니다.

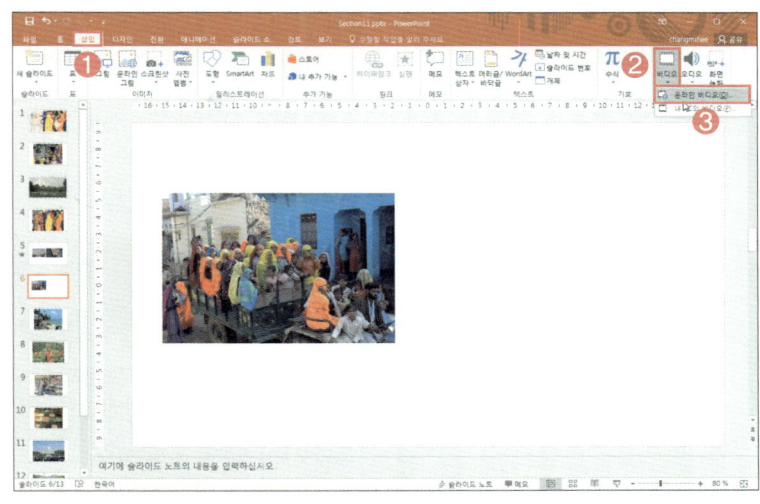

02 'YouTube.com'의 검색창에 '인도여행'을 입력한 후 Enter를 누릅니다. 검색된 비디오를 선택한 후 [삽입]을 클릭합니다.

> **Tip** 온라인이 연결이 되지 않은 경우에는 재생이 되지 않습니다. 꼭 발표장의 환경을 살펴보아야 합니다.

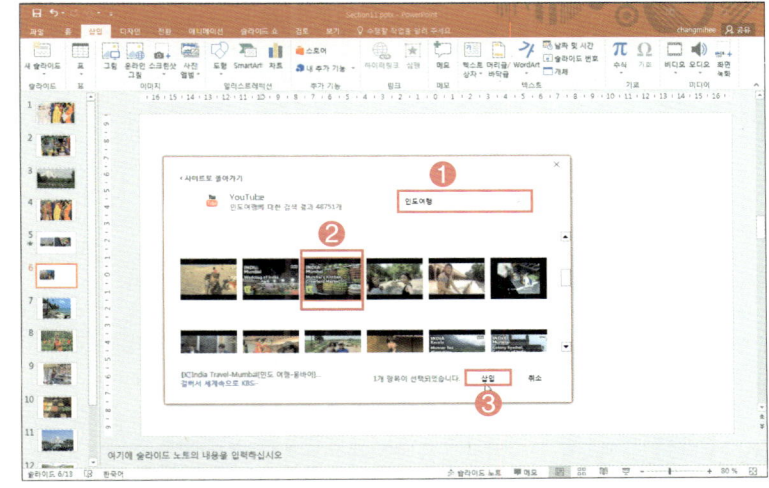

03 동영상의 크기와 위치를 조절하고 [비디오 도구] – [서식] 탭에서 [재생]을 눌러 확인합니다. 저작권이 포함된 동영상은 슬라이드에서 바로 재생이 되지 않습니다. 이런 경우 'YouTube에서 보기'를 눌러 동영상이 있는 웹사이트로 이동하여 플레이합니다.

> **Tip** YouTube가 아닌 다른 사이트의 온라인 동영상은 하이퍼 링크 기능으로 연결할 수 있습니다.

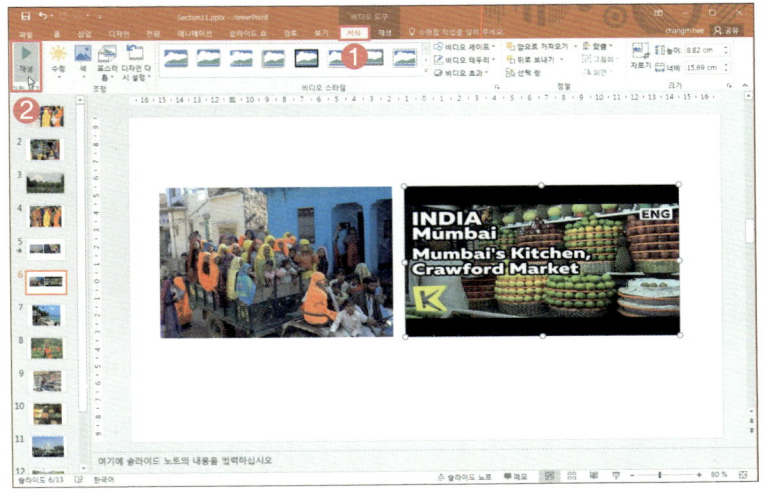

기초문제

❖ 준비파일 : Section11-기초.pptx   ❖ 완성파일 : Section11-기초-완성.pptx

01 'Section11-기초.pptx' 문서를 열고 다음의 조건대로 작성하시오.

① 마지막 슬라이드에 'Fukuoka.wmv' 동영상을 삽입하세요.
② 그림처럼 '포스터 틀'을 설정하세요.

힌트
• [삽입] – [비디오] – [내 PC의 비디오]
• [비디오 도구] – [서식] – [조정] – [포스터 틀] – [현재 틀]

02 'Section11-기초.pptx' 문서에 이어서 다음의 조건대로 작성하시오.

① '모서리가 둥근 사각형 설명선'으로 비디오 셰이프를 설정한 후 그림처럼 도형을 변형하세요.
② '비디오 효과'의 '반사 : 1/2 반사, 8pt 오프셋'을 설정하세요.

힌트
• [비디오 도구] – [서식] – [비디오 스타일] – [비디오 셰이프] – [설명선]
• [비디오 도구] – [서식] – [비디오 스타일] – [비디오 효과] – [반사]

심화문제

❖ 준비파일 : Section11-심화.pptx   ❖ 완성파일 : Section11-심화-완성.pptx

01 'Section11-심화.pptx' 문서를 열고 다음의 조건대로 작성하시오.

> 조건
>
> ① 동영상 쇼를 실행하면 '자동실행'이 되도록 설정하세요.
> ② 동영상이 실행되면 '전체 화면'으로 재생하세요.

> 힌트
>
> • [비디오 도구] – [재생] – [비디오 옵션] – [자동 실행]
> • [비디오 도구] – [재생] – [비디오 옵션] – [전체 화면 재생]

02 'Section11-심화.pptx' 문서에 이어서 다음의 조건대로 작성하시오.

> 조건
>
> ① 동영상의 페이드 인과 페이드 아웃을 '01.25'로 맞추세요.
> ② 동영상의 30초~1분 사이만 재생될 수 있도록 트리밍 하세요.

> 힌트
>
> • [비디오 도구] – [재생] – [편집]
> • [비디오 도구] – [재생] – [편집] – [비디오 트리밍]

Power Point 2016

SECTION 12 감성을 전하는 오디오

오디오 파일을 삽입하여 청중들의 주목을 이끌어 집중하거나 오디오 파일로 프레젠테이션의 내용의 중요도를 이끌어 내기도 합니다. 오디오를 삽입하고, 필요한 부분만 들려줄 수 있도록 소리파일을 편집할 수가 있습니다.

PREVIEW

▲ 준비파일 : Section12.pptx   완성파일 : Section12-완성.pptx

학습내용

실습 01 오디오 삽입과 오디오 스타일
실습 02 지정 범위 슬라이드 오디오 삽입과 오디오 트리밍

체크포인트

● 오디오를 삽입하고, 스타일을 변경합니다.
● 오디오의 필요한 부분만 트리밍을 할 수 있습니다.
● 슬라이드의 특정 범위에만 오디오를 재생할 수 있습니다.

실습 01 오디오 삽입과 오디오 스타일

▼ 준비파일 : Section12.pptx

01 지정한 슬라이드에 오디오 삽입할 수 있습니다. 슬라이드 8을 클릭한 후 [삽입] 탭의 [미디어] 그룹에서 오디오(🔊)의 내 PC의 오디오(🔊)를 클릭합니다.

02 [오디오 삽입] 대화상자에서 'Ukulele_Beach.mp3' 파일을 더블 클릭하거나 선택한 후 [삽입]을 클릭 합니다.

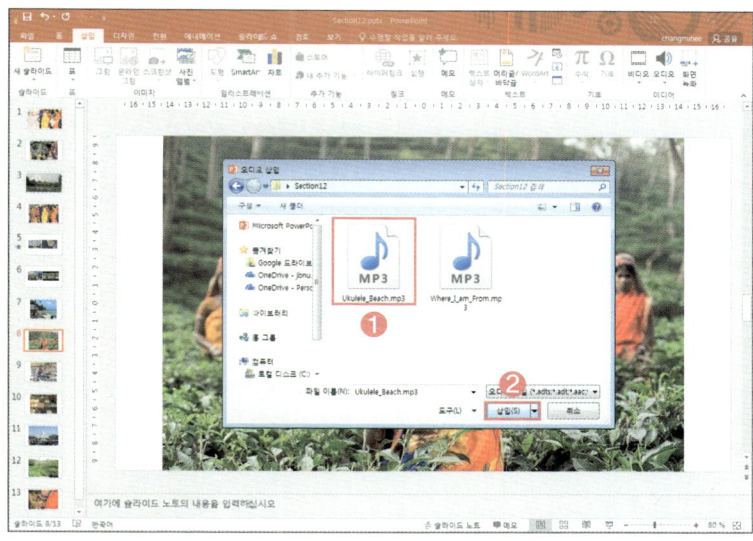

03 오디오 파일이 삽입되면 🔊 표시가 나타납니다. 드래그하여 왼쪽 상단으로 이동해 봅니다.

파워포인트 2016

04 슬라이드에 삽입된 오디오의 볼륨을 조절할 수 있습니다. '스피커' 모양을 클릭한 후 [오디오 도구] - [재생] 탭의 [오디오 옵션] 그룹에서 볼륨( )을 클릭하여 '중간'을 체크합니다. ⑤번의 슬라이더 막대를 드래그하여 조절할 수 있습니다.

05 슬라이드가 실행되면 자동으로 소리가 실행되게 하기 위해 스피커를 선택합니다. [오디오 도구] - [재생] 탭의 [오디오 옵션] 그룹에서 '시작 : 자동 실행'을 선택하고, '모든 슬라이드에서 실행'과 '반복 재생'에 체크합니다.

> **Tip** '모든 슬라이드에서 실행'을 체크하면 음원이 삽입된 슬라이드 부터 모든 슬라이드에 음원이 재생됩니다.

06 [오디오 도구] - [재생] 탭의 [오디오 스타일] 그룹에서 백그라운드에서 재생( )을 클릭하면 '자동 실행'과 '모든 슬라이드에서 실행', '반복 재생', '쇼 동안 숨기기'가 모두 선택되며, 스타일 없음( )을 클릭하면 모두 해제가 됩니다.

지정 범위 슬라이드 오디오 삽입과 오디오 트리밍

01 스피커를 선택한 후 [애니메이션] 탭의 [애니메이션] 그룹에서 자세히(□)를 클릭합니다. [오디오 재생] 대화상자에서 '재생 중지'의 '지금부터'의 '슬라이드 후'에 '4'를 입력합니다. 슬라이드 번호가 아닌 음원이 삽입된 슬라이드부터 재생 중지할 슬라이드까지입니다.

02 슬라이드 8 ~ 슬라이드 11까지만 재생됩니다. 오디오의 특정 구간의 재생 범위를 지정하려면 스피커를 선택한 후 [오디오 도구] – [재생] 탭에서 [편집] 그룹의 오디오 트리밍(□)을 클릭합니다. [오디오 맞추기] 대화상자에서 슬라이더 막대를 드래그하여 범위를 설정합니다.

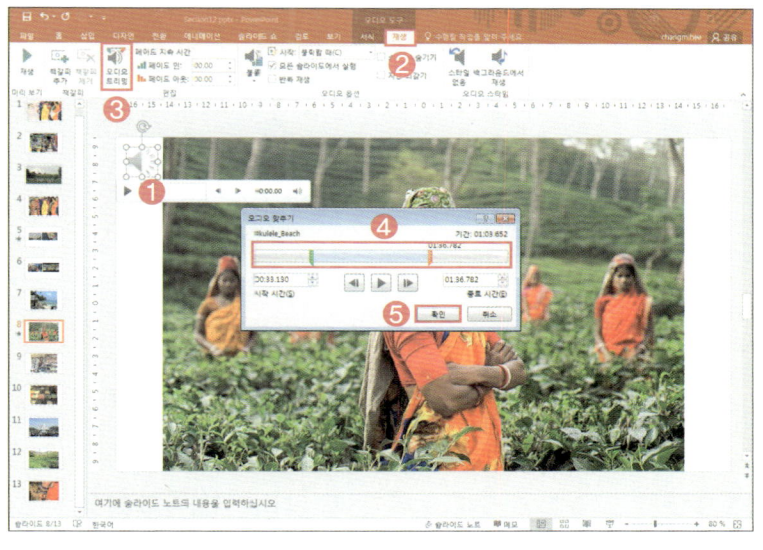

03 스피커를 선택한 후 [오디오 도구] – [재생] 탭의 [오디오 옵션] 그룹에서 '시작 : 자동 실행'으로 설정합니다. 스피커가 슬라이드 편집에 방해 되지 않도록 슬라이드 밖으로 빼놓습니다. 슬라이드 하단의 현재 슬라이드 쇼(□) 눌러 오디오를 재생해 봅니다.

기초문제

❖ 준비파일 : Section12-기초.pptx ❖ 완성파일 : Section12-기초-완성.pptx

01 'Section12-기초.pptx' 문서를 열고 다음의 조건대로 작성하시오.

 조건

① 첫 번째 슬라이드에 'Where_I_am_From.mp3' 오디오를 삽입하세요.
② 오디오를 '자동 실행','반복 재생', '모든 슬라이드에서 실행', '쇼 동안 숨기기'를 한꺼번에 설정하세요.

힌트
- [삽입] – [오디오] – [내 PC의 오디오]
- [오디오 도구] – [재생] – [오디오 스타일] – [백그라운드에서 재생]

02 'Section12-기초.pptx' 문서에 이어서 다음의 조건대로 작성하시오.

 조건

① 오디오를 '자동 실행','반복 재생', '모든 슬라이드에서 실행', '쇼 동안 숨기기'를 한꺼번에 해제 하세요.
② '45'초에서 '2분 50초'만 재생 할 수 있도록 설정하세요.

힌트
- [오디오 도구] – [재생] – [오디오 스타일] – [스타일 없음]
- [오디오 도구] – [재생] – [편집] – [오디오 트리밍]

심화문제

❖ 준비파일 : Section12-심화.pptx　❖ 완성파일 : Section12-기초-심화.pptx

01 'Section12-심화.pptx' 문서를 열고 다음의 조건대로 작성하시오.

① 두 번째 슬라이드에 'Rock_a_bye_Baby.mp3'을 삽입하세요.
② 오디오 파일이 자연스럽게 시작되고 끝날 수 있도록 '페이드 인'과 '페이드 아웃'을 각 각 '1초'로 설정하세요.

힌트

- [삽입] – [오디오] – [내 PC의 오디오]
- [비디오 도구] – [재생] – [편집] – [페이드 인] – [페이드 아웃]

02 'Section12-심화.pptx' 문서에 이어서 다음의 조건대로 작성하시오.

① 오디오의 재생 간격을 '40초' 부분에서 시작하여 '1분 30초'까지만 재생하도록 설정하세요.
② 현재 슬라이드에서 4번 슬라이드까지 재생하세요.

힌트

- [비디오 도구] – [재생] – [편집] – [오디오 트리밍]
- [애니메이션] – [애니메이션] 자세히 단추 – [효과] – [재생 중지] – [4]

SECTION 13. 핵심 포인트를 강조하는 애니메이션

Power Point 2016

파워포인트의 애니메이션은 청중에게 개체를 강조할 때 사용합니다. 많은 애니메이션은 오히려 프레젠테이션의 방해를 줄 수 있지만, 강조나 주위를 집중시킬 부분은 애니메이션을 적용하면 집중도를 높일 수 있습니다. 개체에 애니메이션의 나타내기와 강조, 끝내기 등을 적용할 수 있으며 사용자가 원하는 대로 지정할 수 있는 사용자 지정 애니메이션을 적용할 수 있습니다.

PREVIEW

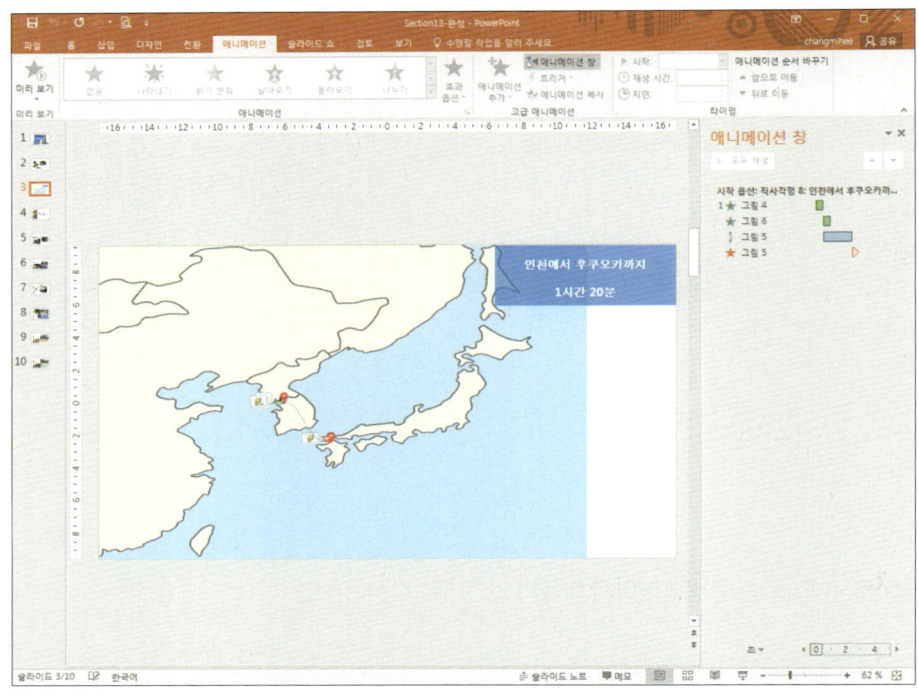

▲ 준비파일 : Section13.pptx 완성파일 : Section13-완성.pptx

학습내용

- 실습 01 나타내기와 타이밍 옵션
- 실습 02 강조와 애니메이션 효과 옵션 지정
- 실습 03 이동 경로 애니메이션과 시작 옵션

체크포인트

- 애니메이션의 나타내기와 진행 속도를 설정해 봅니다.
- 강조 애니메이션과 반복 효과 옵션을 설정해 봅니다.
- 사용자가 원하는 대로 움직이는 사용자 지정 애니메이션을 설정합니다.

 **실습 01 나타내기와 타이밍 옵션**

▼ 준비파일 : Section13.pptx

01 첫 번째 슬라이드의 'Fukuoka' 이미지를 클릭한 후 [애니메이션] 탭의 [애니메이션] 그룹의 자세히(▼)를 클릭합니다.

02 '애니메이션' 목록이 열리면 '나타내기'의 '실선 무늬'를 선택합니다.

Tip '나타내기'는 슬라이드 쇼 실행 시 화면에 표시되지 표시됩니다.

03 두 번째 슬라이드의 첫 번째 이미지를 클릭한 후 [애니메이션] 탭의 [애니메이션] 그룹의 자세히(▼)를 클릭합니다. '애니메이션' 목록이 열리면 '나타내기'의 '닦아내기'를 선택합니다.

04 이미지가 선택된 상태에서 [애니메이션] 탭의 [애니메이션] 그룹에서 효과 옵션(↑)을 클릭한 후 위에서(↓)를 선택합니다. '아래에서' 닦아내기 했던 이미지가 '위에서' 펼쳐집니다.

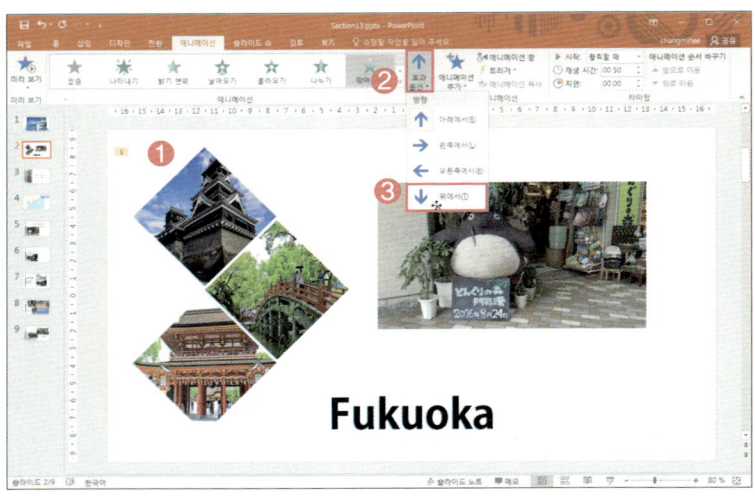

05 두 번째 이미지를 클릭한 후 [애니메이션]탭의 [애니메이션]그룹에서 '나타내기'의 '닦아내기'를 선택합니다. 효과 옵션(↓)을 클릭한 후 오른쪽에서(←)를 선택합니다. 이미지가 오른쪽에서 왼쪽으로 펼쳐집니다. 두 번째 이미지는 첫 번째 이미지 다음에 자동으로 나타내기 위해 [타이밍] 그룹에서 시작(▶) : 이전 효과 다음에를 클릭합니다.

06 애니메이션의 속도를 지정하기 위해 두 번째 이미지의 재생 시간(⏱)을 '00:50'으로 조절합니다.

Section 13 | 핵심 포인트를 강조하는 애니메이션

07 세 번째 이미지를 클릭하여 '나타내기 : 닦아내기', 효과옵션(←) : 아래에서(↑)를 선택합니다. 두 번째 이미지가 애니메이션 실행 후 세 번째 이미지가 자동으로 실행되게 하기 위해 '시작 : 이전 효과 다음에'를 클릭합니다. '재생 시간'은 '00:50'으로 설정합니다. 시간을 높이면 재생 시간이 느려집니다.

08 'Fukuoka' 상자를 클릭한 후 '나타내기 : 밝기 변화'를 선택한 후 '시작 : 이전 효과와 함께'를 클릭합니다. '재생 시간 : 00:50'으로 설정하고, '지연 : 01:00'으로 설정합니다. 세 번째 이미지의 애니메이션이 끝난 후 '1초' 후에 애니메이션이 시작됩니다.

> Tip 지연 시간 : 애니메이션의 시작할 때의 지연 속도

09 [애니메이션] 탭의 [고급 애니메이션] 그룹에서 애니메이션 창(🔊)을 클릭한 후 오른쪽의 '애니메이션 창'에서 첫 번째 애니메이션에 클릭합니다. '재생 시작'을 클릭합니다. 설정한 모든 애니메이션이 차례대로 실행됩니다.

> Tip 여러 이미지를 모두 선택한 후 애니메이션 효과를 적용하고 '효과옵션', '재생시간' 등만 수정하면 빠르게 효과를 적용할 수 있습니다.

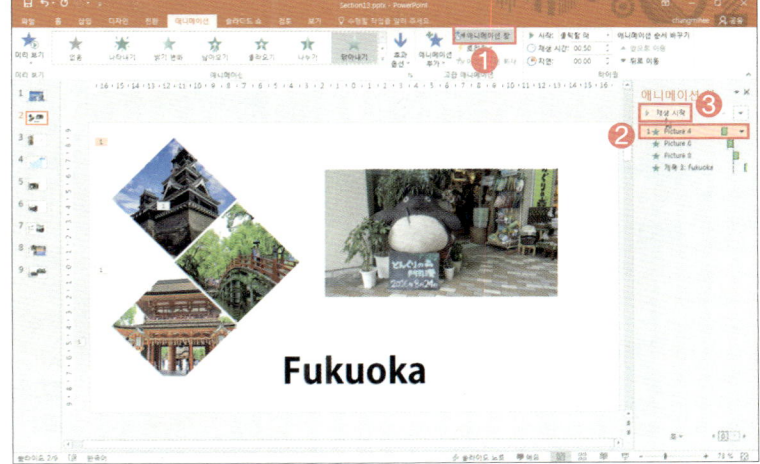

강조와 애니메이션 효과 옵션 지정

01 슬라이드의 텍스트를 강조하기 위해 세 번째 슬라이드의 텍스트 창을 클릭합니다. [애니메이션] 탭의 [애니메이션] 그룹에서 자세히(▽)를 클릭합니다. '강조 : 펄스'를 선택합니다.

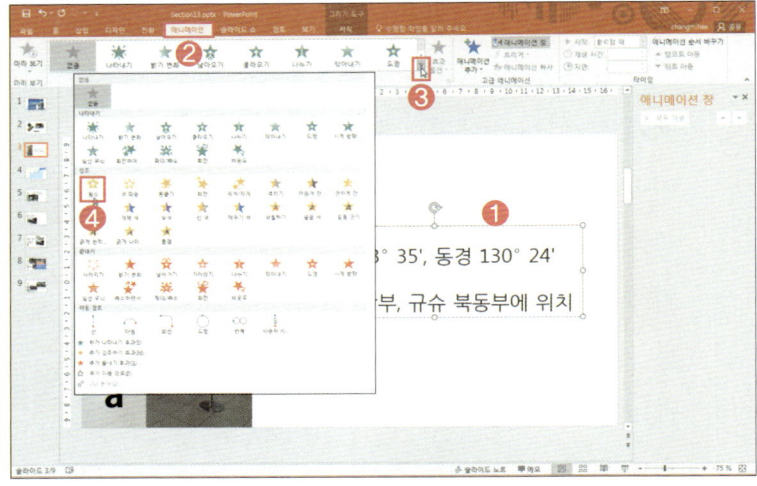

02 한 번만 깜빡거립니다. 반복 재생을 설정하기 위해 [애니메이션] 탭의 [애니메이션] 그룹에서 자세히(▫)를 클릭합니다. [펄스] 대화상자에서 [타이밍] 탭의 '반복 : 3'을 선택한 후 [확인]을 클릭합니다.

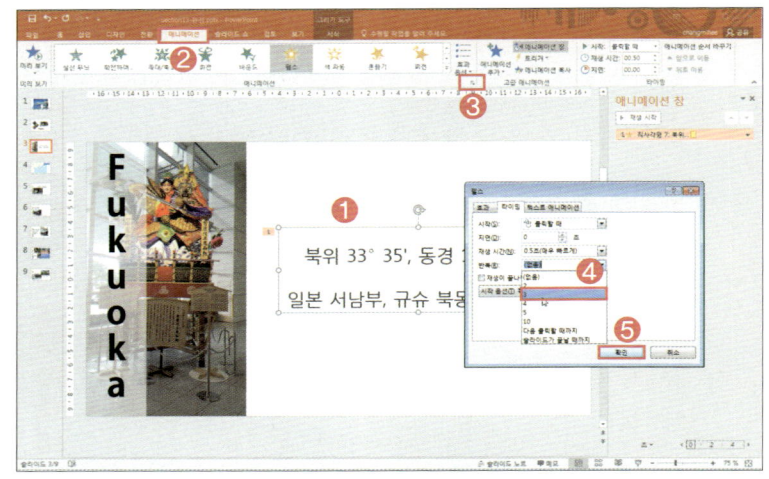

03 오른쪽의 '애니메이션 창'에서 설정된 애니메이션을 클릭한 후 '재생 시작'을 클릭합니다. 텍스트 창이 세 번 반복해 깜박입니다.

Tip 애니메이션을 3번 반복 설정하여 ▫▫▫ 가 표시됩니다.

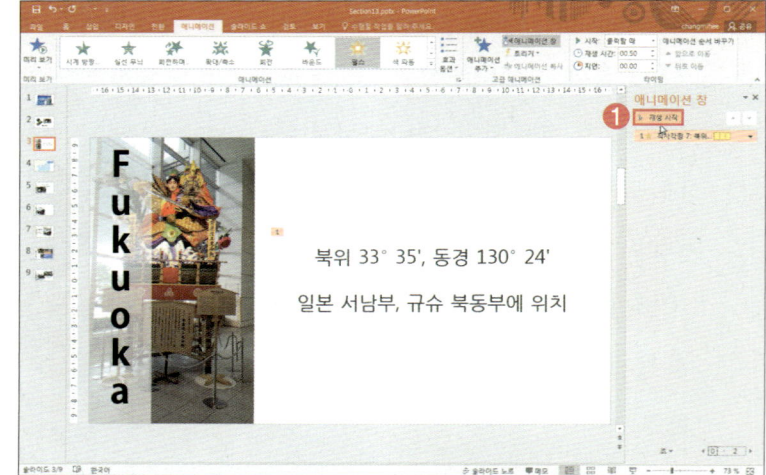

이동 경로 애니메이션과 시작 옵션

01 네 번째 슬라이드의 대한민국의 표시 이미지를 클릭하여 [애니메이션] 탭의 [애니메이션] 그룹에서 '나타내기 : 밝기 변화'를 선택한 후 [타이밍] 그룹에서 '시작 : 클릭할 때', '재생 시간 : 05:00'를 설정합니다.

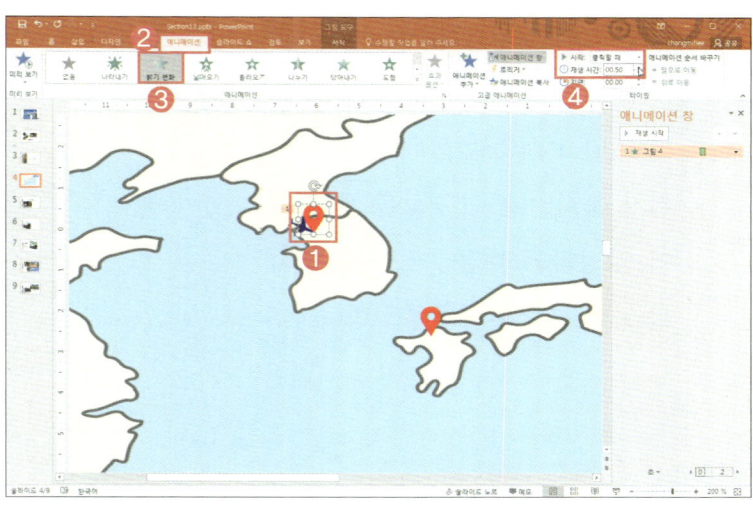

02 일본의 표시 이미지를 클릭하여 [애니메이션] 탭의 [애니메이션] 그룹에서 '나타내기 : 밝기 변화'를 선택한 후 [타이밍] 그룹에서 '시작 : 이전 효과 다음에'를 설정합니다.

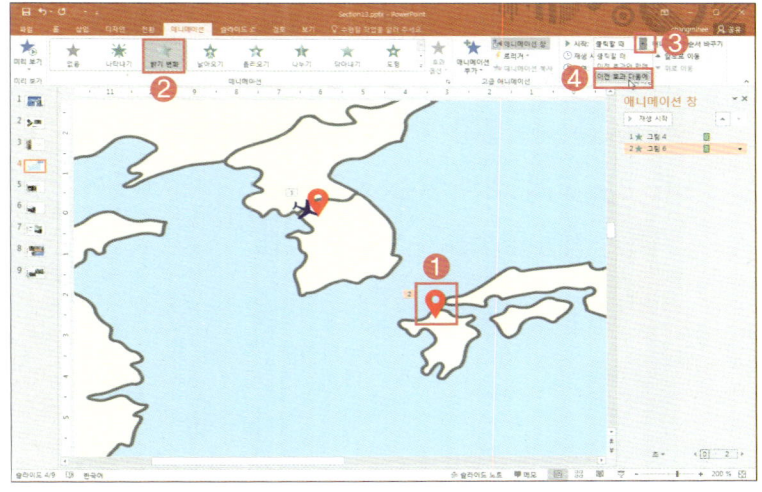

03 비행기 이미지는 사용자가 원하는 경로를 따라 움직이게 하기 위해 '비행기' 이미지를 클릭합니다. [애니메이션] 탭의 [애니메이션] 그룹에서 자세히(▼)를 클릭하여 이동 경로 : 사용자 지정(⌇)을 합니다.

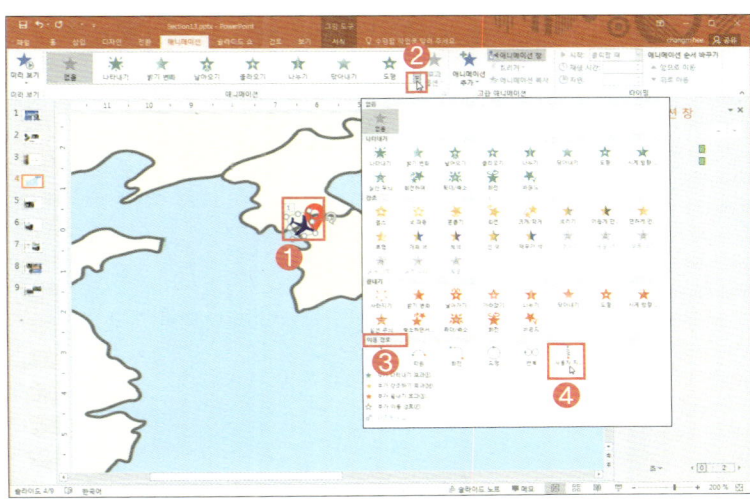

04 마우스 포인터가 십자가(+) 모양으로 바뀌면 첫 번째 이미지와 두 번째 이미지 사이를 드래그하여 비행기가 움직일 이동 경로를 드래그하여 지정하고 더블클릭이나 Esc 를 눌러 경로 설정을 종료합니다.

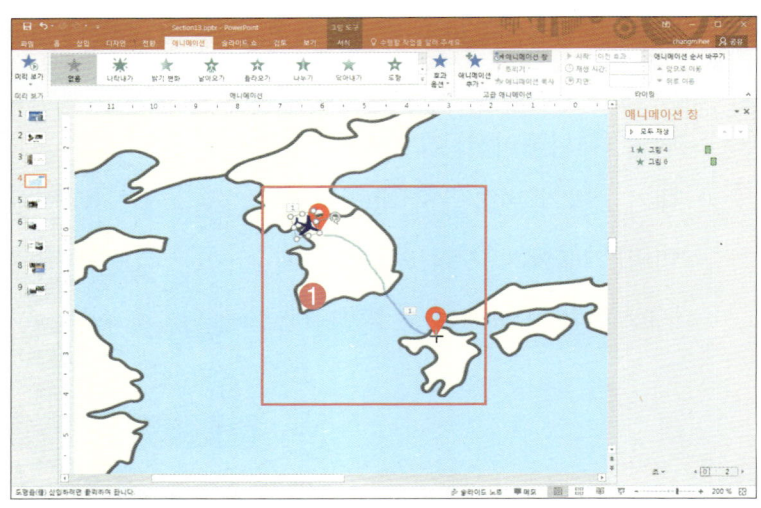

05 사용자 지정 애니메이션을 설정하면 시작점은 '초록 화살표'가 표시되며, 끝점은 '빨강 화살표'로 표시됩니다. 초록 점과 빨간 점을 드래그하여 지정 경로를 수정할 수 있습니다.

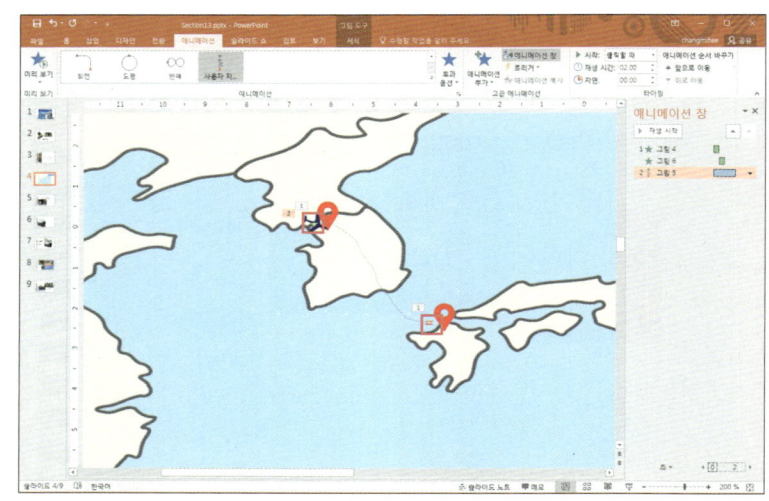

06 '비행기'의 끝점을 도착점 위치와 맞추기 위해 빨간 점을 드래그하여 경로를 수정합니다.

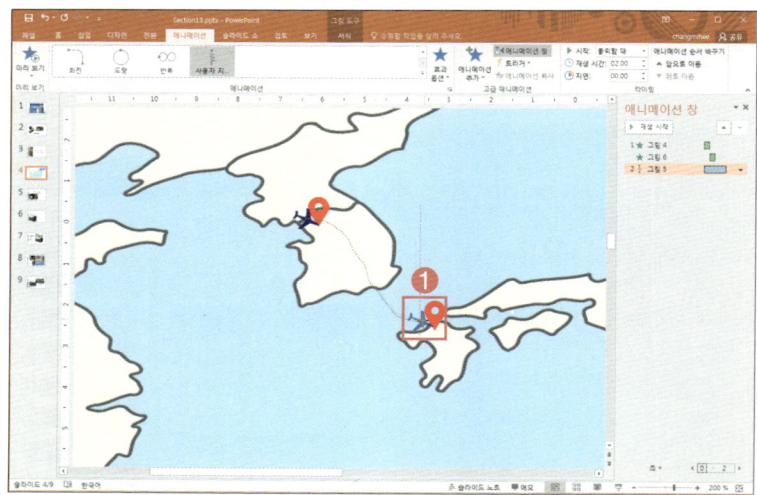

Section 13 | 핵심 포인트를 강조하는 애니메이션

07 비행기가 도착점에 도착하면 자동으로 사라지게 할 수 있습니다. 사라지는 애니메이션을 추가하기 위해 '비행기'를 선택한 후 [고급 애니메이션] 그룹의 애니메이션 추가(★)를 클릭합니다. '끝내기'의 '사라지기'를 선택합니다.

Tip 같은 이미지에 애니메이션을 여러 번 추가할 때에는 '애니메이션 추가'에서 설정합니다.

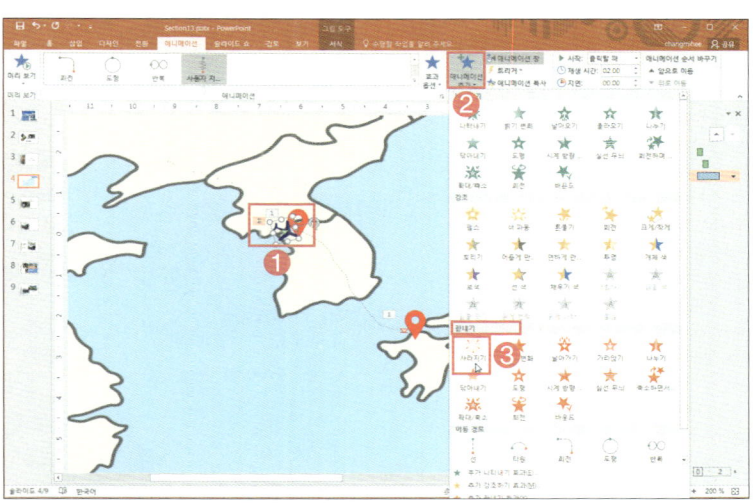

08 '애니메이션 창'의 마지막 애니메이션을 클릭한 후 '시작 : 이전 효과 다음에'를 선택합니다. '비행기'가 이동경로를 따라 이동한 후 자동으로 사라지게 됩니다. '재생시작'을 클릭하여 애니메이션을 실행해 봅니다.

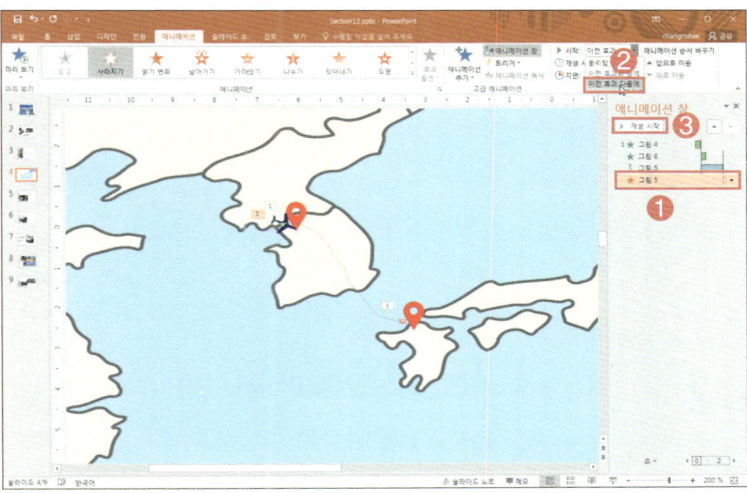

알아두기 | 시작 옵션을 활용한 애니메이션 시작하기

슬라이드 우측의 도형을 클릭하면 애니메이션을 시작할 수 있습니다. 임의의 애니메이션이 선택된 상태에서 [애니메이션] 탭의 [애니메이션] 그룹에서 자세히를 클릭합니다. [타이밍] 탭의 [시작 옵션] – [다음을 클릭하면 효과 시작] – [직사각형8: 인천에서 후쿠오카까지]를 클릭합니다. [쇼 실행]을 한 후 텍스트 상자를 클릭하면 애니메이션이 실행됩니다.

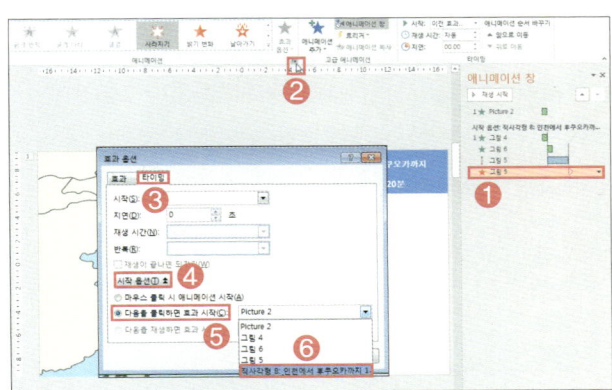 

기초문제

❖ 준비파일 : Section13-기초.pptx ❖ 완성파일 : Section13-기초-완성.pptx

01 'Section13-기초.pptx' 문서를 열고 다음의 조건대로 작성하시오.

① 슬라이드의 오른쪽 이미지를 애니메이션 설정하세요.
〈조건〉
• 나타내기 : 나누기 • 효과 옵션 : 세로 바깥쪽으로 • 시작 : 클릭할 때 • 재생 시간 : 01:00

② 슬라이드의 왼쪽 이미지를 애니메이션 설정하세요.
〈애니메이션 조건〉
• 나타내기 : 올라오기 • 효과 옵션 : 떠오르며 내려가기 • 시작 : 이전 효과와 함께 • 재생 시간 : 01:00

③ 왼쪽 이미지를 첫 번째 순서로 변경하세요.

힌트
- [애니메이션] – [애니메이션] – [나타내기] – [타이밍]
- [애니메이션] – [애니메이션] – [나타내기] – [타이밍]
- [애니메이션] – [고급 애니메이션] – [애니메이션 창]

02 'Section13-기초.pptx' 문서에 이어서 다음의 조건대로 작성하시오.

① 순서대로 애니메이션을 설정하세요.
〈애니메이션 조건〉
1. 닦아내기, 왼쪽에서, 클릭할 때
2. 밝기 변화, 이전 효과 다음에
3. 밝기 변화, 이전 효과 다음에
4. 닦아내기, 오른쪽에서, 이전 효과 다음에

② 첫 번째 '태양열 에너지'그룹에 '강조 : 크게, 작게' 애니메이션을 추가하세요.

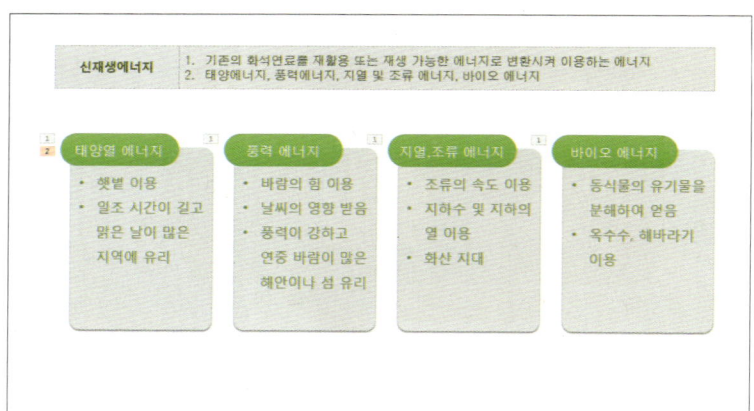

힌트
- [애니메이션] – [애니메이션] – [나타내기]
- [애니메이션] – [고급 애니메이션] – [애니메이션 추가]

심화문제

❖ 준비파일 : Section13-심화.pptx   ❖ 완성파일 : Section13-심화-완성.pptx

01 'Section13-심화.pptx' 문서를 열고 다음의 조건대로 작성하시오.

① 차트의 애니메이션을 설정하세요.
　〈애니메이션 조건〉
　나타내기 : 닦아내기, 아래에서
　시작 옵션 : 클릭할 때
② 차트의 애니메이션의 '닦아내기' 옵션을 '항목별로'로 설정하세요.

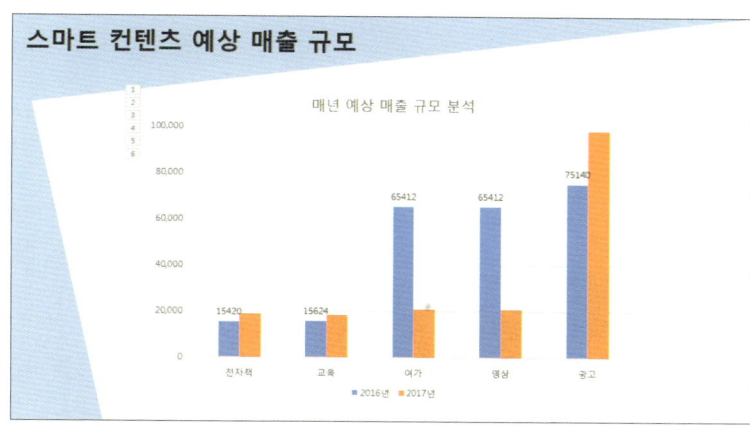

힌트
- [애니메이션] - [애니메이션] - [나타내기] - [닦아내기]
- 차트 선택 - [애니메이션] - [추가 옵션 단추] - [닦아내기] - [차트 애니메이션] - [차트 묶는 단위] - [항목별로]

02 'Section13-심화.pptx' 문서에 이어서 다음의 조건대로 작성하시오.

① 두 번째 슬라이드의 '꺾은선 차트'의 애니메이션을 설정하세요.
　〈애니메이션 조건〉
　나타내기 : 닦아내기, 왼쪽에서
　시작 옵션 : 클릭할 때
② '강조 : 흔들기'의 애니메이션을 추가하고, 2번 반복하세요.
③ 오른쪽의 '차트보기'상자를 클릭하면 애니메이션을 시작하세요.

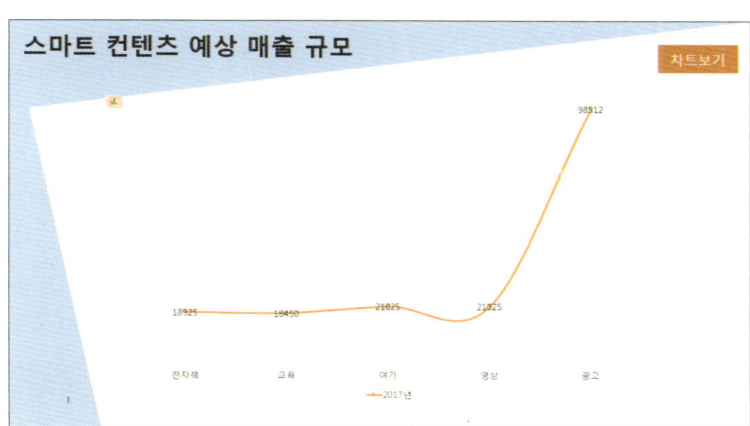

힌트
- [애니메이션] - [애니메이션] - [나타내기] - [닦아내기]
- [애니메이션] - [고급 애니메이션] - [애니메이션 추가] - [강조 : 흔들기]
- 차트 선택 - [애니메이션] - [추가 옵션 단추] - [흔들기] - [타이밍] - [반복: 2] - [시작 옵션] - [다음을 클릭하면 효과 시작] - [직사각형3 : 차트보기] 선택

Power Point 2016

SECTION 14 이동과 연결을 위한 하이퍼링크

목차나 참고 문헌을 열 때 하이퍼링크를 추가하여 원하는 슬라이드로 빠르게 이동하거나 특정 웹 사이트 또는 파일을 연결할 때와 다른 문서를 열때 활용하기도 합니다. 텍스트에 하이퍼링크를 연결할 수 있으며, 도형이나 그림에도 연결이 가능합니다. 실행을 이용하여 특정한 파일을 열어 이동하고 특정 웹 사이트로 이동해 봅니다.

PREVIEW

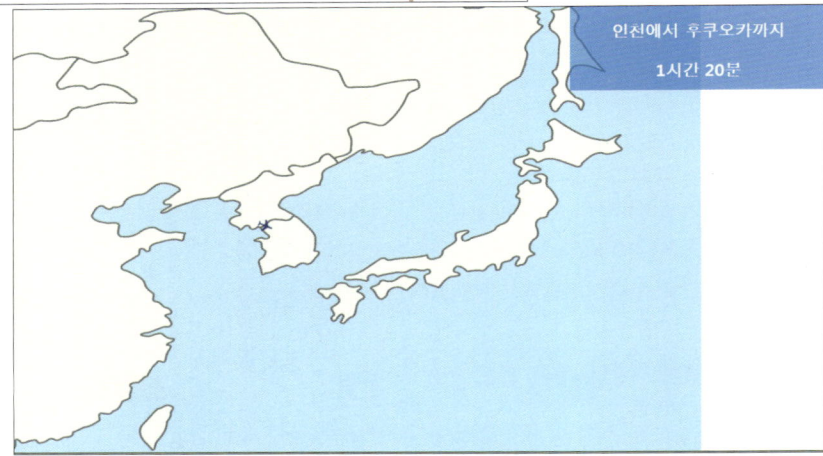

▲ 준비파일 : Section14.pptx 완성파일 : Section14-완성.pptx

학습내용

- 실습 01 텍스트를 이용한 슬라이드 이동과 편집
- 실습 02 실행을 이용한 슬라이드 이동
- 실습 03 그림을 이용한 웹 사이트 연결

체크포인트

- 텍스트에 하이퍼 링크를 연결하여 특정한 슬라이드로 이동해 봅니다.
- 실행 단추를 이용하여 슬라이드로 이동해 봅니다.
- 그림에 하이퍼링크를 연결하여 특정한 웹사이트로 연결해 봅니다.

텍스트를 이용한 슬라이드 이동과 편집

▼ 준비파일 : Section14.pptx

01 두 번째 슬라이드의 각 텍스트를 클릭하면 연결된 슬라이드로 이동하는 하이퍼링크를 만듭니다. '거리' 텍스트를 드래그한 후 [삽입] 탭의 [링크] 그룹에서 하이퍼링크(🌐)를 클릭합니다. [하이퍼링크 삽입] 대화상자가 열리면 '현재 문서'의 '3. 슬라이드3'을 클릭하고 오른쪽 화면의 슬라이드가 맞는지 확인한 후 [확인]을 클릭합니다.

02 '위치' 텍스트를 드래그하여 [삽입] 탭의 [링크] 그룹에서 하이퍼링크(🌐)를 클릭합니다. [하이퍼링크 삽입] 대화상자가 열리면 '현재 문서'의 '5. Fukuoka'를 클릭한 후 [확인]을 클릭합니다.

03 하이퍼링크가 잘못 연결 되었을때는 편집을 이용해 수정이 가능합니다. 하이퍼링크가 연결된 '위치' 텍스트 위에 마우스 오른쪽 단추를 눌러 하이퍼링크 편집(🌐)을 클릭합니다.

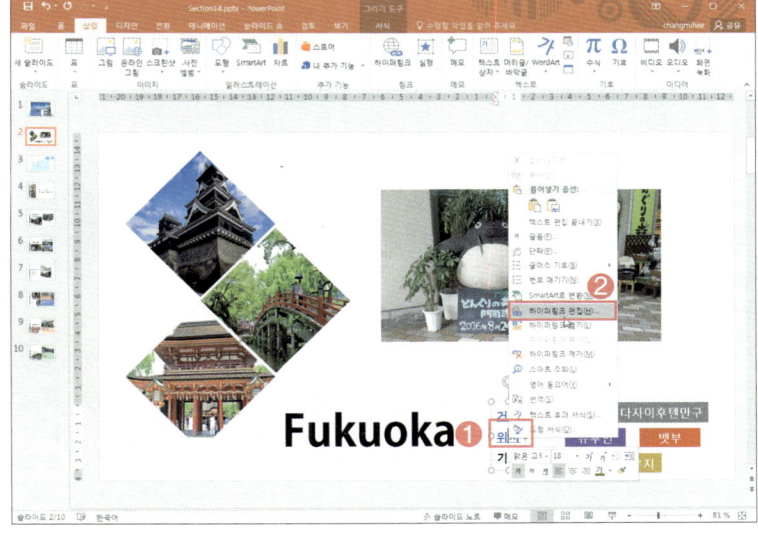

04 [하이퍼링크 편집] 대화상자가 열리면 '현재 문서'의 '4. Fukuoka'를 선택한 후 [확인]을 클릭하여 수정합니다.

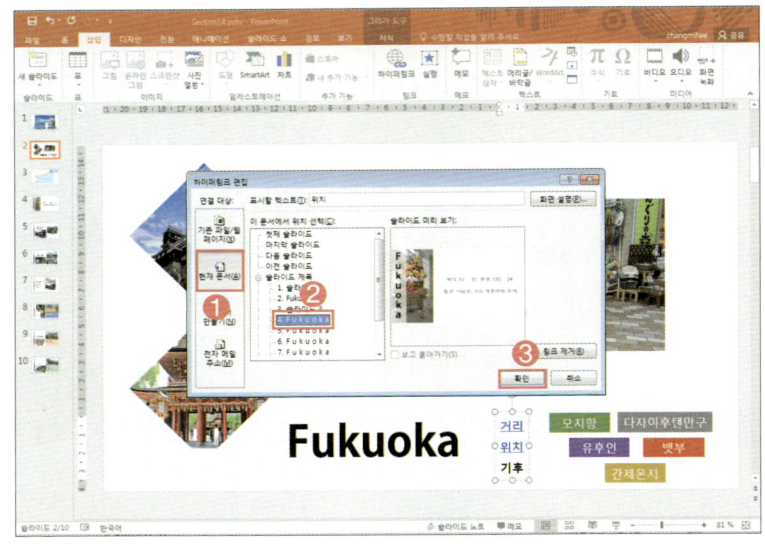

05 '기후' 텍스트를 드래그하여 [삽입] 탭의 [링크] 그룹에서 하이퍼링크(🌐)를 클릭합니다. [하이퍼링크 삽입] 대화상자가 열리면 '현재 문서'의 '5. Fukuoka'를 클릭한 후 [확인]을 클릭합니다.

06 슬라이드 오른쪽 화면 하단의 슬라이드 쇼(🖵)를 눌러 슬라이드 쇼를 실행시킨 후 텍스트위에 마우스를 올려 놓으면 손모양이 표시됩니다. 링크를 실행시켜 연결된 슬라이드로 이동이 됩니다.

> **Tip** F5 : 처음부터 슬라이드 쇼
> Shift + F5 : 현재 슬라이드부터 쇼 실행

실행을 이용한 슬라이드 이동

01 도형에도 하이퍼링크를 연결할 수 있습니다. 실행(★) 명령을 이용해 하이퍼링크를 연결해 봅니다. '모지항' 도형을 선택한 후 [삽입] 탭의 [링크] 그룹에서 실행(★)을 클릭합니다. [실행 설정] 대화상자가 열리면 '하이퍼링크'를 선택한 후 목록에서 '슬라이드'를 선택합니다.

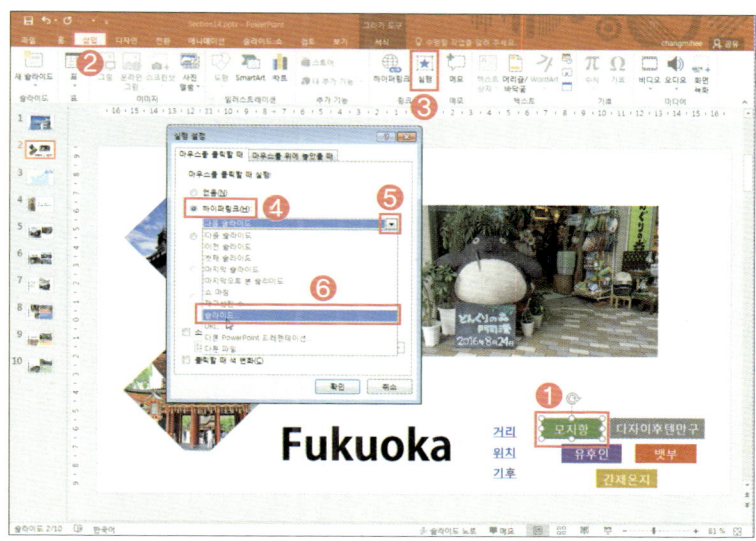

02 [슬라이드 하이퍼링크] 대화상자에서 '슬라이드 제목 : 6. Fukuoka'를 선택한 후 [확인]을 클릭합니다.

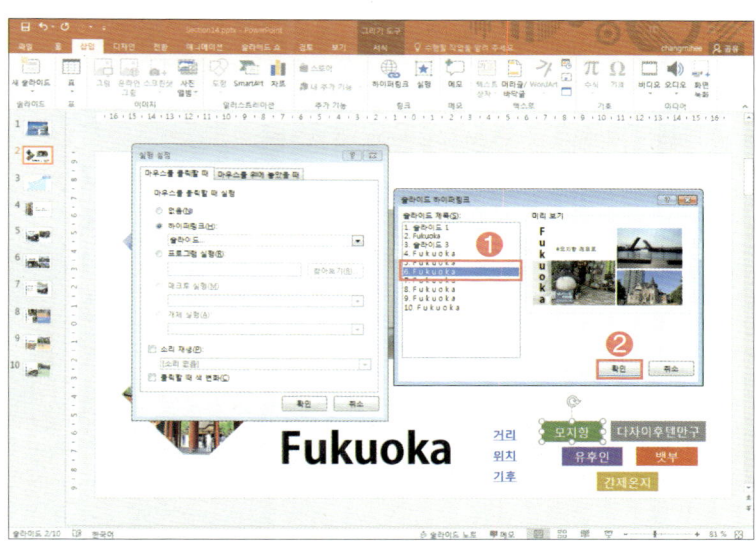

03 [실행 설정] 대화상자로 돌아오면 [확인]을 클릭합니다. 슬라이드 오른쪽 하단의 슬라이드 쇼(豆)를 클릭합니다.

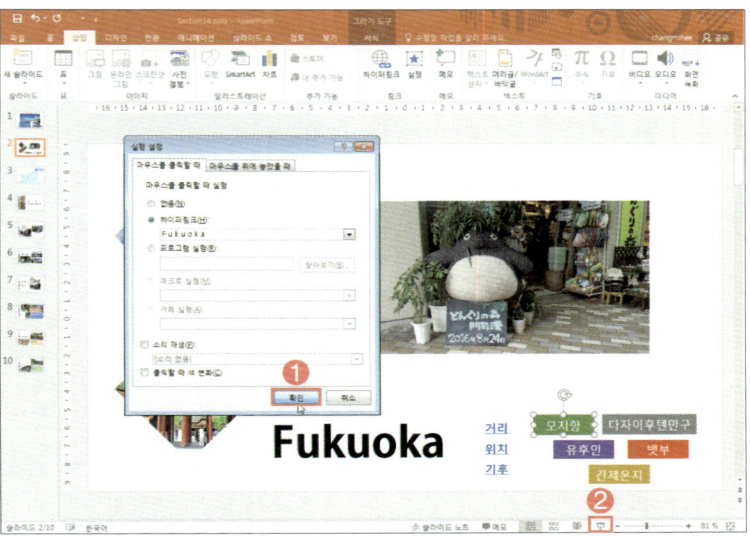

04 슬라이드 쇼가 실행되면 '모지항' 도형위에 마우스를 올려놓습니다. 손모양(🖑) 아이콘으로 바뀌면 클릭하여 이동해 봅니다.

05 연결된 슬라이드로 이동되면 Esc 를 눌러 쇼를 마친 후 목차로 이동할 하이퍼링크를 만듭니다. [홈] 탭에서 [그리기] 그룹의 '도형'에서 '실행 단추'의 실행 단추 : 돌아가기(🔙)를 선택합니다.

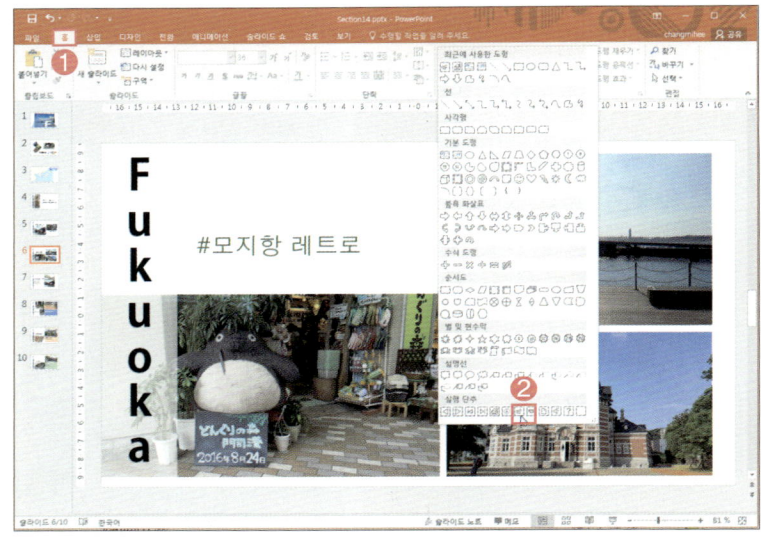

06 그림과 같이 드래그하여 나타난 [실행 설정] 대화상자에서 '하이퍼링크 : 슬라이드'를 클릭하고 [슬라이드 하이퍼링크] 대화상자에서 '2.Fukuoka'를 선택한 후 [확인]을 클릭하고 [실행 설정] 대화상자로 [확인]을 클릭합니다. 슬라이드 오른쪽 하단의 슬라이드 쇼(🖥)를 클릭합니다. 슬라이드 쇼에서 돌아가기(🔙)를 클릭하면 목차가 있는 슬라이드로 이동합니다.

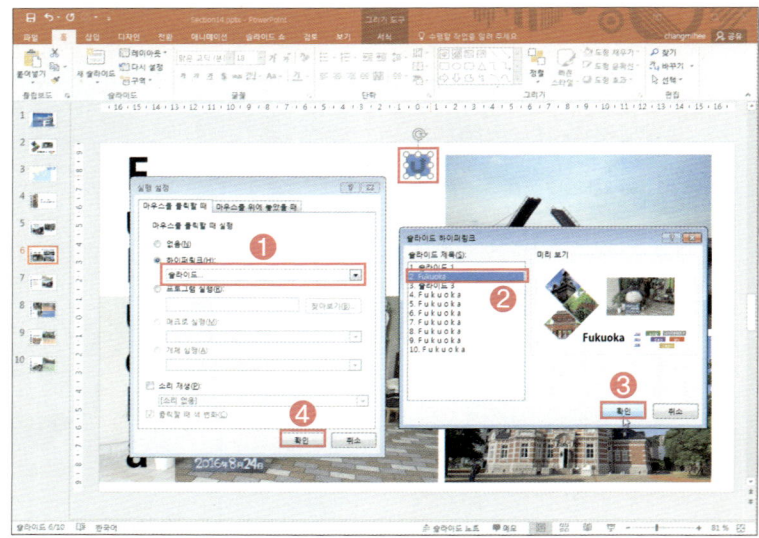

그림을 이용한 웹 사이트 연결

01 그림에도 하이퍼링크를 연결할 수 있으며 '파일', '실행 파일', '웹 사이트', '재 구성한 슬라이드' 등을 연결할 수 있습니다. 슬라이드 8의 '온천 그림'을 선택한 후 [삽입] 탭의 [링크] 그룹에서 하이퍼링크( )를 클릭합니다.

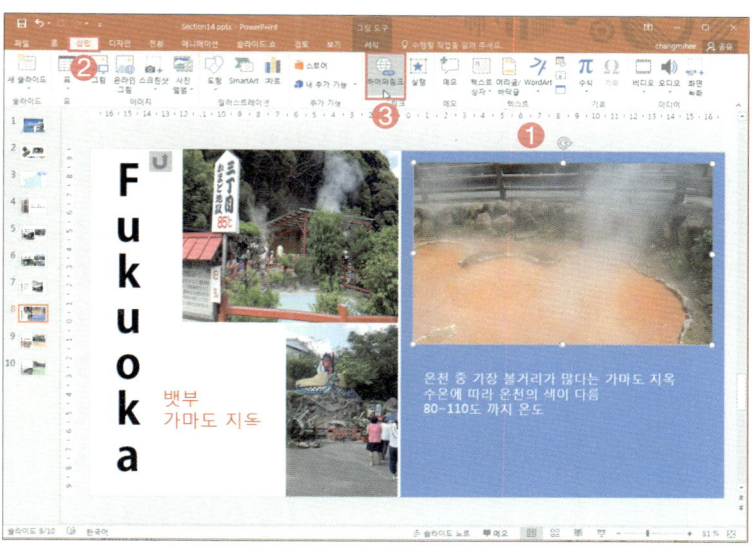

02 인터넷을 열고 'Youtube.com'에서 동영상을 검색한 후 '공유'를 누른 후 동영상 주소를 클릭한 후 마우스 오른쪽 단추를 눌러 '복사'를 클릭합니다.

03 파워포인트 문서를 열고 [하이퍼링크 삽입] 대화상자의 '기존 파일/웹 페이지'의 '주소'를 클릭한 후 마우스 오른쪽 단추의 '붙여넣기'를 클릭하여 복사한 주소를 붙여넣기하고 [확인]을 클릭합니다.

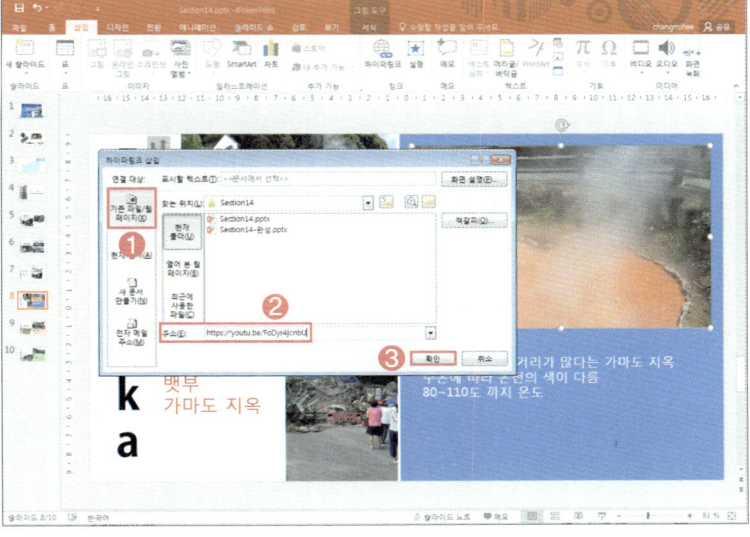

04 슬라이드 쇼를 실행하지 않고 하이퍼링크를 열 수 있습니다. 그림 위에 마우스 오른쪽 단추를 누른 후 하이퍼링크 열기( )를 클릭합니다. 인터넷이 열리고 동영상이 실행됩니다.

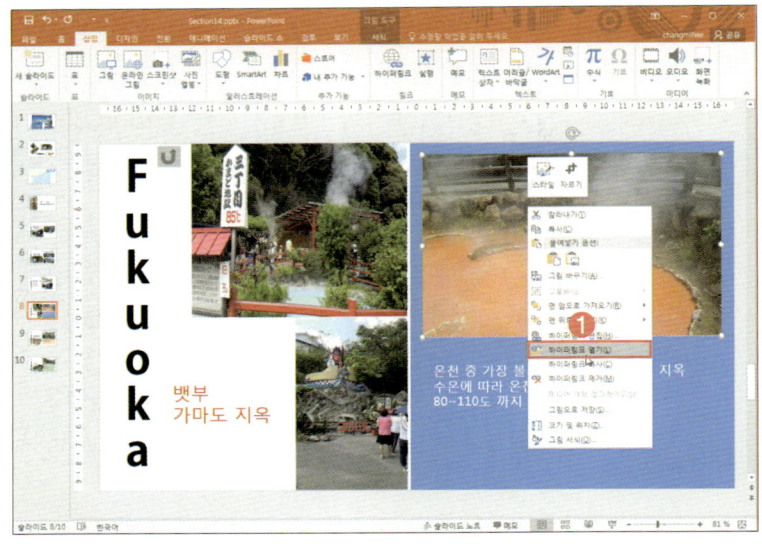

05 연결된 하이퍼링크를 제거하려면 하이퍼링크가 설정된 그림 위에서 마우스 오른쪽 단추를 누른 후 하이퍼링크 제거( )를 클릭합니다.

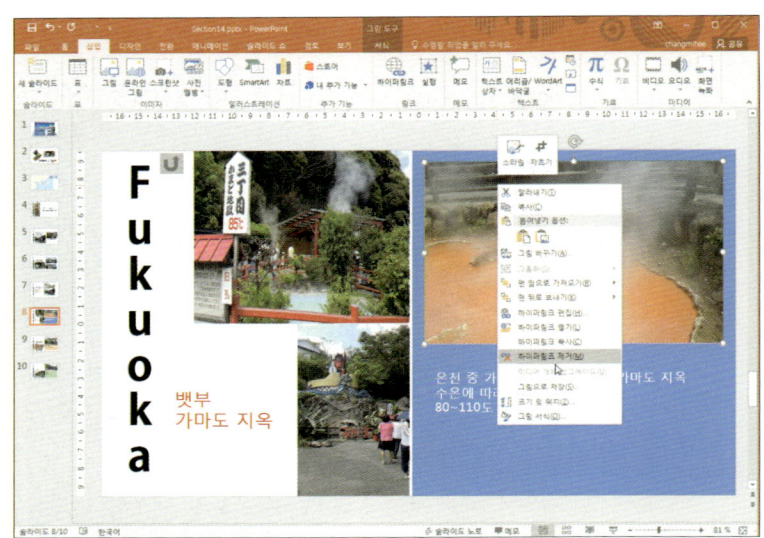

알아두기 | 다른 파일 연결과 다른 프레젠테이션 슬라이드 이동

텍스트 또는 도형 및 그림에 다른 파일등을 연결할 때 [실행]을 이용하면 편리합니다.
[삽입] – [링크] – [실행] – [실행 설정]에서 '하이퍼링크'의 '다른 파일' 또는 다른 프레젠테이션의 슬라이드로 이동할 수 있습니다. 또한 마우스를 클릭하지 않고 '마우스를 위에 놓았을때' 하이퍼링크로 연결할 수 도 있습니다.
[하이퍼링크 삽입]에서는 '기존 파일/웹 페이지'에서 '파일'을 연결할 수 있습니다.

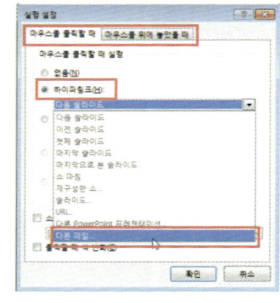 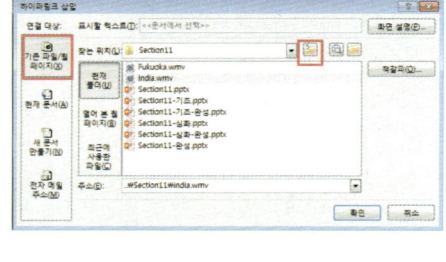

알아두기 — 가로 문서와 세로 문서의 하이퍼링크 활용

- 파워포인트는 하나의 파일에서 가로와 세로 문서를 사용할 수가 없습니다. 가로 문서와 세로 문서를 각각 작성하여 하이퍼링크로 연결할 수 있습니다.
- 또한 파일로 연결되므로 파일명이 하이퍼링크가 되고, 파일안의 슬라이드는 링크가 되지 않으므로 슬라이드를 발표 순서에 맞게 각 각 파일로 만들어 두어야 합니다.
- 첫 번째 '가로 슬라이드-1' 파일의 마지막 슬라이드에 도형을 삽입한 후 '세로 슬라이드' 문서로 하이퍼링크를 연결합니다.
- '세로 슬라이드' 문서의 마지막 슬라이드에 도형을 삽입한 후 하이더링크를 연결합니다.

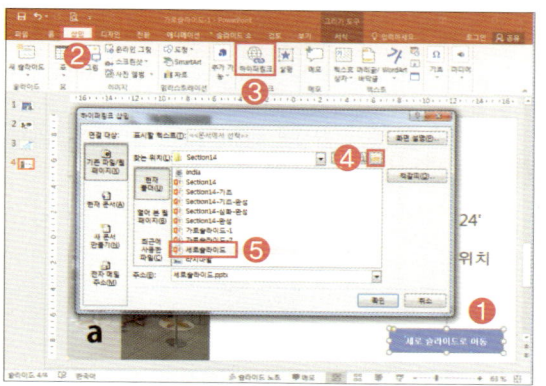 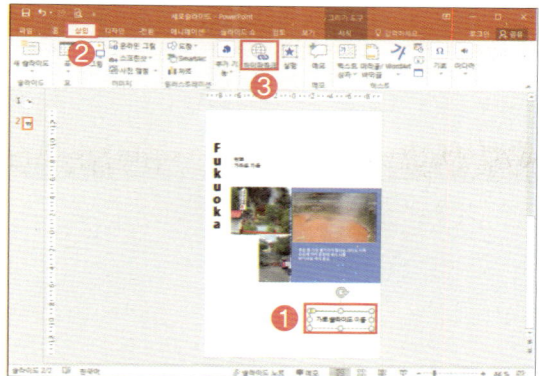

- '가로 슬라이드-2' 문서로 하이퍼링크를 연결합니다.
- '가로 슬라이드'의 슬라이드 쇼를 한 후 링크를 클릭하여 '세로 슬라이드'를 엽니다.

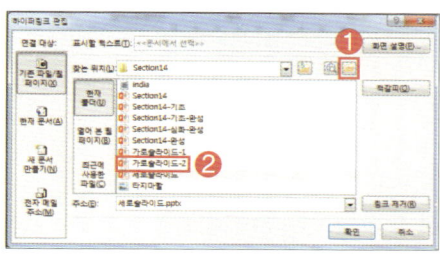 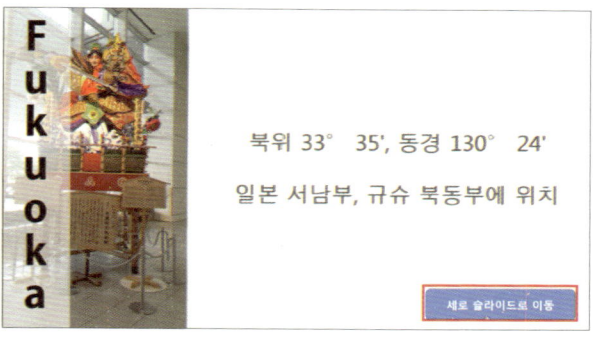

- '세로 슬라이드'의 쇼를 진행한 후 '가로 슬라이드'의 하이퍼링크를 눌러 '가로 슬라이드-2' 문서로 연결합니다.

기초문제

❖ 준비파일 : Section14-기초.pptx   ❖ 완성파일 : Section14-기초-완성.pptx

01 'Section14-기초.pptx' 문서를 열고 다음의 조건대로 작성하시오.

① 두 번째 슬라이드의 목차에 해당 하는 슬라이드를 연결하세요.
② 3번 슬라이드에 '홈' 실행 단추를 삽입한 후 'Contents' 슬라이드로 이동하는 링크를 설정하세요.

힌트
- [텍스트 선택] – [삽입] – [링크] – [하이퍼링크] – [현재 문서]
- [홈] – [그리기] – [도형] – [실행 단추] – [실행 단추 : 홈]
- [실행 설정] – [하이퍼링크] – [슬라이드] – [2.Contents]

02 'Section14-기초.pptx' 문서에 이어서 다음의 조건대로 작성하시오.

① 네 번째 슬라이드의 '사물인터넷' 텍스트에 '사물인터넷'의 지식백과 웹 사이트를 연결하세요.
② 설정된 하이퍼링크를 제거하시오.

힌트
- '사물인터넷' 검색 후 주소 복사
- [텍스트 선택] – [삽입] – [링크] – [기존 파일/웹 페이지] – [주소]란에 붙여넣기
- '사물인터넷' 텍스트 위에서 마우스 오른쪽 단추의 '하이퍼링크 제거'

심화문제

❖ 준비파일 : Section14-심화.pptx   ❖ 완성파일 : Section14-심화-완성.pptx

01 'Section14-심화.pptx' 문서를 열고 다음의 조건대로 작성하시오.

 조건

① 두 번째 슬라이드의 이미지에 'india.wmv' 동영상을 연결하세요.
② 슬라이드 쇼를 실행하여 링크를 실행하세요.

힌트
• [이미지 선택] – [삽입] – [하이퍼 링크] – [기존 파일/웹 페이지] – [찾는 위치]

02 'Section14-심화.pptx' 문서에 이어서 다음의 조건대로 작성하시오.

 조건

① 5번째 슬라이드의 '텍스트'에 '타지마할.jpg' 이미지를 연결하세요.

아름다운 타지마할

힌트
• [이미지 선택] – [삽입] – [하이퍼 링크] – [기존 파일/웹 페이지] – [찾는 위치]

Power Point 2016

SECTION 15 영화처럼 화면 전환 효과 설정하기

프레젠테이션을 할 때 부드러운 화면 전환을 사용해 자연스럽게 슬라이드와 슬라이드를 전환할 수 있습니다. 화면 전환은 다양한 유형으로 적용할 수 있으며 타이밍을 설정하여 자동으로 화면 전환을 할 수 있습니다. 각각 슬라이드에 효과를 적용하거나 모든 슬라이드에 동일한 화면 전환 효과를 설정할 수 있습니다.

PREVIEW

▲ 준비파일 : Section15.pptx 완성파일 : Section15-완성.pptx

학습내용

실습 01 화면 전환 효과 설정하기
실습 02 자동 실행 타이밍 설정

체크포인트

- 슬라이드와 슬라이드가 이동할 때 자연스러운 화면 전환 효과를 적용해 봅니다.
- 자동 실행 타이밍을 설정해 자동으로 화면 전환을 실행해 봅니다.

화면 전환 효과 설정하기

▼ 준비파일 : Section15.pptx

01 첫 번째 슬라이드를 선택한 후 [전환] 탭의 [슬라이드 화면 전환] 그룹에서 자세히(▽)를 클릭합니다.

02 [화면 전환] 목록이 펼쳐지면 '화려한 효과'의 큐브(🔲)를 선택합니다.

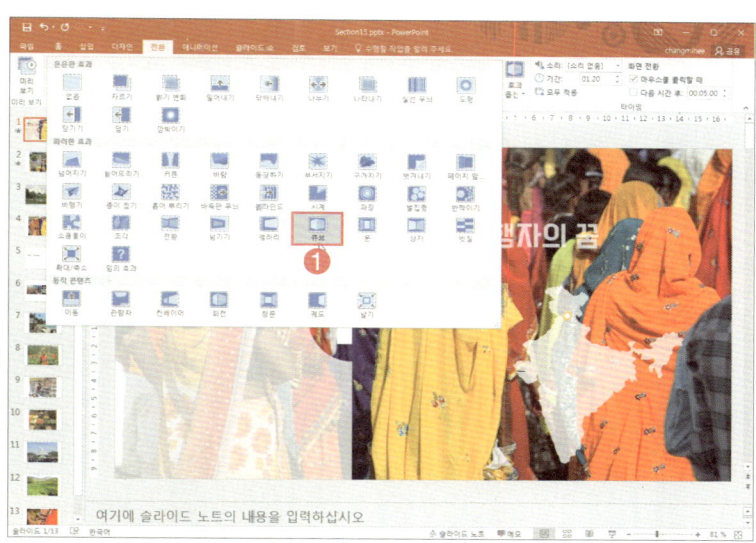

03 두 번째 슬라이드를 클릭한 후 [전환] 탭의 [슬라이드 화면 전환] 그룹에서 자세히(▽)를 클릭하여 '화려한 효과'의 상자(🔲)를 선택합니다.

04 전환 효과에 따라 효과 옵션이 달라집니다. [전환] 탭의 [슬라이드 화면 전환] 그룹에서 '효과 옵션'의 오른쪽에서( )를 선택합니다.

05 세 번째 슬라이드를 선택한 후 같은 방법으로 '화려한 효과 : 갤러리' 전환 효과를 선택합니다. 슬라이드가 실행되는 시간을 조절하기 위해 [전환] 탭의 [타이밍] 그룹에서 기간( )을 '02:00'로 설정합니다. 시간이 길수록 전환 속도가 느려집니다.

06 모든 슬라이드에 같은 '화면 전환' 효과를 넣기 위해 '화려한 효과 : 갤러리'를 선택하고 [타이밍] 그룹의 모두 적용( )을 클릭합니다. 화면 전환 효과가 적용되면 슬라이드 번호 아래에 ★ 이 표시됩니다.

자동 실행 타이밍 설정

01 화면 전환 효과를 일정한 시간에 맞춰 자동으로 실행할 수 있습니다. 슬라이드 2를 선택하고 [전환] 탭의 [타이밍] 그룹에서 '마우스를 클릭할 때' 체크를 해제하고, '다음 시간 후'를 체크한 후 시간은 '3초'로 설정합니다. 시간이 길수록 전환 속도가 느려집니다.

02 모든 슬라이드에 똑같이 적용하려면 [타이밍] 그룹의 모두 적용( )을 클릭합니다. 화면 하단의 슬라이드 쇼( )를 클릭하여 화면 전환을 확인합니다.

> Tip   F5 : 처음부터 쇼 실행
> Shift + F5 : 현재 슬라이드부터 쇼 실행

03 마우스를 클릭하지 않아도 지정된 시간이 지나면 자동으로 화면이 전환됩니다.

기초문제

❖ 준비파일 : Section15-기초.pptx   ❖ 완성파일 : Section15-기초-완성.pptx

01 'Section15-기초.pptx' 문서를 열고 다음의 조건대로 작성하시오.

조건

① 1, 3, 5 슬라이드에 '화려한 효과 : 흩어 뿌리기' 전환 효과를 설정하세요.
② 슬라이드 실행 기간을 '0.75'로 설정하세요.

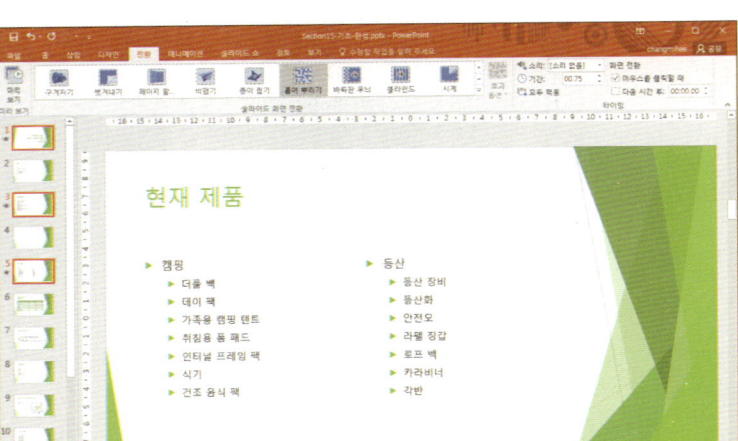

힌트
- Ctrl 을 이용하여 1, 3, 5 슬라이드 선택 – [전환] – [슬라이드 화면 전환] – [화려한 효과 : 흩어뿌리기]
- [타이밍] – [기간 : 0.75]

02 'Section15-기초.pptx' 문서에 이어서 다음의 조건대로 작성하시오.

조건

① 2, 4, 6, 7 슬라이드에 '은은한 효과 : 밀어내기' 전환 효과를 설정하세요.
② '효과 옵션 : 위에서'를 설정하세요.
③ '슬라이드 쇼' 보기로 확인하세요.

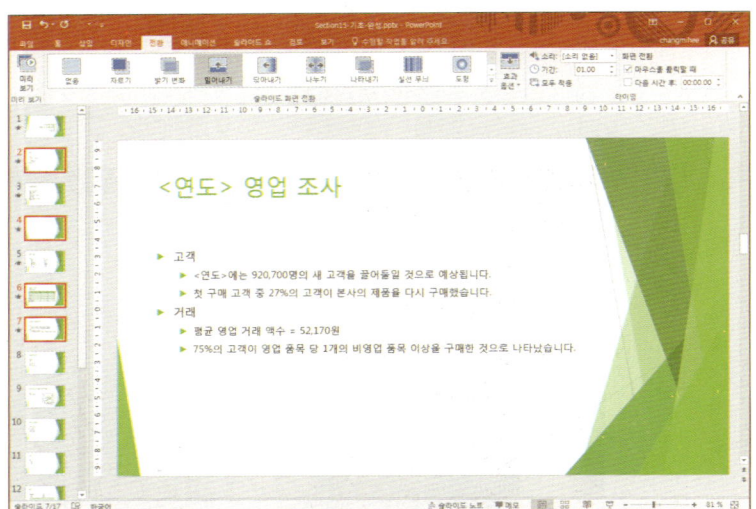

힌트
- Ctrl 을 이용하여 2, 4, 6, 7 슬라이드 선택 – [전환] – [슬라이드 화면 전환] – [은은한 효과 : 밀어내기]
- [효과 옵션] – [위에서] – [슬라이드 쇼]

심화문제

❖ 준비파일 : Section15-심화.pptx   ❖ 완성파일 : Section15-심화-완성.pptx

01 'Section15-심화.pptx' 문서를 열고 다음의 조건대로 작성하시오.

① 첫 번째 슬라이드에 '화려한 효과 : 블라인드' 전환 효과를 설정하세요.
② '효과 옵션 : 가로'를 설정하세요.
③ '슬라이드 쇼' 보기로 확인하세요

• [전환] - [슬라이드 화면 전환] - [화려한 효과 : 블라인드]
• [효과 옵션] - [가로로] - [슬라이드 쇼]

02 'Section15-심화.pptx' 문서에 이어서 다음의 조건대로 작성하시오.

① 첫 번째 슬라이드에 '동적 컨텐츠 : 컨베이어' 전환 효과를 설정하세요.
② '효과 옵션 : 왼쪽에서'를 설정하세요.
③ 슬라이드를 자동으로 화면 전환 할 수 있도록 '02:00'로 설정하세요.
④ 화면전환 효과를 모두 '없음'으로 설정하세요.

• [전환] - [슬라이드 화면 전환] - [동적 컨텐츠 : 컨베이어]
• [효과 옵션] - [왼쪽에서]
• [타이밍] - [다음 시간 후] - [02:00]
• [전환] - [슬라이드 화면 전환] - [은은한 효과 : 없음]

Power Point 2016

16 당당한 발표를 위한 슬라이드 쇼
SECTION

청중들 앞에서 프레젠테이션을 진행하기 위해 슬라이드 쇼를 표시합니다. 첫 슬라이드부터 쇼를 하거나 특정 슬라이드부터 쇼를 진행할 수 있습니다. 쇼 실행은 단축키를 이용하는 것이 효율적입니다. 발표에서 제외할 슬라이드는 숨기기를 하며, 사용자가 슬라이드를 지정하여 여러 버전으로 슬라이드를 재구성할 수 있습니다.

PREVIEW

▲ 준비파일 : Section16.pptx 완성파일 : Section16-완성.pptx

학습내용

실습 01 슬라이드 쇼와 슬라이드 재구성
실습 02 슬라이드 숨기기와 슬라이드 쇼 설정

체크포인트

● 슬라이드 쇼를 진행하고, 펜을 이용해 필기를 해봅니다.
● 필요한 부분만 슬라이드를 재구성하고 쇼 실행을 해봅니다.
● 불필요한 슬라이드는 숨기기를 해봅니다.

실습 01 슬라이드 쇼와 슬라이드 재구성

▼ 준비파일 : Section16.pptx

01 슬라이드를 발표하기 위해 [슬라이드 쇼] 탭의 [슬라이드 쇼 시작] 그룹에서 처음부터( )를 클릭합니다. 첫 번째 슬라이드부터 쇼가 진행됩니다.

Tip 슬라이드 쇼 : F5

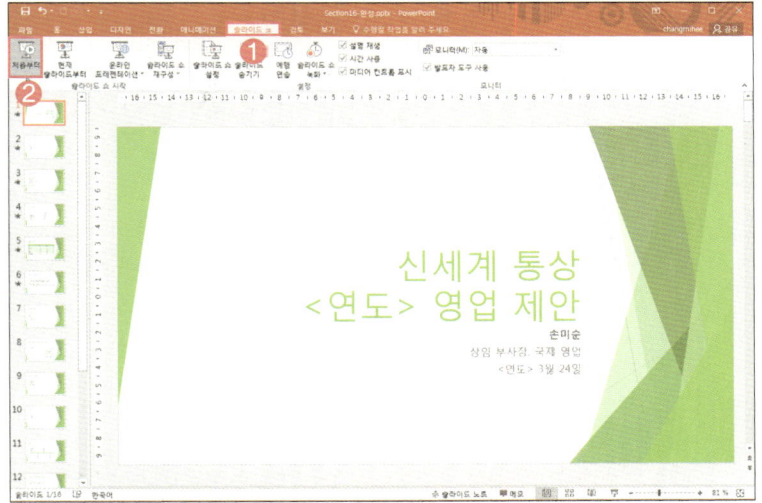

02 슬라이드 쇼가 진행되면 Enter 또는 방향 키를 이용하여 슬라이드를 넘길 수 있으며, 마우스 오른쪽 단추의 '포인터 옵션'의 '펜'을 선택하여 필기가 가능합니다.

Tip 펜 색 수정 : 슬라이드 쇼 상태에서 마우스 오른쪽 단추의 '포인터 옵션'의 '잉크색'에서 바꿀 수 있습니다.

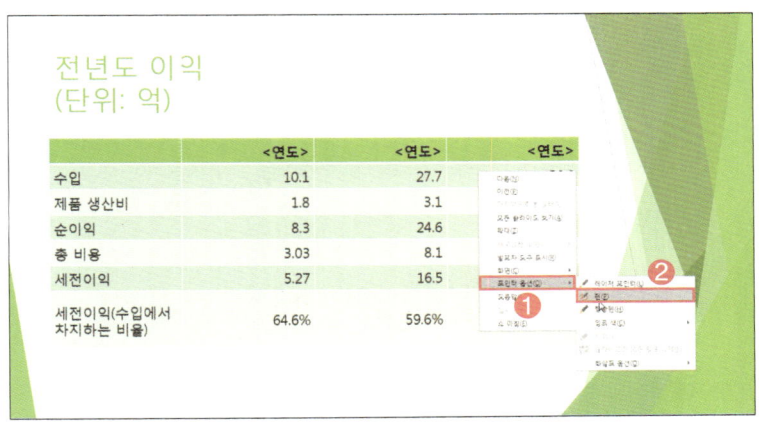

03 중요한 부분은 펜으로 표시할 수 있습니다. 모든 슬라이드 쇼가 끝나면 '잉크 주석을 유지하겠습니까?'라는 메시지가 나옵니다. '예'를 누릅니다.

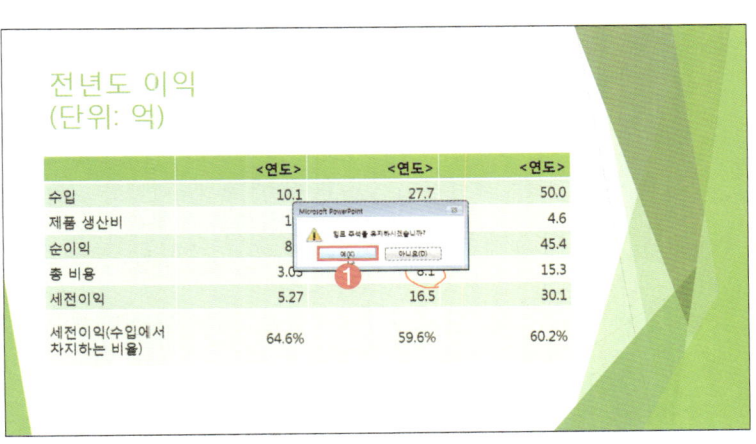

04 슬라이드 편집 창에 '잉크 주석'이 남습니다. 잉크 주석을 지울 때는 잉크 주석을 클릭하여 선택한 후 Del 을 누릅니다.

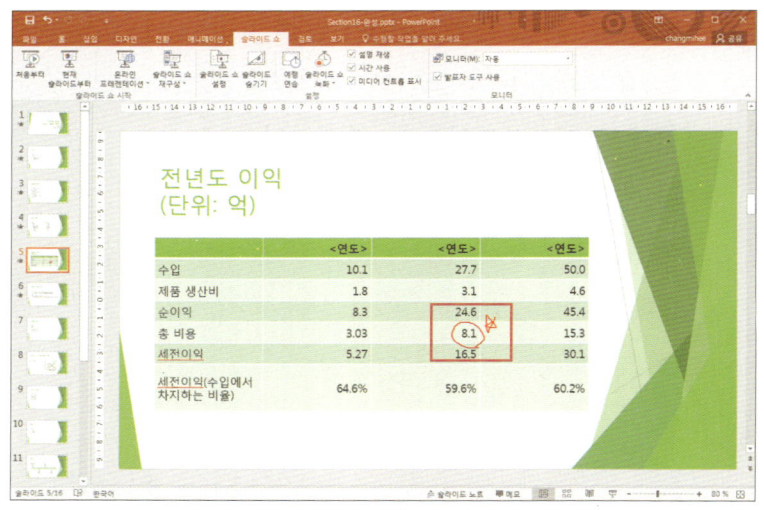

05 특정한 슬라이드부터 다시 쇼를 시작하려면 [슬라이드 쇼] 탭의 [슬라이드 쇼 시작] 그룹에서 현재 슬라이드부터(🖥)를 클릭합니다. 현재 선택된 슬라이드부터 쇼가 진행됩니다.

Tip 슬라이드 쇼 : Shift + F5

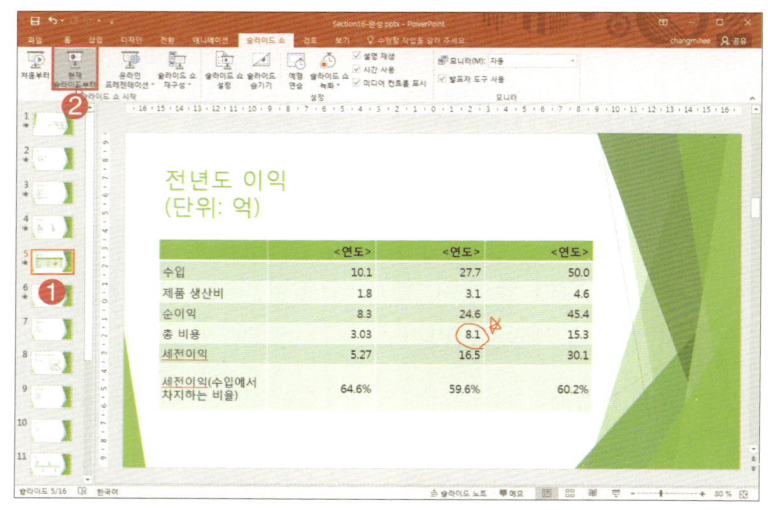

06 슬라이드를 필요한 부분만 저장하여 재구성할 수 있습니다. [슬라이드 쇼] 탭의 [슬라이드 쇼 시작] 그룹에서 슬라이드 쇼 재구성(🖥) - [쇼 재구성]을 클릭합니다. [쇼 재구성] 대화상자에서 '새로 만들기'를 클릭합니다.

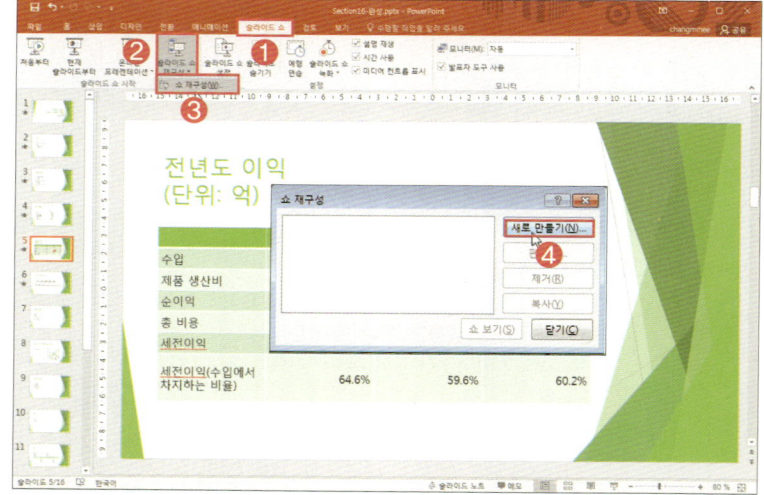

Section 16 | 당당한 발표를 위한 슬라이드 쇼

07 [쇼 재구성 하기] 대화상자가 열리면 '슬라이드 쇼 이름'에 '1차 발표'를 입력합니다. '프레젠테이션에 있는 슬라이드'에서 재 구성할 슬라이드에 체크한 후 [추가]를 누릅니다. '재 구성한 쇼에 있는 슬라이드'에 추가되면 [확인]을 클릭합니다.

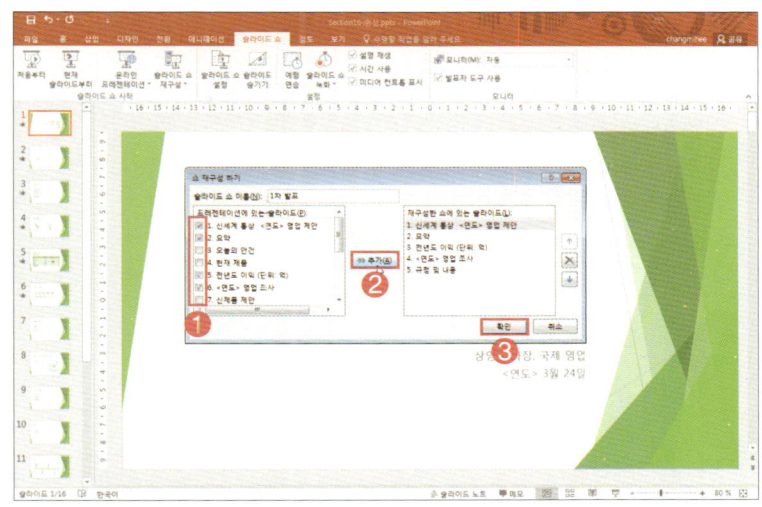

08 [쇼 재구성] 대화상자에서 '1차 발표'를 선택한 후 '쇼 보기'를 클릭합니다. 재구성한 슬라이드만 슬라이드 쇼가 진행됩니다. Esc 를 눌러 슬라이드 쇼를 마칩니다.

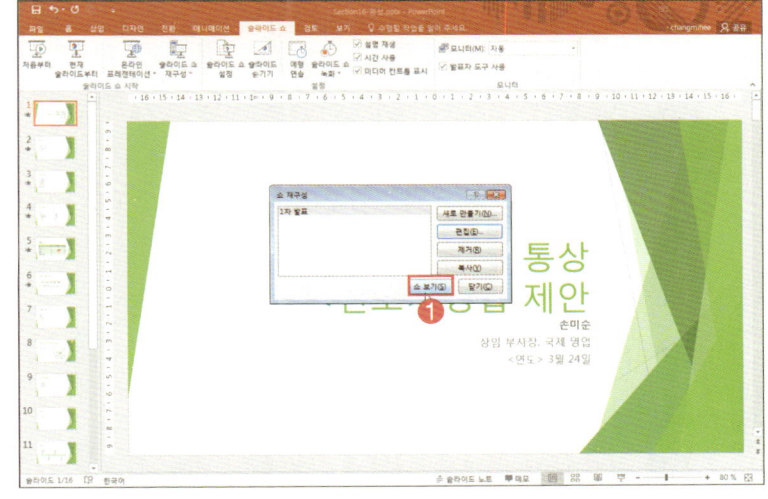

09 여러 개의 슬라이드를 재구성을 해두었다면 [슬라이드 쇼 재구성]의 재구성 목록에서 목록을 선택하여 슬라이드 쇼 할 수 있습니다. 슬라이드 쇼 재구성을 활용하면 하나의 파일에 여러 버전의 발표자료를 만들어 사용하면 효율적입니다.

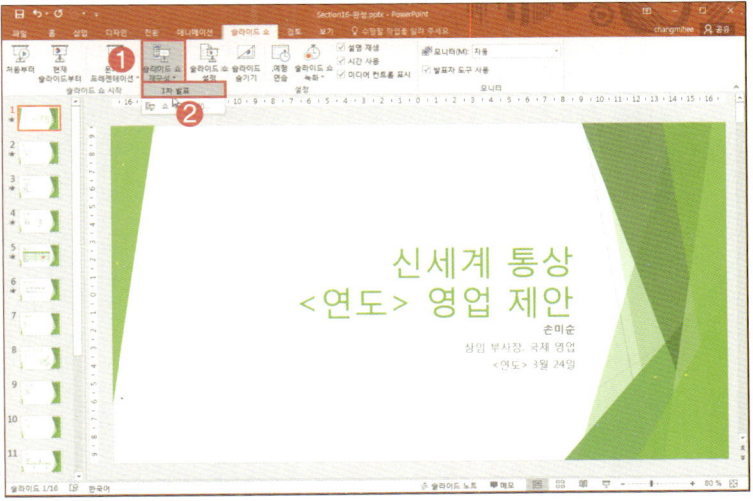

실습 02 슬라이드 숨기기와 슬라이드 쇼 설정

01 슬라이드에서 불필요한 슬라이드는 감추기를 할 수 있습니다. 슬라이드 오른쪽 하단의 여러 슬라이드 보기()를 클릭합니다.

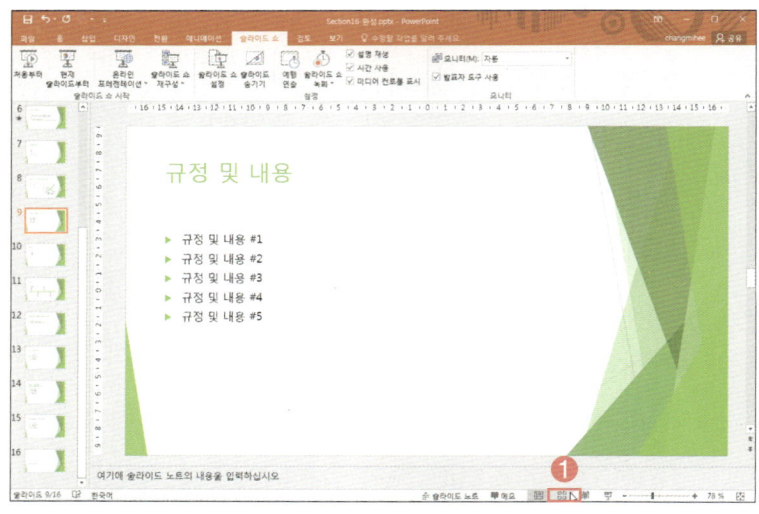

02 여러 슬라이드 보기를 하면 슬라이드가 펼쳐집니다. 숨기기할 슬라이드를 `Ctrl`을 누르고 선택합니다. 슬라이드가 선택되면 [슬라이드 쇼] 탭의 [설정] 그룹에서 슬라이드 숨기기(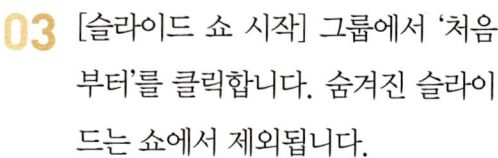)를 클릭합니다. 숨겨진 슬라이드 번호에는 그림처럼 ⊠ 로 바뀝니다.

> **Tip** 여러 슬라이드의 선택을 취소할 때는 `Ctrl`을 누른 채 다시 한번 클릭하면 선택이 해제됩니다.

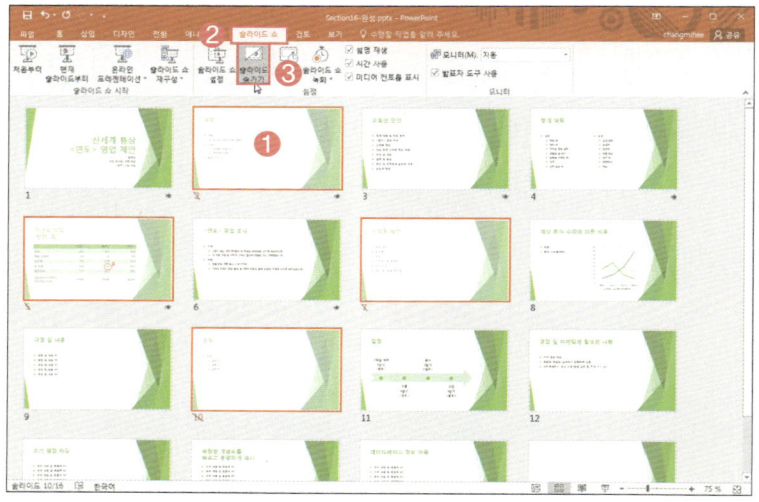

03 [슬라이드 쇼 시작] 그룹에서 '처음부터'를 클릭합니다. 숨겨진 슬라이드는 쇼에서 제외됩니다.

> **Tip** 슬라이드 숨기기를 취소하려면 슬라이드 숨기기(⊠)를 클릭합니다.

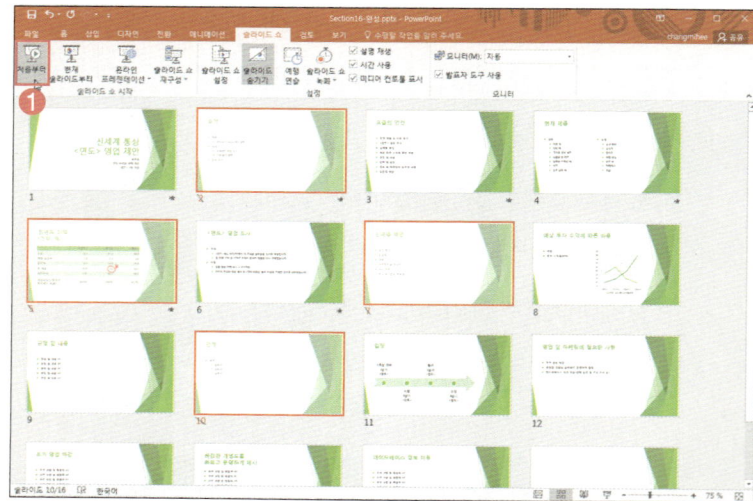

Section 16 | 당당한 발표를 위한 슬라이드 쇼

04 슬라이드 쇼를 진행할때 특정한 슬라이드 구간만큼만 슬라이드 쇼 진행이 가능합니다. [슬라이드 쇼] 탭의 [설정] 그룹에서 슬라이드 쇼 설정(⬚)을 클릭합니다. 애니메이션 없이 쇼 보기를 하기 위해 [쇼 설정] 대화상자에서 '애니메이션 없이 보기'에 체크합니다. 특정 슬라이드 구간만 설정하기 위해 [슬라이드 표시]의 '시작'에서 '4 ~ 13'까지 설정한 후 [확인]을 누릅니다.

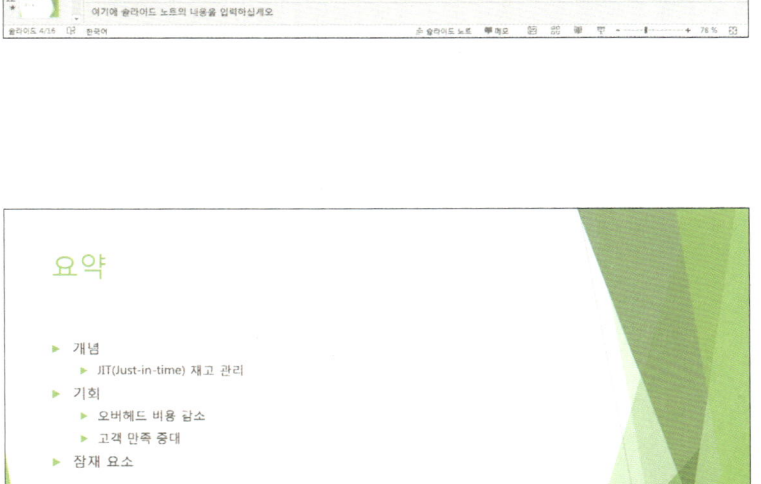

05 선택한 구간의 슬라이드만 슬라이드 쇼가 진행됩니다.

06 재 구성한 쇼도 설정이 가능합니다. [슬라이드 쇼 설정]의 [쇼 설정] 대화상자에서 '재구성한 쇼'의 목록에서 '1차 발표'를 선택한 후 [확인]을 클릭합니다. '슬라이드 쇼'를 진행하면 '재 구성' 슬라이드만 진행됩니다.

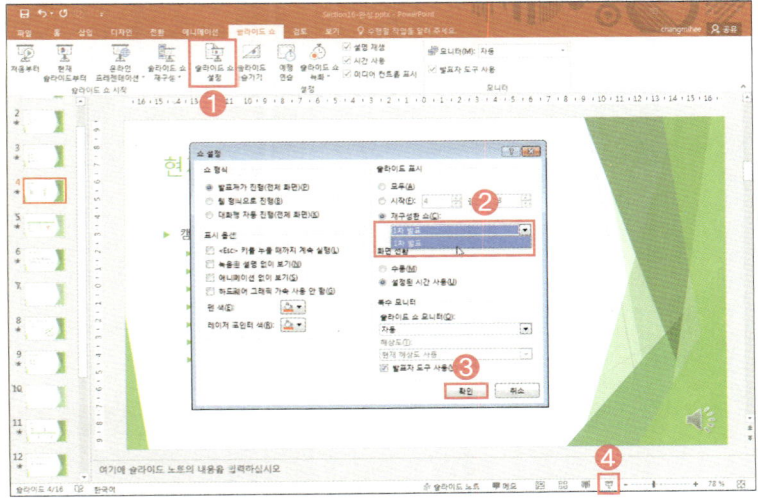

기초문제

❖ 준비파일 : Section16-기초.pptx

01 'Section16-기초.pptx' 문서를 열고 다음의 조건대로 작성하시오.

① 처음부터 슬라이드 쇼를 진행하세요.
② 형광 펜으로 '사물 인터넷' 영역을 표시하세요.

, 모든 것을 연결한다.

힌트
- [슬라이드 쇼] – [슬라이드 쇼 시작] – [처음부터]
- [포인트 옵션] – [형광 펜]

02 'Section16-기초.pptx' 문서에 이어서 다음의 조건대로 작성하시오.

① 단축 키를 이용하여 5번 슬라이드 부터 쇼를 진행하세요.
② 슬라이드 쇼 시작화면을 '흰색'으로 변환 후 쇼를 실행하세요.

IoT 시스템이란?

☐ 사물인터넷
   ① 사물과 사물 또는 사람과 사물이 네트워크로 서로 연결되어 사물간 정보를 공유하는 것
   ② 가전제품, 헬스케어, 스마트홈등에 다양하게 사용되는 등 실생활에 적용된 사례가 많아짐

힌트
- 5번 슬라이드 선택 – Shift + F5
- 한/영 키 전환 후 W를 누름

심화문제

❖ 준비파일 : Section16-심화.pptx, 완성파일 : Section16-심화-완성.pptx.

01 'Section16-심화.pptx' 문서를 열고 다음의 조건대로 작성하시오.

 조건

① 슬라이드 쇼를 재구성 해보세요.
  〈재구성 조건〉
  5월 발표 : 슬라이드 5, 6, 10, 11, 12
  8월 발표 : 슬라이드 14, 15, 16, 17
② 1, 2, 4, 6 슬라이드를 숨기세요.

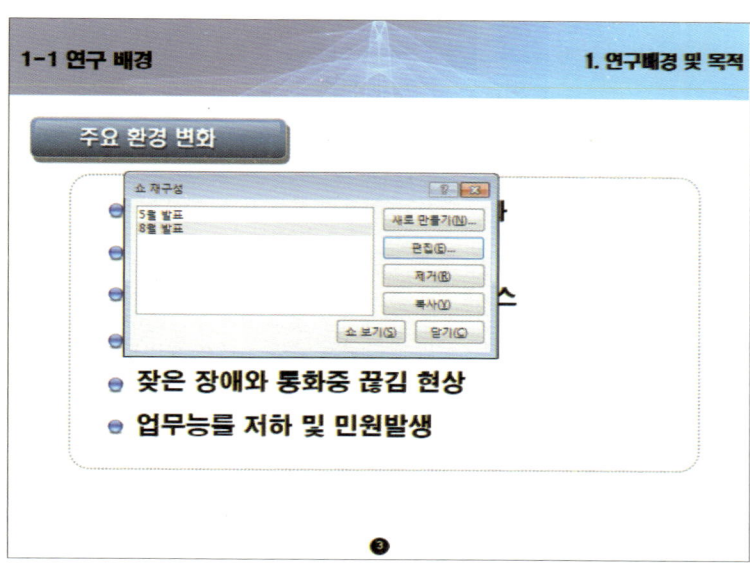

힌트
- [슬라이드 쇼] – [슬라이드 쇼 시작] – [슬라이드 쇼 재구성]
- [슬라이드 선택] – [설정] – [슬라이드 숨기기]

02 'Section16-심화.pptx' 문서에 이어서 다음의 조건대로 작성하시오.

 조건

① '8월 발표'만 '애니메이션 없이' 슬라이드 쇼를 할 수 있도록 '슬라이드 쇼 설정'을 하세요.
② '쇼 실행'을 하세요.

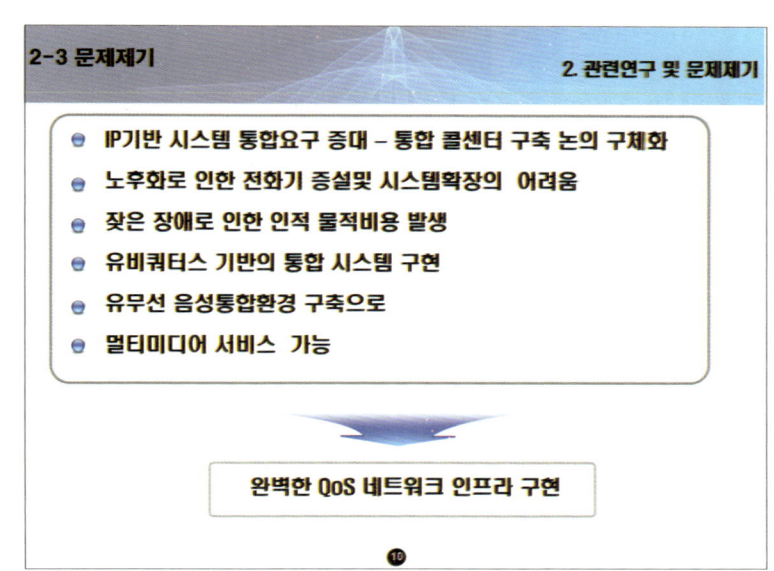

힌트
- [슬라이드 쇼] – [설정] – [슬라이드 쇼 설정]
- 재구성한 쇼 : 8월 발표
- 표시 옵션 : 애니메이션 없이 보기

Power Point 2016

SECTION 17 자동 실행 슬라이드 쇼와 리허설

발표 준비를 할 때 가장 중요한 것은 타이밍입니다. 주어진 시간에 실수 없이 발표를 하기 위해서는 리허설이 가장 중요합니다. 각 슬라이드에 맞게 시간을 분배하고 슬라이드 쇼를 준비하거나 자동으로 실행하는 슬라이드를 만들 수도 있습니다. PC와 빔 프로젝트가 연결된 경우 발표자 도구를 이용하여 원고와 함께 발표를 할 수 있습니다.

PREVIEW

▲ 준비파일 : Section17.pptx 완성파일 : Section17-완성.pptx

학습내용

실습 01 슬라이드 예행 연습과 자동 실행 저장
실습 02 슬라이드 발표자 도구

체크포인트

● 슬라이드 쇼를 예행 연습하고 각 시간을 설정해 봅니다.
● 자동으로 실행하는 쇼 실행을 저장해 봅니다.
● 발표자 도구를 이용해 슬라이드 원고와 쇼 실행을 함께 해봅니다.

슬라이드 예행 연습과 자동 실행 저장

▼ 준비파일 : Section17.pptx

01 첫 번째 슬라이드를 선택한 후 [슬라이드 쇼] 탭의 [설정] 그룹에서 예행 연습(🕒)을 클릭합니다.

02 프레젠테이션이 진행되면서 화면 왼쪽 상단에 '녹화' 상자가 표시되며 시간이 기록됩니다. 실제 프레젠테이션을 연습하면서 '방향키' 또는 Enter를 눌러 화면을 넘깁니다.

03 마지막 슬라이드까지 예행 연습이 끝나면 '슬라이드 쇼에 걸린 시간'을 저장할 것인지 묻습니다. '예'를 클릭합니다.

파워포인트 2016

04 화면 하단의 여러 슬라이드(🔳)를 클릭합니다. 각 슬라이드에 예행 연습에서 사용한 시간이 표시됩니다. 실제 프레젠테이션을 연습하면서 각 슬라이드에 필요한 시간 관리를 할 수 있습니다. 전체 시간이 맞지 않는다면 다시 '예행 연습'을 새로 시작할 수 있습니다.

05 예행 연습 시간이 기록된 슬라이드를 자동으로 시작되는 슬라이드로 실행되게 하기 위해 [슬라이드 쇼] 탭의 [설정] 그룹에서 슬라이드 쇼 설정(🖳)을 클릭합니다. [쇼 설정] 대화상자에서 '대화형 자동 진행'을 선택한 후 [확인]을 클릭합니다. F5를 눌러 쇼를 진행합니다. 설정된 시간이 지나면 자동으로 슬라이드가 전환됩니다.

06 예행 연습 시간이 기록되어 슬라이드가 자동으로 전환됩니다. 사용자가 직접 슬라이드를 전환하기 위해 [슬라이드 쇼] 탭의 [설정] 그룹의 '시간 사용'의 체크를 해제합니다. 시간은 기록되었으나 자동으로 전환되는 것을 막을 수 있습니다.

> **Tip** 슬라이드에 사용된 시간을 모두 삭제하려면 [슬라이드 쇼] – [슬라이드 쇼 녹화] – [지우기] – [모든 슬라이드 타이밍 지우기]를 클릭하세요.

 ## 슬라이드 발표자 도구

01 프레젠테이션을 할 때 빔 프로젝트를 연결한 경우 컴퓨터에는 발표자 도구를 표시하고 빔 프로젝트에는 슬라이드 쇼를 진행할 수 있습니다. [슬라이드 쇼] 탭의 [모니터] 그룹에서 '발표자 도구 사용'에 체크를 합니다. F5 를 눌러 프레젠테이션을 실행합니다.

02 모니터에는 왼쪽의 그림처럼 슬라이드 노트와 슬라이드 쇼가 표시되는 발표자 도구가 표시되며, 빔 프로젝트에는 슬라이드 쇼만 표시됩니다.

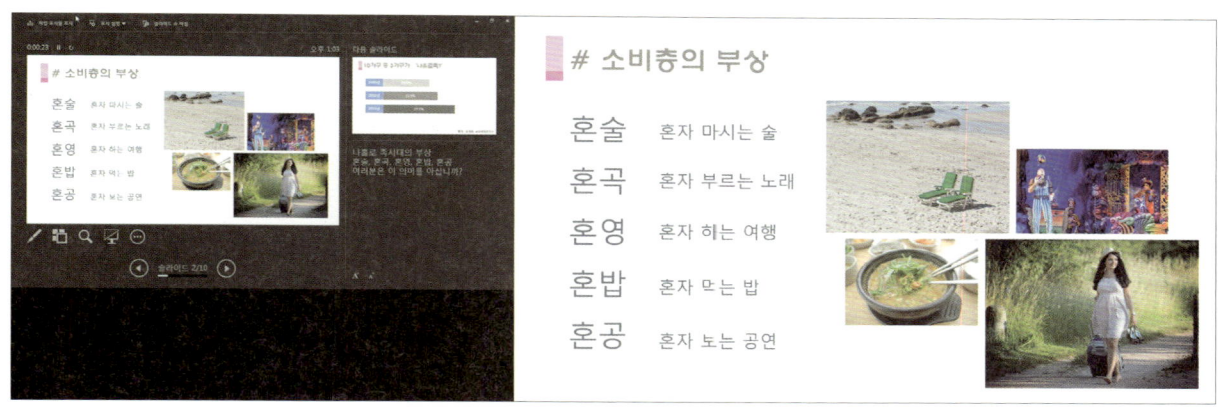

03 컴퓨터만 연결된 경우 발표자 도구를 표시하려면 F5 를 눌러 쇼를 실행한 후 마우스 오른쪽 단추를 눌러 '발표자 도구 표시'를 선택합니다. 슬라이드 쇼가 발표자 도구로 전환됩니다.

Tip [슬라이드 쇼 설정]이 '대화형 자동 진행'으로 설정되면 명령 실행이 되지 않습니다. '발표자가 진행(전체 화면)'으로 설정하세요.

기초문제

❖ 준비파일 : Section17-기초.pptx ❖ 완성파일 : Section17-기초-완성.pptx

01 'Section17-기초.pptx' 문서를 열고 다음의 조건대로 작성하시오.

조건

① 슬라이드의 '예행 연습'을 실행하세요.
② 예행 연습한 시간을 저장하세요.

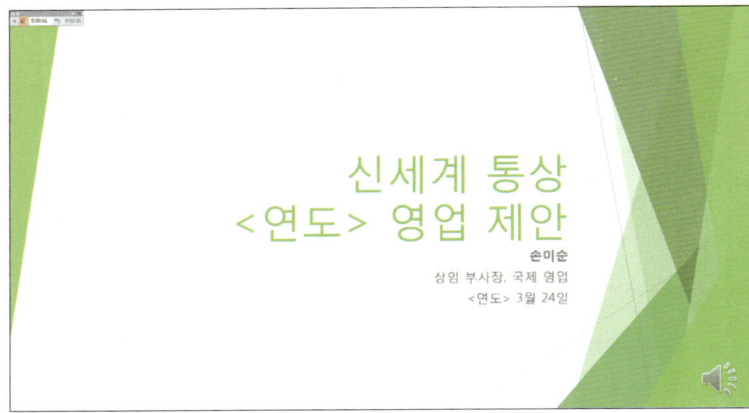

힌트
- [슬라이드 쇼] – [설정] – [예행 연습]

02 'Section17-기초.pptx' 문서에 이어서 다음의 조건대로 작성하시오.

조건

① '1, 5, 7, 8' 슬라이드를 숨기세요.
② 자동으로 실행하는 프레젠테이션으로 설정하시오.

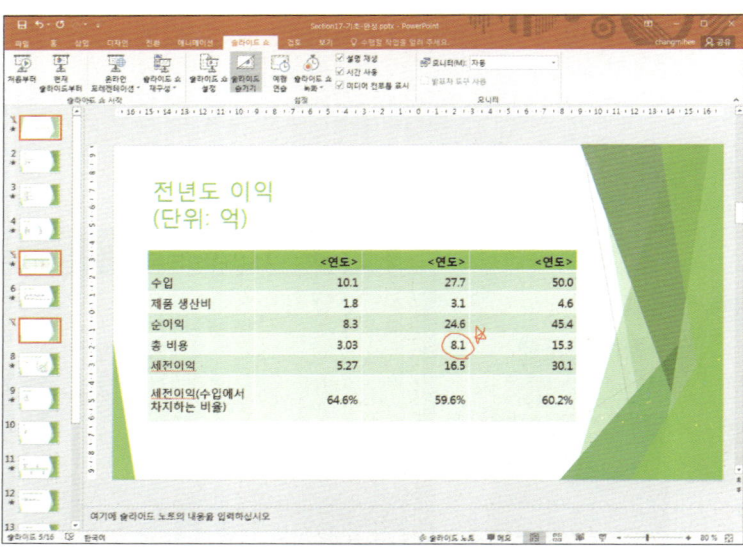

힌트
- '1, 5, 7슬라이드 선택 – [슬라이드 쇼] – [설정] – [슬라이드 숨기기]
- [슬라이드 쇼] – [설정] – [슬라이드 쇼 설정] – '대화형 자동 진행(전체 화면)'

심화문제

❖ 준비파일 : Section17-심화.pptx ❖ 완성파일 : Section17-심화-완성.pptx

01 'Section17-심화.pptx' 문서를 열고 다음의 조건대로 작성하시오.

① 모든 슬라이드의 전환 효과를 '밝기 변화'로 설정하세요.
② 모든 슬라이드의 전환 시간을 '4초'로 적용하세요.

힌트
- [전환] – [슬라이드 화면 전환] – '밝기 변화'
- [전환] – [타이밍] – '다음 시간 후 : 4'

02 'Section17-심화.pptx' 문서에 이어서 다음의 조건대로 작성하시오.

① 1번 슬라이드에 'Rock_a_bye_Baby.mp3'를 삽입하고, '백그라운드에서 재생' 설정을 하세요.
② 발표자 도구를 사용하여 슬라이드 쇼를 진행하세요.
③ 자동으로 실행하는 프레젠테이션으로 파워포인트가 없어도 실행할 수 있는 '인도여행' 파일이름의 '파워포인트 쇼' 파일로 저장하세요.

힌트
- [삽입] – [오디오] – [오디오 도구] – [재생] – '백그라운드에서 재생'
- [슬라이드 쇼] – [설정] – [슬라이드 쇼 설정]
- [파일] – [내보내기] – [파일 형식 변경] – [PowerPoint 쇼 (*.ppsx) 저장

Power Point 2016

SECTION 18
제작 시간을 단축시키는 슬라이드 마스터

슬라이드 마스터는 모든 슬라이드에 반복적으로 디자인 되는 배경, 글꼴, 개체 크기와 위치 및 효과 등을 한꺼번에 지정하여 작업시간을 단축할 수 있습니다. 슬라이드 디자인의 공통으로 삽입되는 부분을 한 번의 서식으로 효율적으로 디자인을 설계하여 쉽게 수정, 편집이 가능합니다. 전체 슬라이드에 한꺼번에 서식을 지정할 수도 있으며 개별 슬라이드와 사용자가 원하는 레이아웃을 설정할 수 도 있습니다.

PREVIEW

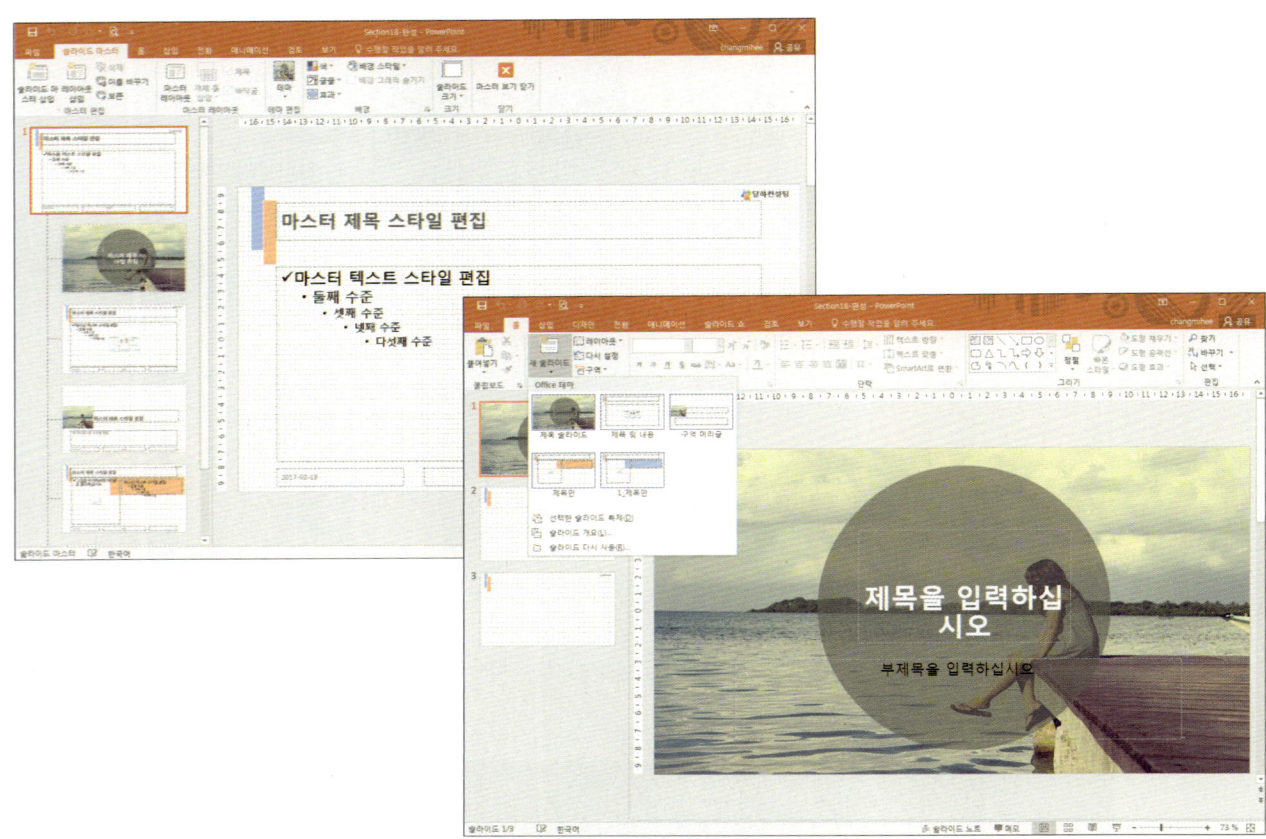

▲ 완성파일 : Section18-완성.pptx

학습내용

- 실습 01 동일한 양식 설정과 로고 넣기
- 실습 02 제목 슬라이드와 개별 슬라이드 디자인
- 실습 03 내맘대로 꾸미는 사용자 지정 마스터
- 실습 04 서식 파일 저장과 불러오기

체크포인트

- 모든 슬라이드에 동일한 양식을 설정해 봅니다.
- 개별 레이아웃에 다른 디자인을 설정해 봅니다.
- 필요없는 슬라이드는 삭제하고 원하는 레이아웃에 필요한 개체를 설정해 봅니다.

실습 01 동일한 양식 설정과 로고 넣기

01 새 프레젠테이션을 열기 한 후 [보기] 탭의 [마스터 보기] 그룹에서 슬라이드 마스터(□)를 클릭하여 '슬라이드 마스터'로 이동합니다.

> Tip Shift 를 누르고 오른쪽 화면 하단의 '기본 보기'를 클릭해도 마스터로 전환됩니다.

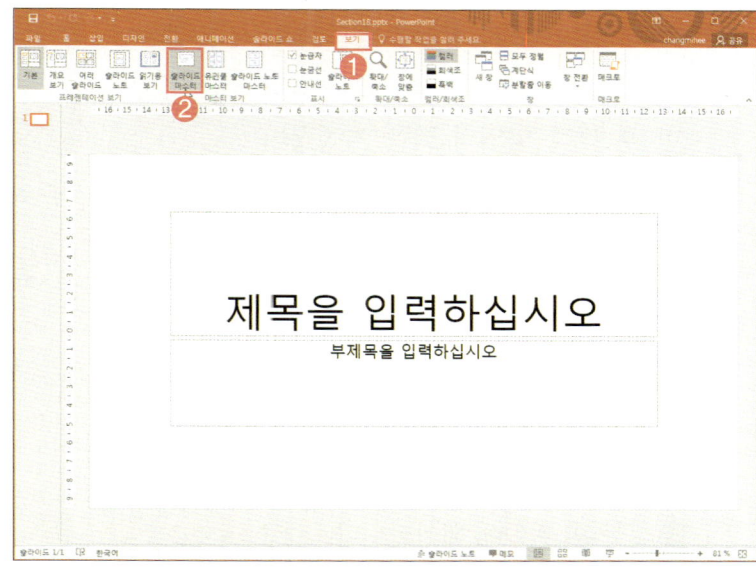

02 모든 슬라이드에 동일한 배경을 설정하기 위해 왼쪽의 '1 office 테마 슬라이드 마스터'를 클릭합니다. [슬라이드 마스터] 탭의 [배경] 그룹에서 '배경'의 자세히(☞)를 클릭합니다.

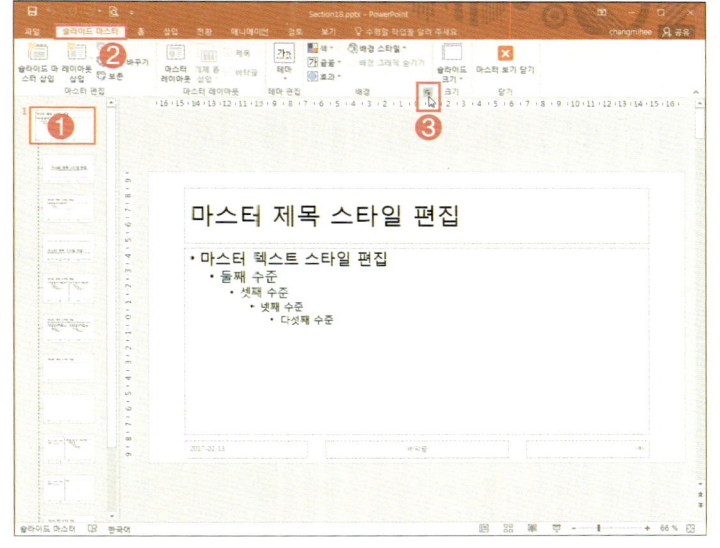

03 오른쪽 '배경 서식' 창의 '패턴 채우기'에서 '넓은 눈금'을 선택하고, 전경색(☆▼)을 '흰색, 배경1, 15% 더 어둡게'를 선택합니다. '배경 서식' 창의 ⨯ 를 눌러 창을 닫습니다. office 테마 슬라이드 마스터와 함께 모든 슬라이드에 배경이 적용됩니다.

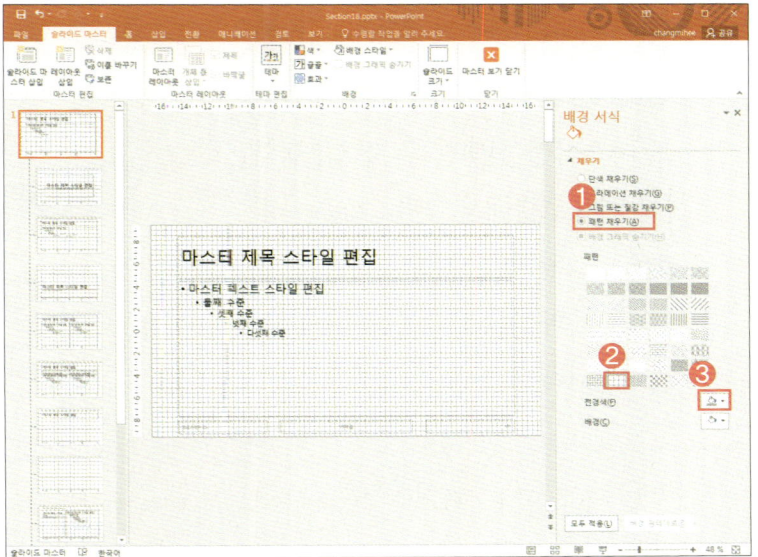

04 왼쪽의 '1 office 테마 슬라이드 마스터'의 슬라이드에 '사각형'을 삽입한 후 각각 임의의 색을 지정합니다. '마스터 제목 스타일 편집' 제목 개체 틀을 선택한 후 [홈] 탭의 [글꼴] 그룹에서 '글꼴 : 맑은 고딕'과 '글꼴 크기 : 32pt', '진하게', '글꼴 색 : 검정, 텍스트1, 35% 더 밝게'를 지정합니다. 제목 개체틀의 크기를 조절한 후 위쪽에 배치합니다.

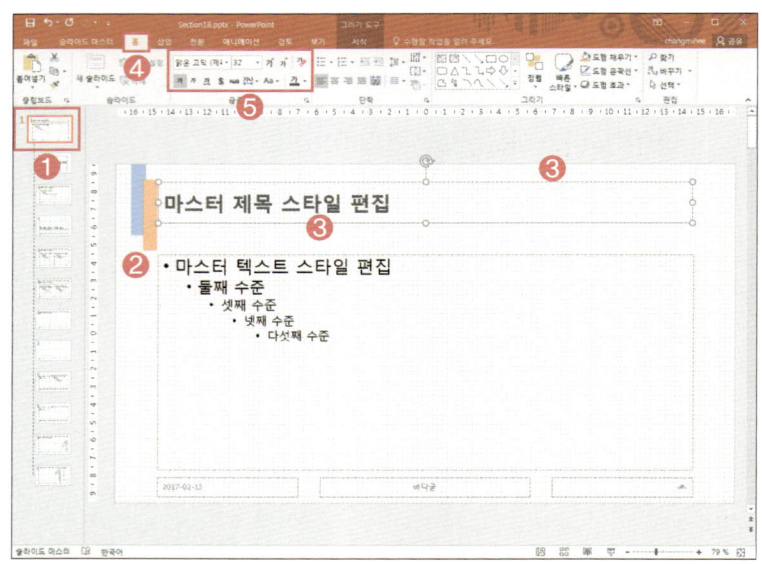

05 내용 개체 틀의 첫 번째 단락을 드래그하여 영역을 설정한 후 [홈] 탭의 [단락] 그룹의 '글머리 기호 : 대조표 글머리 표'를 선택합니다. 두 번째 단락 수준도 글꼴을 조절합니다.

> **Tip** 슬라이드 마스터에서 텍스트가 입력되는 개체 틀의 글꼴과 단락을 미리 설정하면 모든 슬라이드의 개체 틀이 동일하게 적용되어 슬라이드 작성 시 텍스트의 글꼴과 단락을 설정하지 않아도 됩니다.

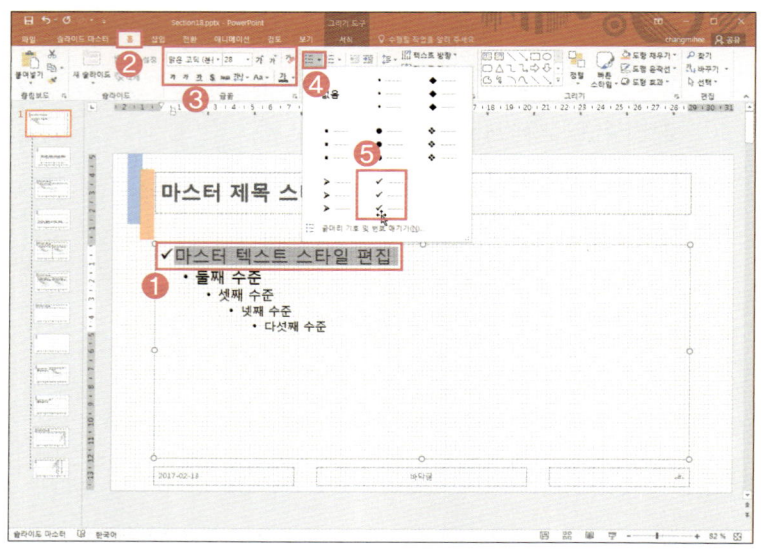

06 모든 슬라이드에 로고를 삽입하기 위해 왼쪽의 '1 office 테마 슬라이드 마스터'를 선택한 후 [삽입] 탭의 [이미지] 그룹에서 그림(🖼)을 클릭한 후 [그림 삽입] 대화상자에서 '로고. png' 파일을 선택한 후 [삽입]을 클릭합니다.

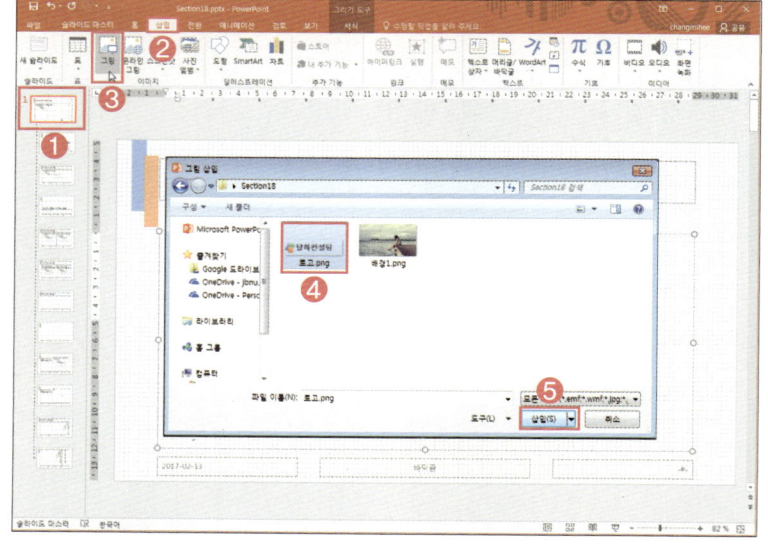

Section 18 | 제작 시간을 단축시키는 슬라이드 마스터

07 삽입된 로고의 크기를 조절한 후 오른쪽 상단으로 드래그하여 위치를 조절합니다. 모든 슬라이드의 오른쪽 상단에 로고가 모두 삽입되었습니다.

> **Tip** 슬라이드 마스터에서 입력된 로고의 위치나 크기를 바꾸려면 [슬라이드 마스터]에서 수정합니다.

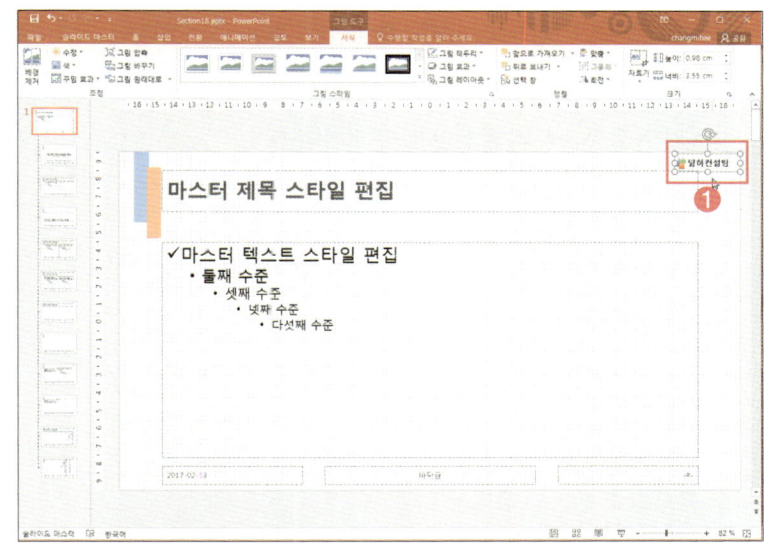

08 마스터를 종료하고 편집 상태로 돌아가려면 [슬라이드 마스터] 탭의 [닫기] 그룹에서 마스터 보기 닫기(X)를 클릭합니다.

> **Tip** 오른쪽 하단의 '기본 보기 回 品 圓 早'를 클릭하면 편집 슬라이드로 전환 됩니다.

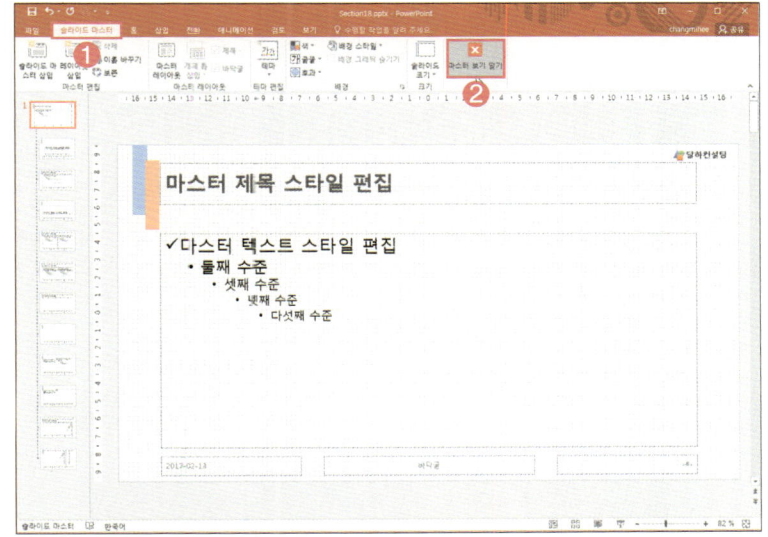

09 슬라이드 삽입합니다. [홈] 탭의 [슬라이드] 그룹의 '새 슬라이드'를 클릭하면 슬라이드 마스터에서 설정한 디자인이 적용되었습니다.

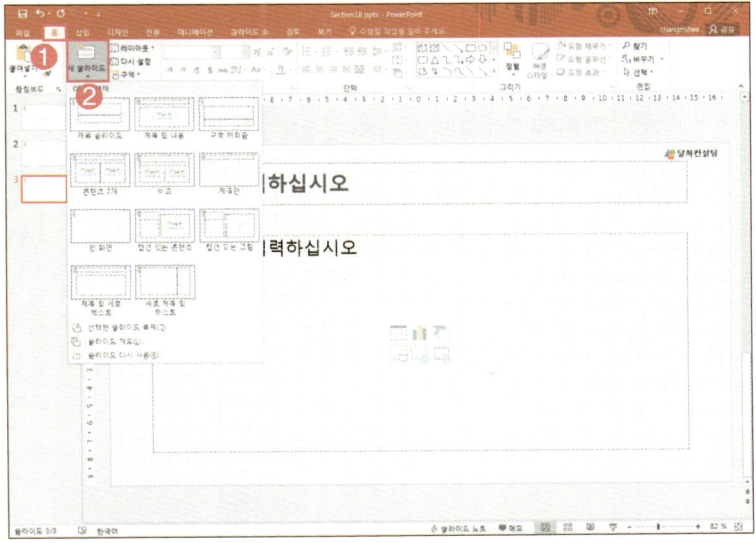

실습 02 | 제목 슬라이드와 개별 슬라이드 디자인

01 개별 슬라이드의 디자인을 할 수 있습니다. 제목 슬라이드를 별도로 디자인을 하기 위해 [보기] 탭의 [마스터 보기] 그룹에서 슬라이드 마스터(□)를 클릭합니다.

> Tip Shift + 기본 보기

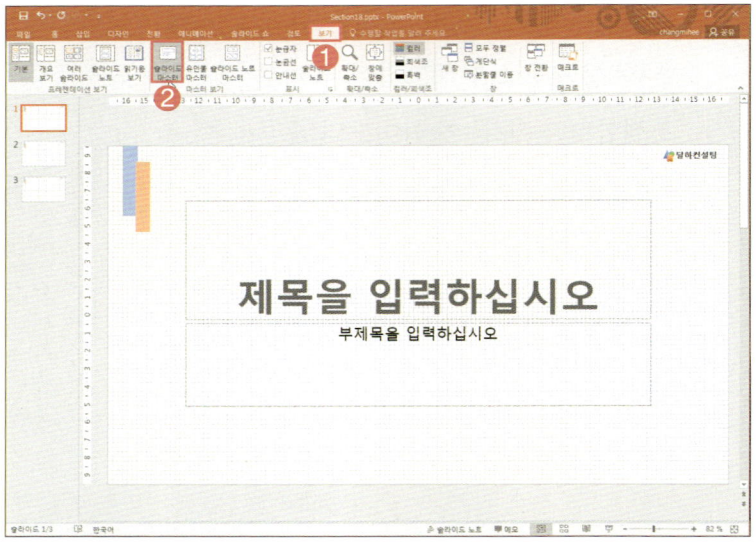

02 슬라이드 마스터로 전환이 되면 '제목 슬라이드 레이아웃' 선택한 후 [슬라이드 마스터] 탭의 [배경] 그룹에서 자세히(□)를 클릭합니다.

> Tip 모든 슬라이드에 동일한 디자인을 할때에는 '1 office 테마 슬라이드 마스터'의 슬라이드에서 디자인을 하고, 개별 디자인을 할 때에는 '테마 슬라이드' 하위에 있는 레이아웃에서 작성합니다.

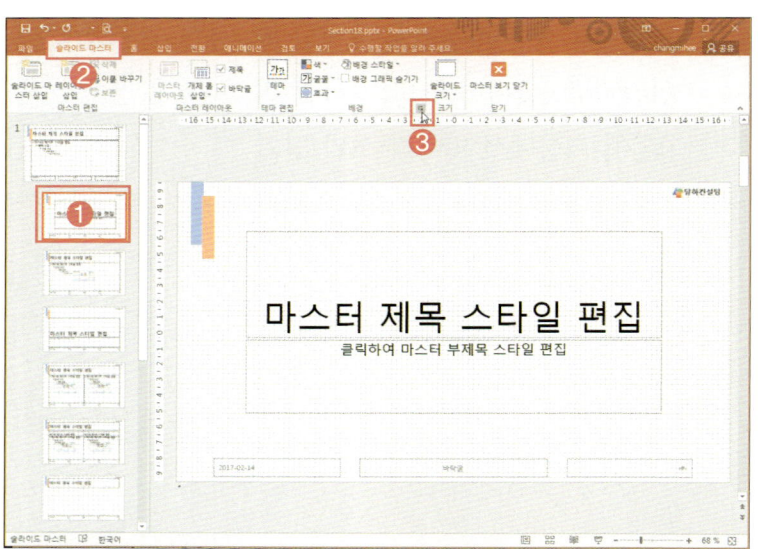

03 오른쪽 '배경 서식' 창에서 '그림 또는 질감 채우기'를 선택하고 '파일'을 클릭하여 '배경1.png' 파일을 더블클릭하거나 [삽입]을 누릅니다.

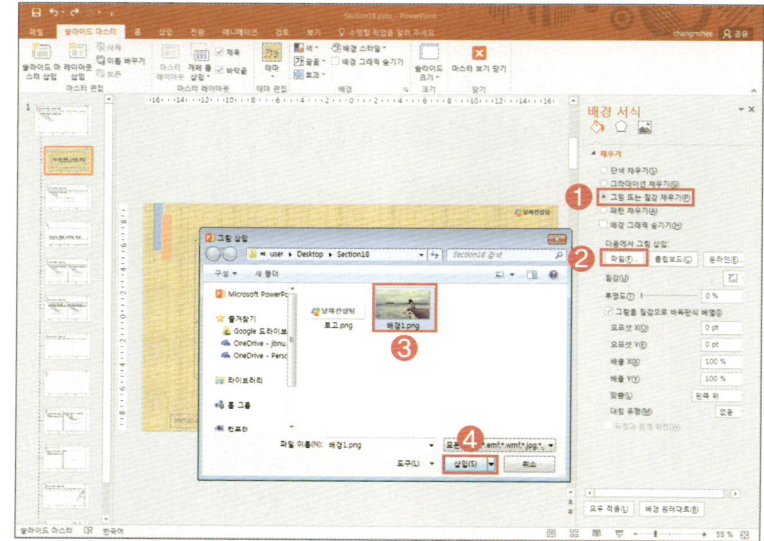

Section 18 | 제작 시간을 단축시키는 슬라이드 마스터

04 '제목 슬라이드 레이아웃'만 배경그림이 삽입됩니다. '제목 슬라이드'의 'Office 테마 슬라이드'에서 삽입한 도형과 로고를 삭제하기 위해 '제목 슬라이드 레이아웃'을 클릭한 후 [슬라이드 마스터] 탭의 [배경] 그룹의 '배경 그래픽 숨기기'를 클릭합니다.

Tip 'Office 테마 슬라이드' 하단의 레이아웃은 각 각 개별 디자인이 가능합니다.

05 제목 슬라이드의 중앙에 [홈] 탭의 [그리기] 그룹에서 타원을 선택하여 Shift 를 누르고 '타원'을 드래그하여 삽입합니다. 오른쪽의 '도형 서식' 창에서 '채우기'의 '단색 채우기 : 검정, 텍스트1, 35% 더 밝게'를 선택하고 '투명도'를 배경에 맞게 조절한 후, '선 : 선 없음'을 선택합니다. 창을 닫습니다.

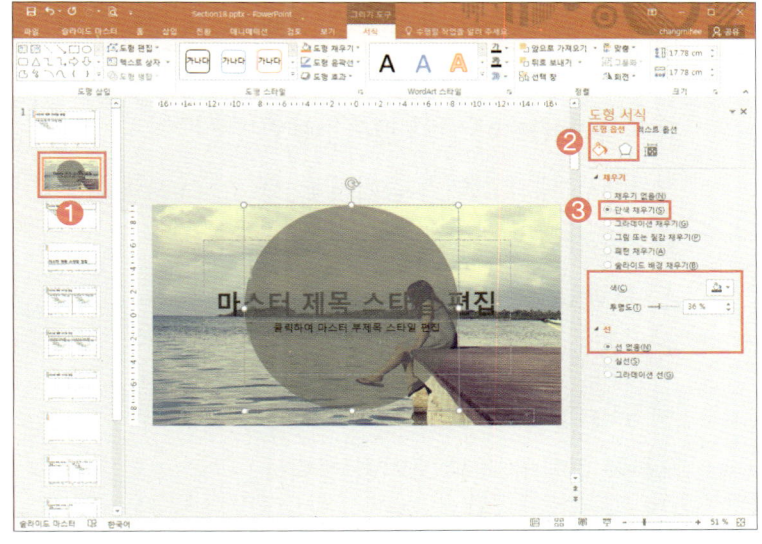

06 마스터에서 그림이나 도형을 삽입하면 제목 마스터 위에 배치되어 텍스트를 입력할 수가 없습니다. '마스터 제목 스타일 편집' 개체를 선택한 후 [홈] 탭의 [글꼴] 그룹에서 글꼴을 수정한 후 '정렬 : 맨 앞으로 가져오기'를 클릭합니다.

07 '제목 슬라이드 레이아웃'과 '제목 및 내용 슬라이드', '제목만', '구역 머리글 레이아웃' 이외에 사용하지 않는 불필요한 레이아웃은 Del 을 눌러 삭제합니다.

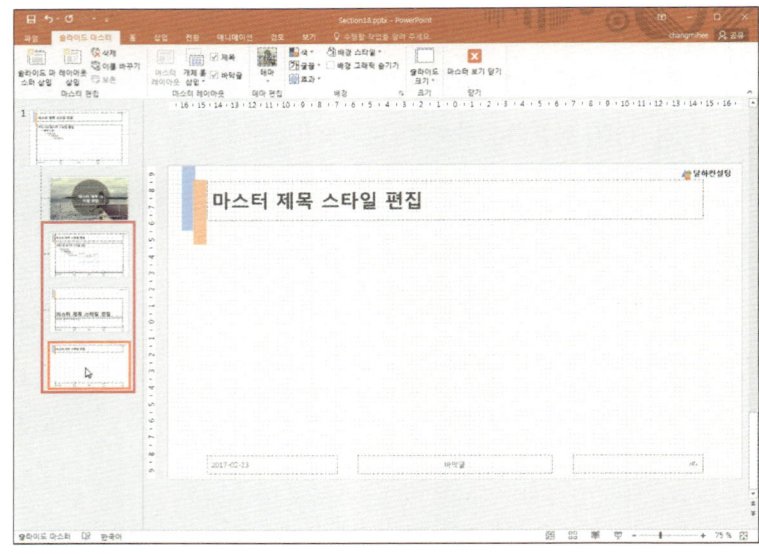

08 중간 목차 슬라이드를 만들기 위해 '구역 머리글 레이아웃'을 클릭합니다. [슬라이드 마스터] 탭의 [배경] 그룹에서 '배경 그래픽 숨기기'를 체크하여 삽입된 그림을 삭제하고 '마스터 제목 스타일 편집' 개체의 크기를 조절한 후 [삽입] – [그림]에서 '배경1.png'를 삽입하여 배치한 후 오른쪽 하단의 '기본 보기'를 클릭하여 마스터 창을 닫습니다.

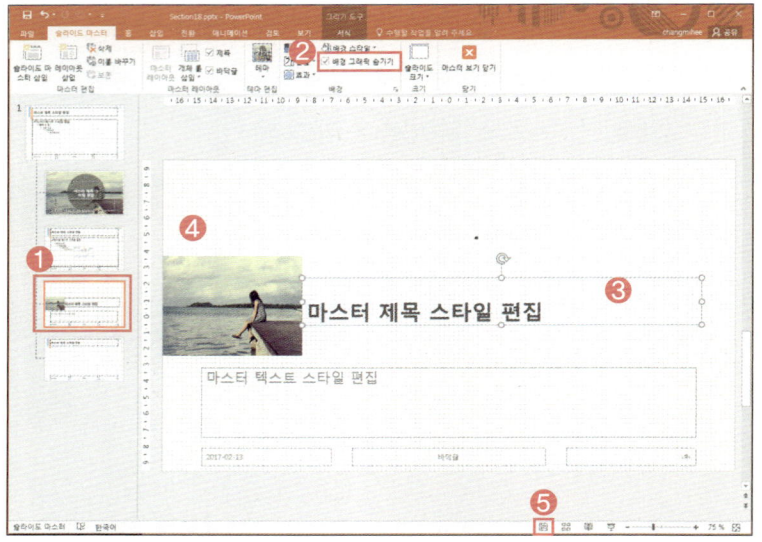

09 [홈] 탭의 [슬라이드] 구역의 '새 슬라이드'를 클릭하면 '제목 슬라이드'와 '제목 및 슬라이드' '구역 머리글' 슬라이드가 각각 다른 디자인으로 설정되었습니다. 각각 필요에 따라 슬라이드를 삽입합니다.

> Tip 마스터 수정은 [보기] – [마스터 보기] – [슬라이드 마스터]에서 다시 수정할 수 있습니다.

실습 03 내 맘대로 꾸미는 사용자 지정 마스터

01 사용자가 원하는 레이아웃을 편집할 수 있습니다. [보기] 탭의 [마스터] 그룹에서 '슬라이드 마스터'를 클릭합니다. 마지막 슬라이드의 '제목만' 슬라이드를 클릭한 후 [슬라이드 마스터] 탭의 [마스터 레이아웃] 그룹에서 개체 틀 삽입(▦)의 그림(🖼)을 선택합니다.

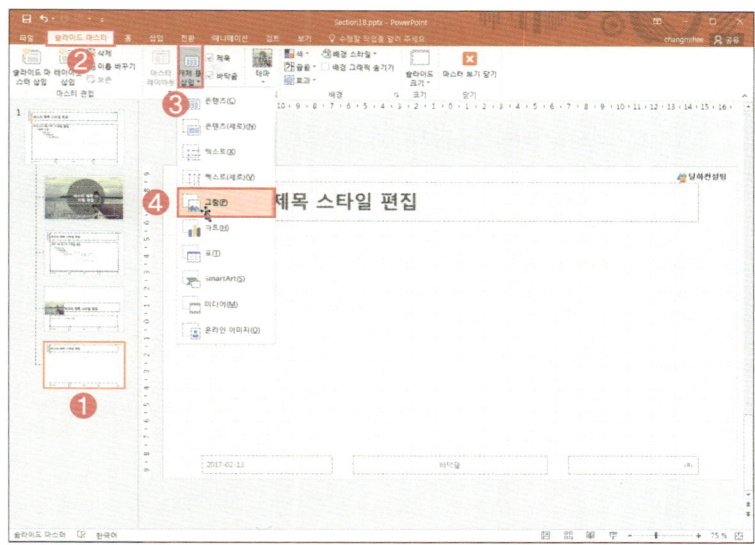

02 슬라이드의 왼쪽에 그림이 들어갈 영역을 드래그 합니다.

> **Tip** 레이아웃이 삭제된 경우 레이아웃을 삽입할 수 있습니다. [마스터 편집] 그룹의 [레이아웃 삽입]을 클릭합니다.

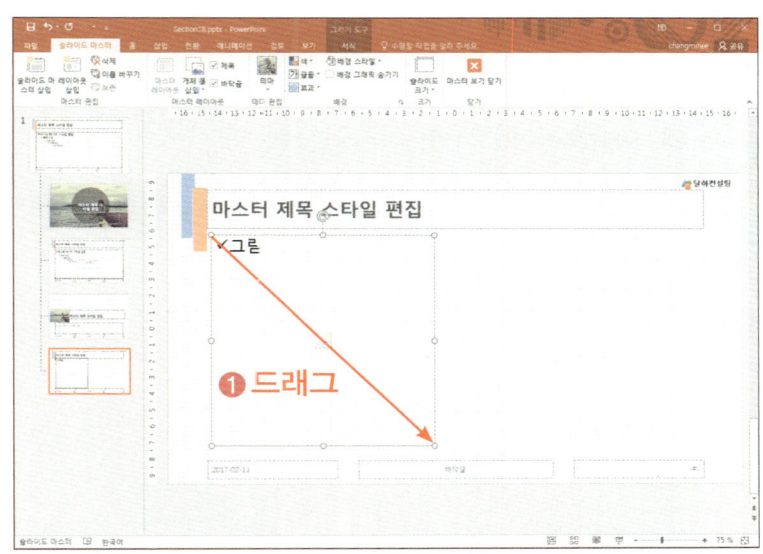

03 [홈] 탭의 [그리기] 그룹에서 '사각형'을 그린 후 '도형 채우기 : 주황, 강조2, 40% 더 밝게' '도형 윤곽선 : 윤곽선 없음'을 설정한 후 '정렬 : 맨 뒤로 보내기'를 클릭합니다.

> **Tip** '그림' 개체 틀은 '도형 효과'를 적용할 수 있습니다.

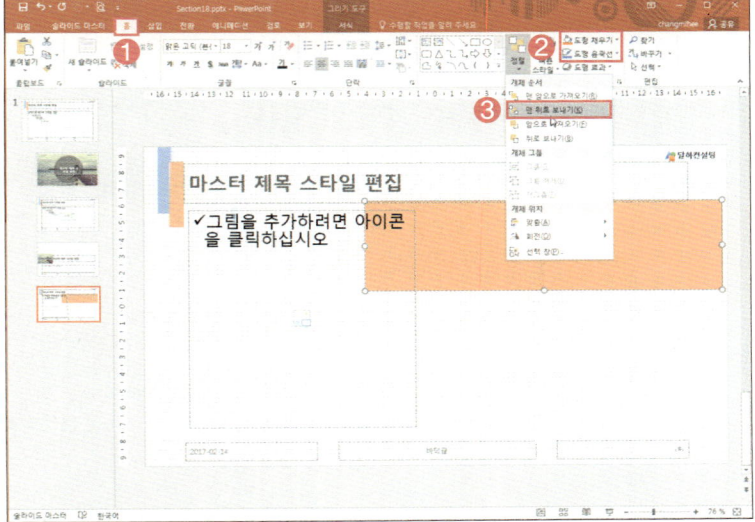

04 텍스트가 들어갈 개체를 삽입하기 위해 [슬라이드 마스터] 탭에서 [마스터 레이아웃] 그룹의 개체 틀 삽입(▥)의 텍스트(▤)를 선택합니다.

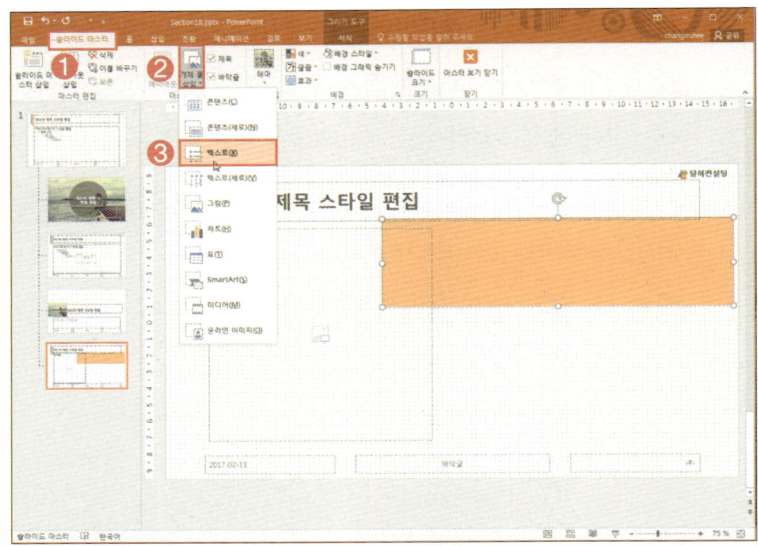

05 텍스트 개체 창을 도형 위에 드래그하여 크기를 조절하고 첫 번째 수준을 드래그하여 [홈] 탭의 '글꼴 : 맑은 고딕', '크기 : 28pt'를 설정합니다.

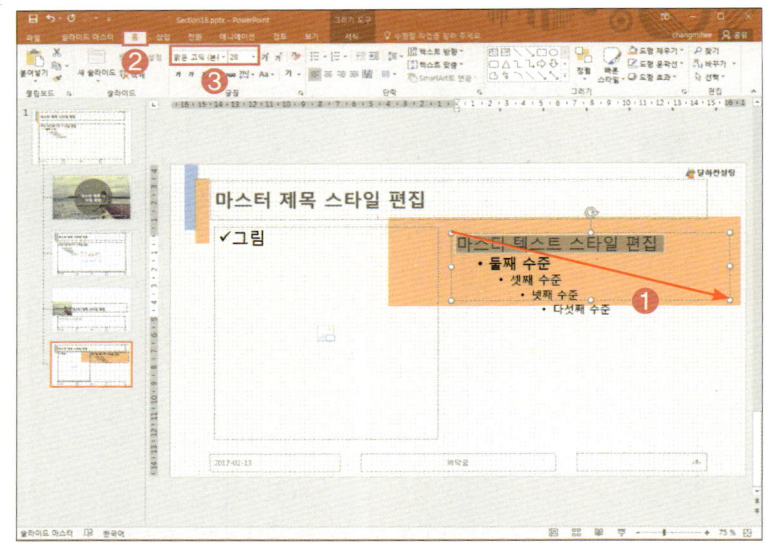

06 마지막 슬라이드를 Ctrl + D를 눌러 복제한 후 도형의 색을 바꿉니다. 슬라이드 오른쪽 하단의 기본 보기(▭)를 클릭합니다.

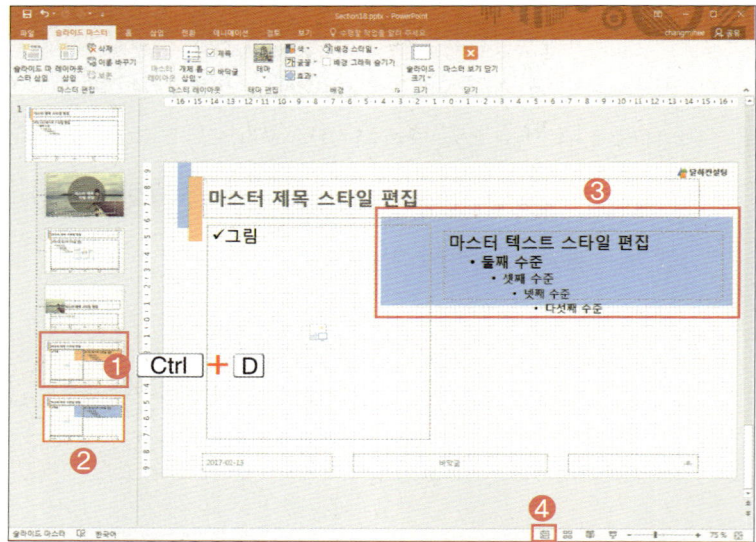

Section 18 | 제작 시간을 단축시키는 슬라이드 마스터

07 [홈] 탭의 [새 슬라이드]를 클릭합니다. 주황 도형이 있는 '제목만' 슬라이드를 클릭합니다.

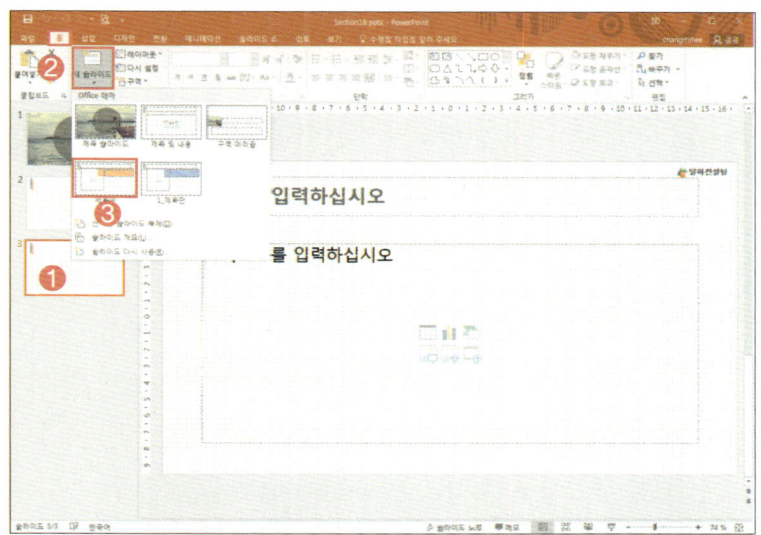

08 슬라이드의 '그림'을 클릭하여 '카메라.jpg'를 더블클릭하여 삽입합니다.

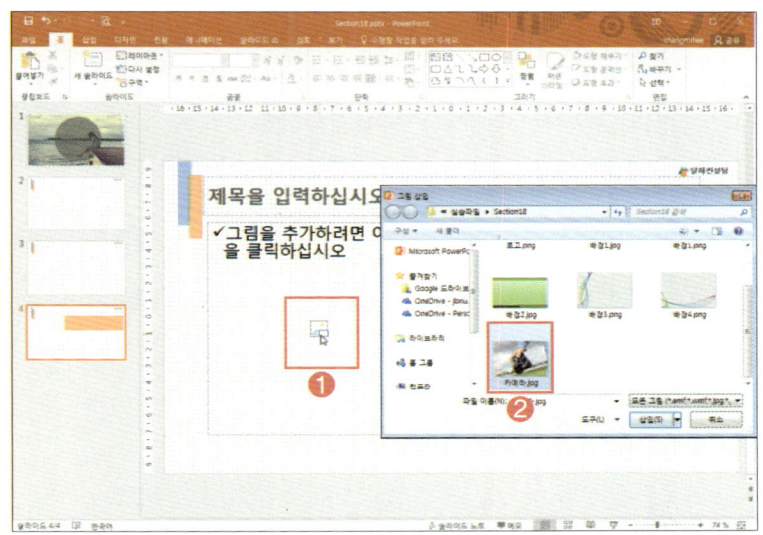

09 오른쪽의 텍스트 입력란을 클릭하여 내용을 입력합니다. 슬라이드의 그림의 크기와 도형의 위치, 색 등을 수정하려면 [보기] 탭의 [슬라이드 마스터]에서 수정하면 슬라이드 전체를 수정할 수 있습니다.

> **Tip** 슬라이드 마스터에서 수정하면 삽입된 슬라이드 전체가 수정이 됩니다.

193

서식 파일 저장과 불러오기

01 슬라이드 마스터를 이용하여 디자인하였거나 또는 다른 파워포인트의 서식을 저장해 두었다가 다시 활용하고자 할 때에는 서식파일로 저장을 해 두었다가 사용합니다. [파일] 탭의 [다른 이름으로 저장]을 클릭한 후 '이 PC'를 선택합니다. [다른 이름으로 저장] 대화상자에서 '파일 이름 : 내가만든디자인'을 입력한 후 '파일 형식 : PowerPoint 서식파일(*.potx)'를 선택한 후 [저장]을 클릭합니다.

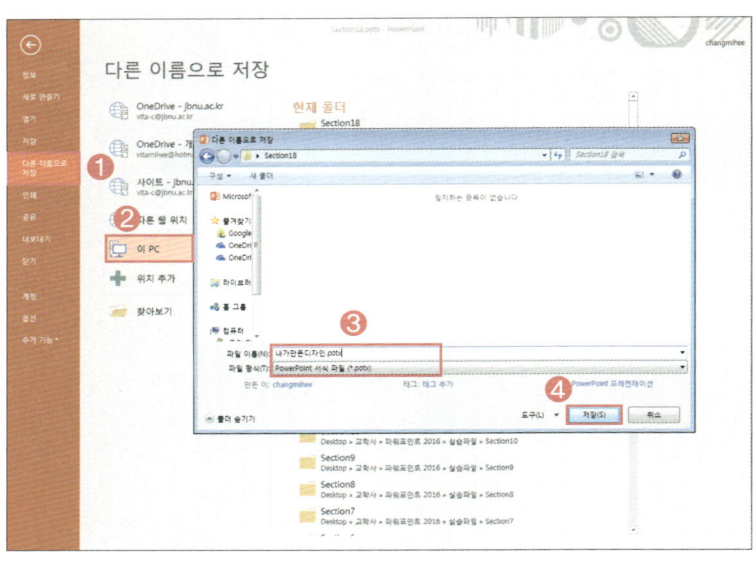

02 저장한 서식파일을 적용할 수 있습니다. [파일] - [새로 만들기]의 '새 프레젠테이션'을 합니다. 저장된 서식 파일을 불러오기 위해 [디자인] 탭의 [테마] 그룹에서 자세히( )를 클릭하고 테마 찾아보기( )를 클릭합니다.

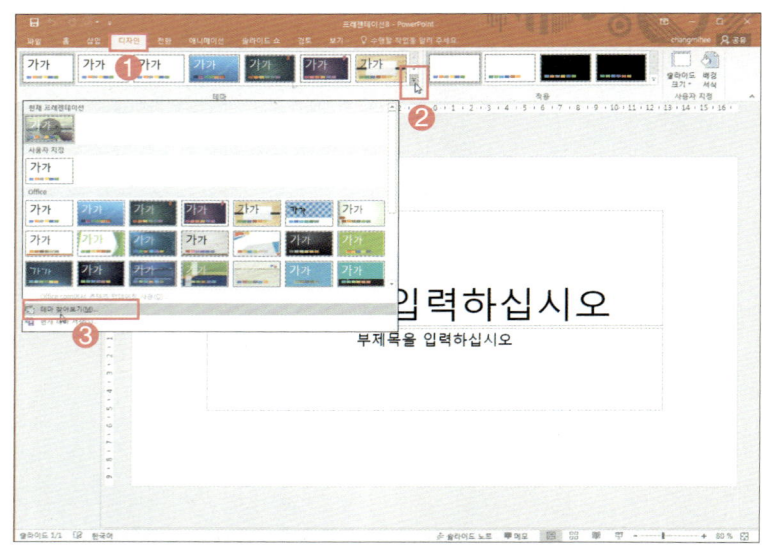

03 '내가만든디자인' 파일을 선택한 후 [적용]을 클릭합니다.

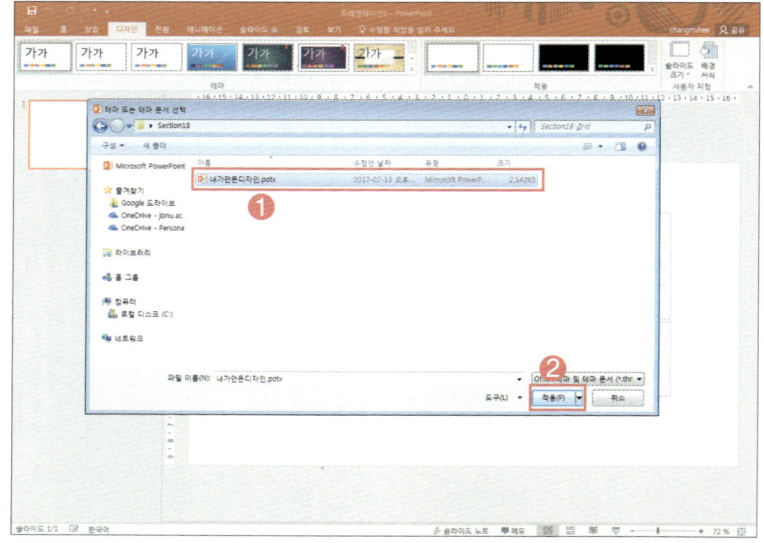

Section 18 | 제작 시간을 단축시키는 슬라이드 마스터

04 저장된 서식 파일이 적용되었습니다. 필요한 슬라이드를 삽입하여 내용을 작성하고, 수정은 슬라이드 마스터를 이용하여 수정할 수 있습니다.

05 저장된 서식 파일을 테마로 저장하여 사용이 가능합니다. [디자인] 탭의 [테마] 그룹에서 자세히(▽)를 클릭하여 '현재 테마 저장'을 선택하여 테마의 '기본 폴더'에 '여행'이라는 이름을 입력한 후 저장합니다.

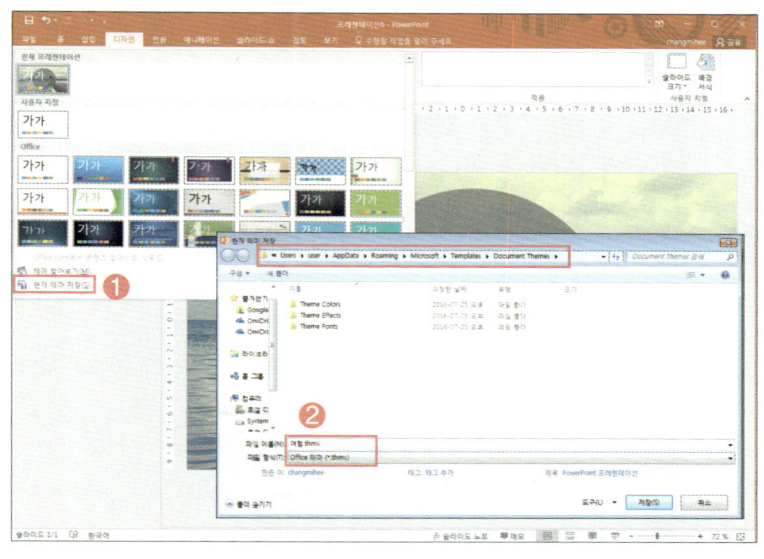

06 테마로 저장되어 [디자인] 탭의 [테마] 그룹에서 저장되어 언제든지 '테마'에서 선택하여 사용할 수 있습니다.

> **Tip** 자주 사용하는 슬라이드 테마나 디자인 서식을 '기본 슬라이드'로 지정하여 사용할 수 있습니다. 불러온 서식 또는 테마 위에 마우스 오른쪽 버튼을 눌러 '기본 테마로 설정'을 클릭합니다.
>
>

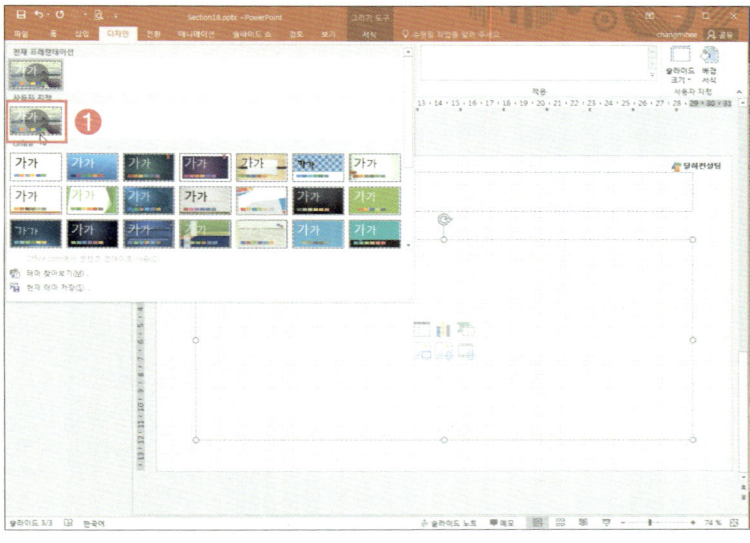

기초문제

❖ 완성파일 : Section18-기초-완성.pptx

01
'Section18-기초.pptx' 문서를 열고 다음의 조건대로 작성하시오.

조건

① 모든 슬라이드에 '배경2.jpg'를 배경그림으로 삽입하세요.
② '마스터 제목 스타일'의 개체를 '글꼴 : HY동녘M, 32pt' 편집한 후 상단에 배치하세요.
③ 모든 슬라이드에 '로고.png'를 삽입하여 오른쪽 하단에 배치하세요.
④ '기본 보기'를 하세요.

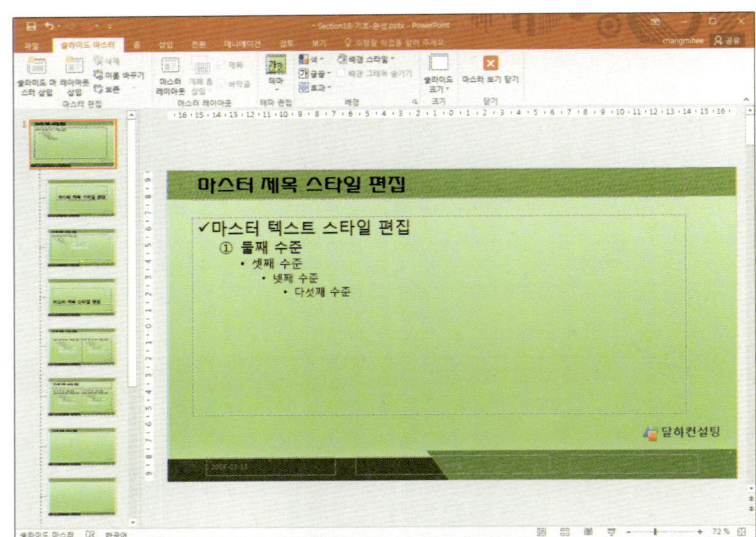

힌트

• [보기] – [마스터 보기] – [슬라이드 마스터] – [Office 테마 슬라이드 마스터] 선택
• [슬라이드 마스터] – [배경] 자세히 단추 – [그림 또는 질감 채우기]
• [마스터 제목 스타일 편집]개체 선택 – [홈] – [글꼴]
• [삽입] – [그림]
• 슬라이드 오른쪽 하단의 [기본 보기] 클릭

02
'Section18-기초.pptx' 문서에 이어서 다음의 조건대로 작성하시오.

조건

① '제목 슬라이드'만 흰색 배경으로 설정하세요.
② '제목 슬라이드'에 삽입된 로고를 숨기기 하세요.

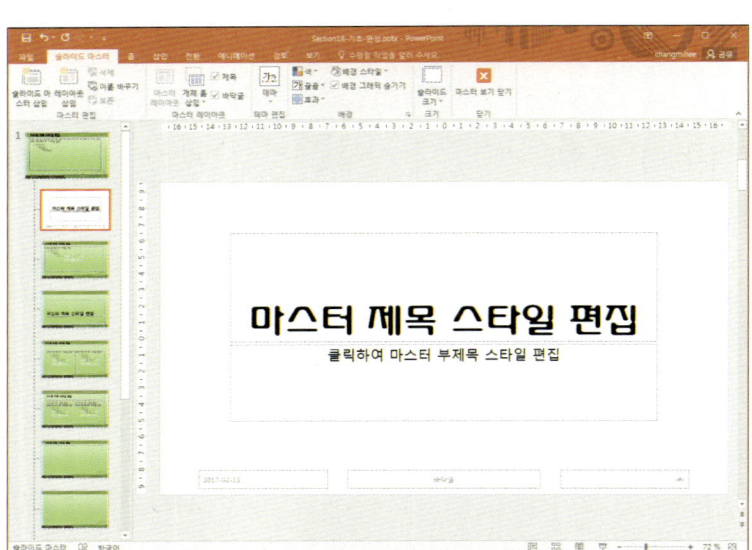

힌트

• [보기] – [마스터 보기] – [슬라이드 마스터] – [제목 슬라이드 마스터] 선택
• [슬라이드 마스터] – [배경] 그룹 – [배경 스타일] – 흰색
• [슬라이드 마스터] – [배경] 그룹 – [배경 그래픽 숨기기] 체크

심화문제

❖ 완성파일 : Section18-심화-완성.pptx

01

'Section18-심화.pptx' 문서를 열고 다음의 조건대로 작성하시오.

 조건

① '제목 슬라이드' 마스터에 '배경4.png' 배경 그림으로 설정하세요.
② '제목 및 내용 슬라이드'에만 '배경3.png'로 설정하세요.

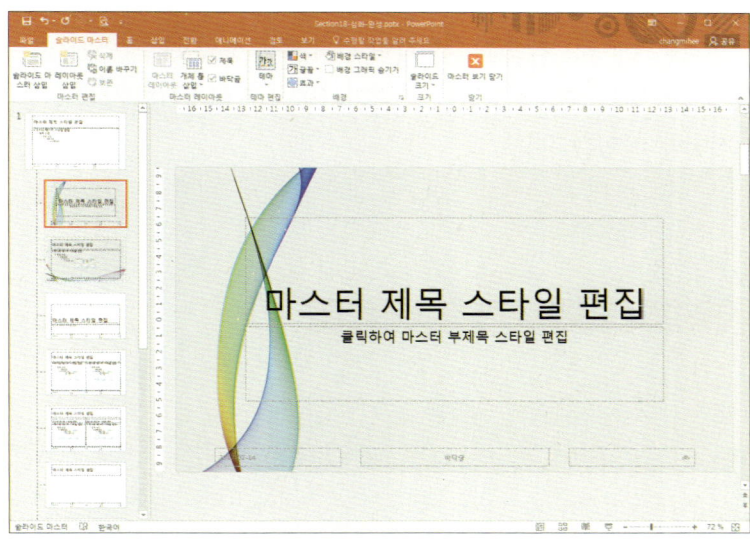

힌트
- [보기] – [마스터 보기] – [슬라이드 마스터] – [제목 슬라이드 마스터] 선택
- [슬라이드 마스터] – [배경] 자세히 단추 – [그림 또는 질감 채우기] – '배경4.png'
- [제목 및 내용 슬라이드] 마스터 선택 – [슬라이드 마스터] – [배경] 자세히 단추 – [그림 또는 질감 채우기] – '배경3.png'

02

'Section18-심화.pptx' 문서에 이어서 다음의 조건대로 작성하시오.

조건

① 모든 슬라이드에 슬라이드 번호를 삽입하세요.
② 제목 슬라이드에는 슬라이드 번호가 표시 되지 않도록 하세요.
③ '제목 및 내용' 슬라이드는 슬라이드 번호를 왼쪽으로 이동하고 슬라이드 번호 뒤에 '슬라이드' 텍스트를 추가하세요.
④ 서식파일을 '물결'로 저장한 후 테마로 불러오세요.
⑤ 기본 테마로 설정하세요.

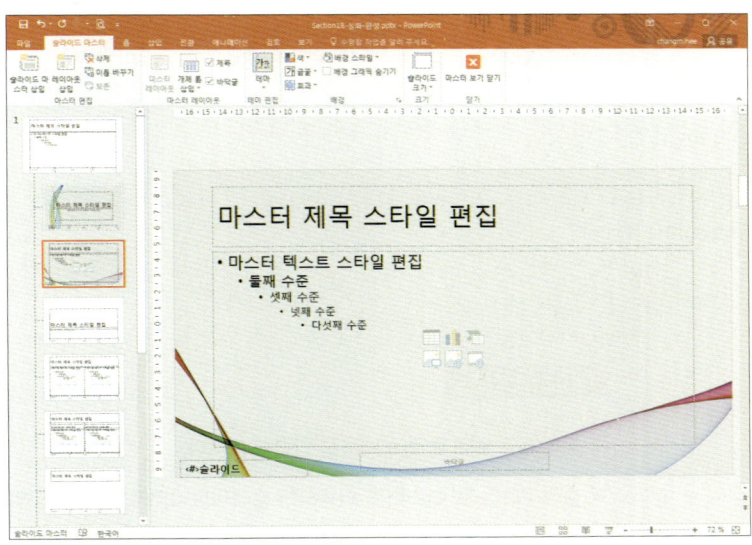

힌트
- [보기] – [마스터 보기] – [슬라이드 마스터] – [Office 슬라이드 마스터] 선택 – [삽입] – [머리글/바닥글] – [슬라이드 번호]
- '제목 슬라이드에는 표시 안함' 체크
- [제목 및 내용 슬라이드] 마스터 선택 – 우측 슬라이드 번호를 왼쪽으로 이동 – 〈#〉 뒤에 '슬라이드' 추가
- [파일] – [다른 이름으로 저장] – [PowerPoint 서식파일]
- [디자인] – [테마] – [테마 찾아보기] – 테마를 불러온 후 테마 위에서 [기본 테마로 설정]

Power Point 2016

19 슬라이드 노트와 유인물 마스터
SECTION

슬라이드 노트 마스터를 활용하여 슬라이드에 시나리오를 입력하여 리허설 등에 활용할 수 있으며 유인물 마스터를 활용하면 배포할 문서 서식을 적용하여 인쇄할 수 있습니다. 슬라이드 노트 마스터의 서식 수정과 인쇄물의 서식 설정으로 머리말 / 날짜 등을 설정할 수 있습니다.

PREVIEW

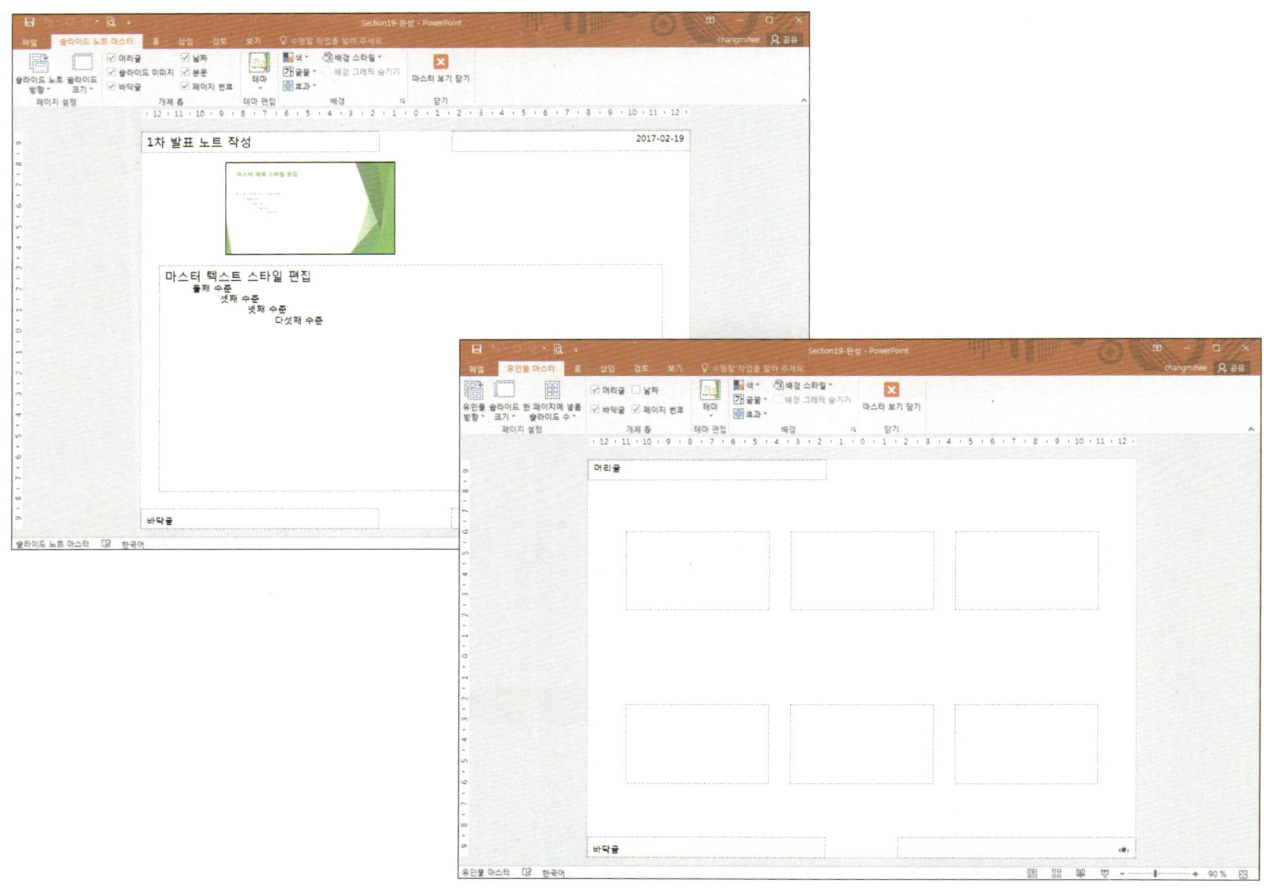

▲ 준비파일 : Section19.pptx 완성파일 : Section19-완성.pptx

학습내용

실습 01 슬라이드 노트 작성과 마스터
실습 02 슬라이드 유인물 마스터

체크포인트

- 슬라이드 노트 영역에 내용을 입력해 봅니다.
- 슬라이드 노트 마스터를 이용하여 슬라이드 이미지와 노트 영역을 편집해 봅니다.
- 슬라이드 유인물 마스터를 이용하여 인쇄 슬라이드의 영역을 편집해 봅니다.

실습 01 슬라이드 노트 작성과 마스터

▼ 준비파일 : Section19.pptx

01 슬라이드에 참고할 내용이나 발표할 내용 등을 미리 입력할 수 있습니다. [보기] 탭의 [표시] 그룹에서 슬라이드 노트(📄)를 클릭하면 슬라이드 하단에 '슬라이드 노트' 영역이 표시됩니다. 슬라이드 노트 경계선을 드래그하여 영역을 넓힙니다.

> **Tip** 슬라이드 하단 중앙의 '슬라이드 노트'를 클릭합니다.

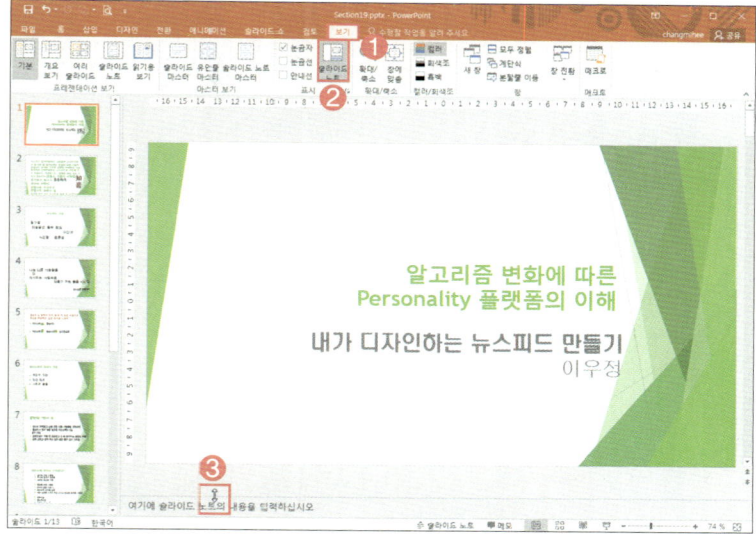

02 '슬라이드 노트' 영역에 내용을 입력합니다. 슬라이드 노트에 발표할 자료 또는 참고 자료 등을 입력하여 출력할 수 있습니다.

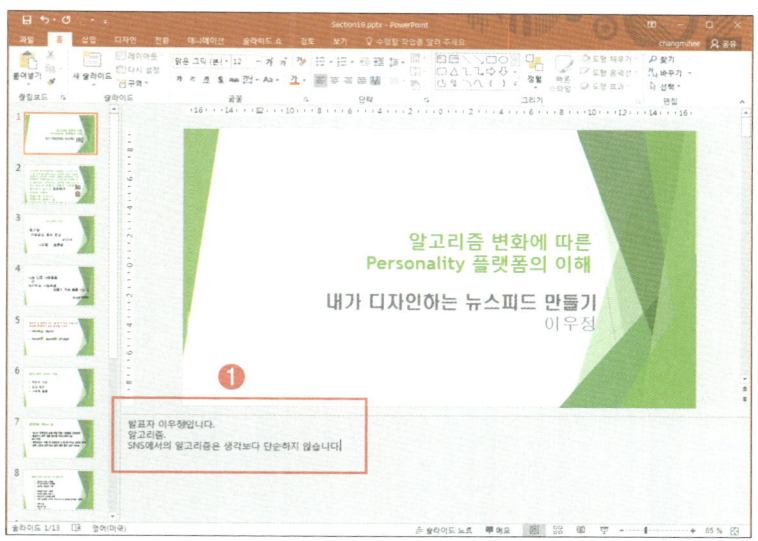

03 '슬라이드 노트'를 미리 보기하기 위해 [파일] 탭의 [인쇄]를 클릭합니다. [인쇄 영역]을 슬라이드 노트(📄)로 설정하면 '미리 보기' 창에 슬라이드와 입력한 노트 내용을 볼 수 있습니다. ⬅를 눌러 편집 창으로 전환합니다.

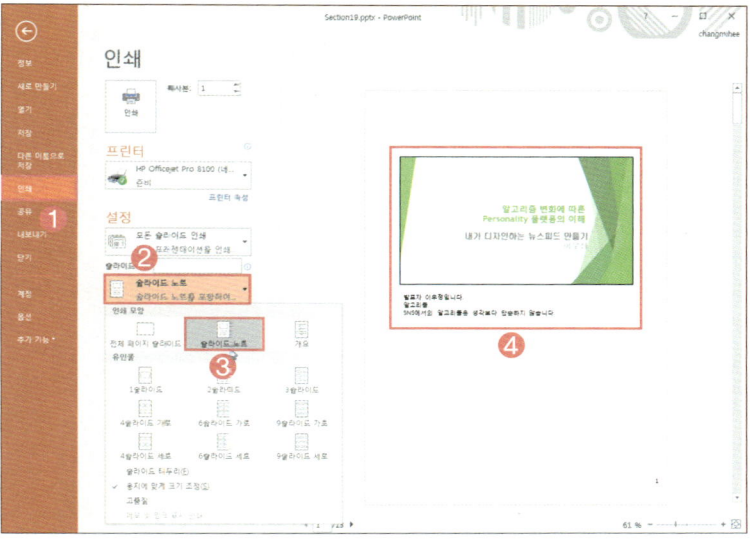

04 슬라이드 노트 영역을 수정하기 위해 [보기] 탭의 [마스터 보기] 그룹에서 슬라이드 노트 마스터(📄)를 클릭합니다.

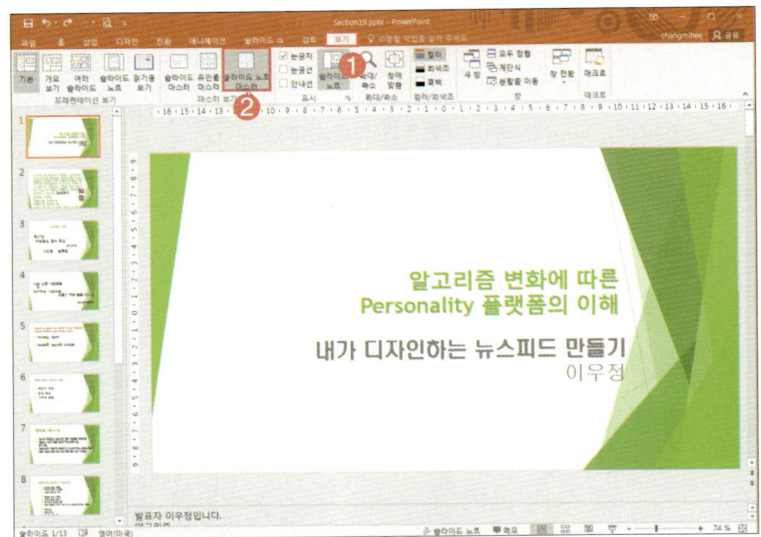

05 '슬라이드 노트 마스터' 창에서 '머리글' 영역에 '1차 발표 노트 작성'을 입력합니다. '슬라이드' 이미지의 크기를 작게 조절합니다.

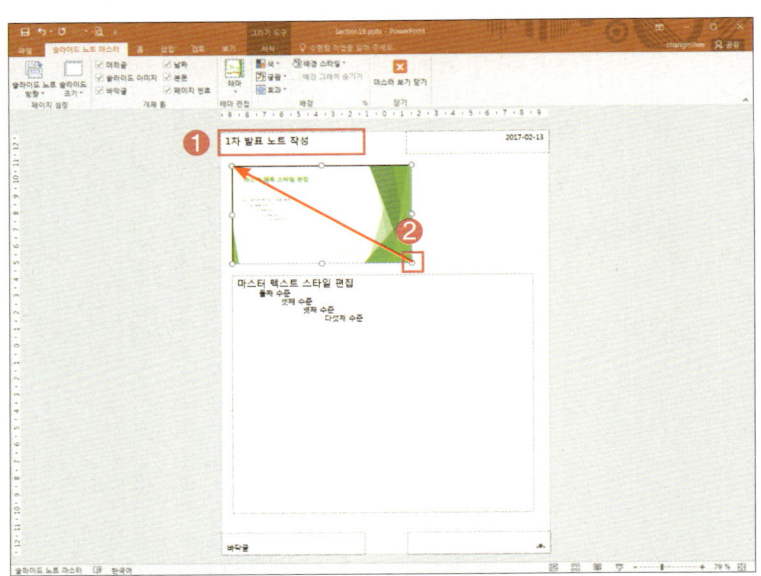

06 슬라이드 노트가 입력되는 내용 개체 틀의 크기를 크게 조절하고 첫 번째 단락의 글꼴 크기도 조절합니다. [슬라이드 노트 마스터] 탭의 마스터 보기 닫기(❌) 또는 오른쪽 하단의 '기본 보기'를 클릭합니다.

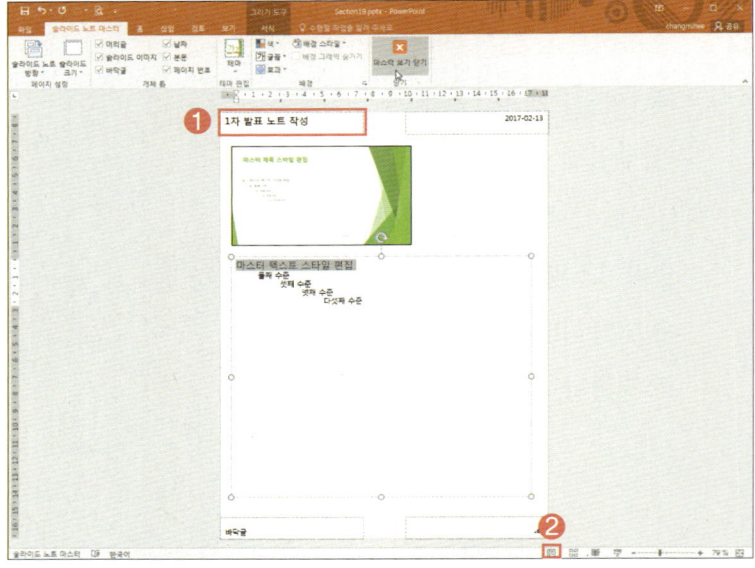

Section 19 | 슬라이드 노트와 유인물 마스터

07 [파일] 탭의 [인쇄]를 클릭하여 인쇄 영역을 '슬라이드 노트'를 선택합니다. 슬라이드 노트 마스터에서 수정한 대로 이미지가 작아지고 슬라이드 노트 영역이 넓어집니다.

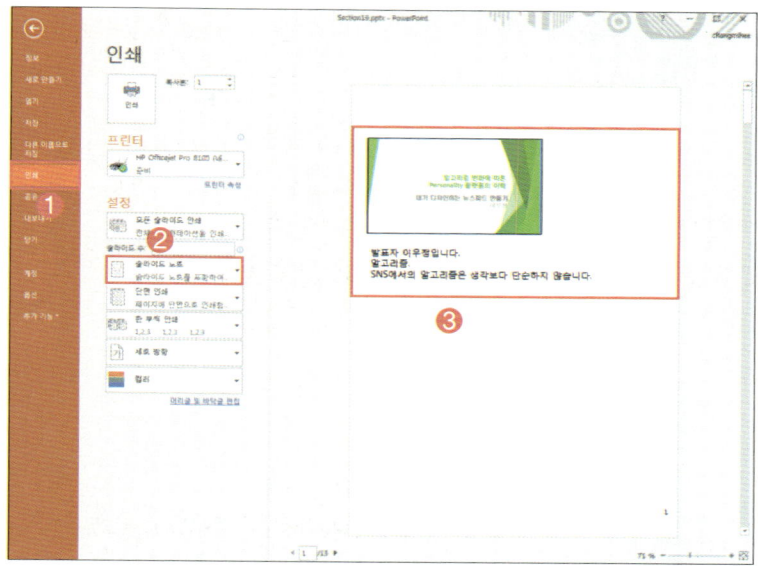

08 슬라이드 노트 마스터에 입력했던 '머리글'을 표시하기 위해 '머리글 및 바닥글 편집'을 클릭합니다. [머리글/바닥글] 대화상자의 [슬라이드 노트 및 유인물] 탭의 '머리글'에 체크하고 [모두 적용]을 클릭합니다.

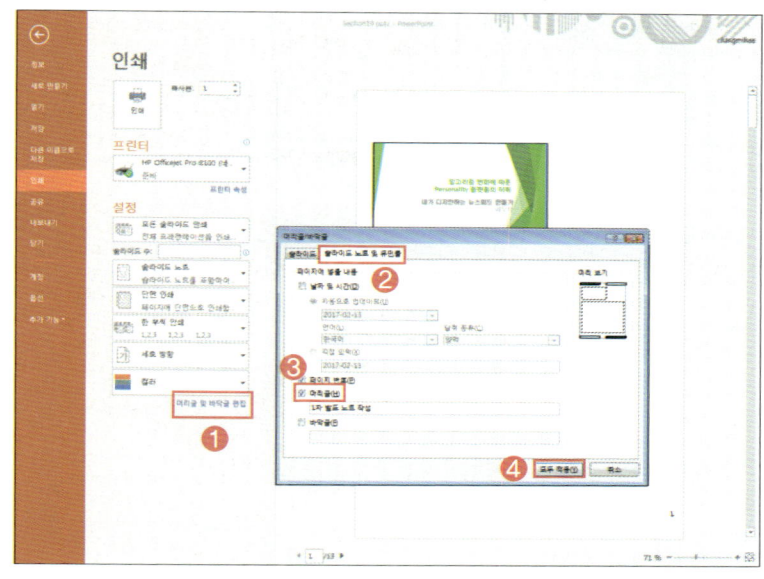

09 슬라이드 노트 마스터에서 입력했던 '머리글'이 표시됩니다. [인쇄]를 클릭하여 인쇄할 수 있습니다.

실습 02 슬라이드 유인물 마스터

01 슬라이드를 인쇄하여 배포하기 위해 유인물 마스터를 편집합니다. [보기] 탭의 [마스터 보기] 그룹에서 유인물 마스터(🔲)를 클릭합니다.

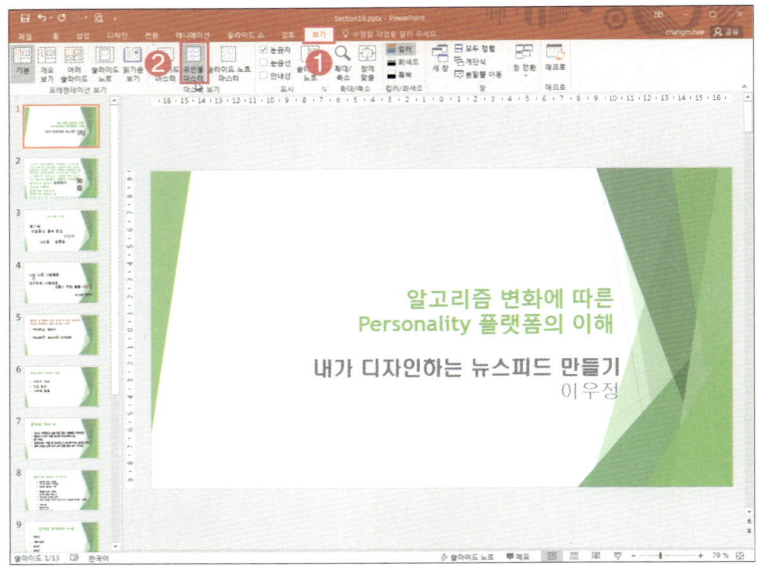

02 배포할 문서의 편집 용지 방향을 바꾸기 위해 [유인물 마스터] 탭의 [페이지 설정] 그룹의 유인물 방향(🔲)을 가로(🔲)로 설정합니다.

> **Tip** [인쇄]에서 '유인물' 인쇄는 '세로'로 출력이 됩니다. '가로'로 출력하려면 '유인물 마스터'에서 설정합니다.

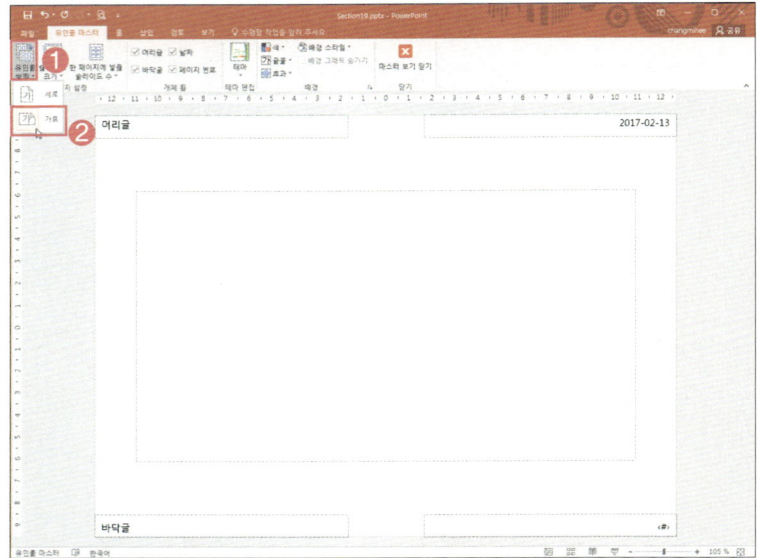

03 한 페이지에 넣을 슬라이드 수(🔲)에서 '2슬라이드'를 선택한 후 '날짜'는 체크를 해제합니다.

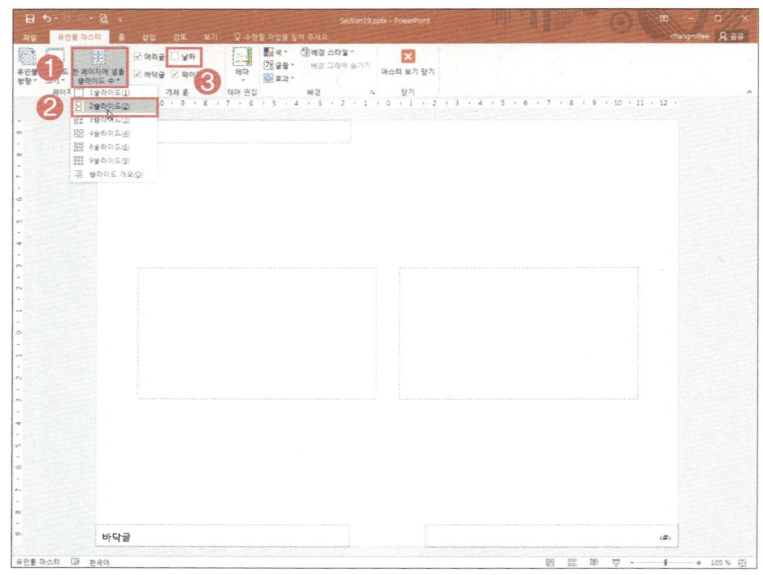

04 [홈] 탭의 [그리기] 그룹에서 '도형 : 모서리가 둥근 사각형'을 삽입하고 '1차 경쟁 발표 – 2017. 02'를 입력합니다.

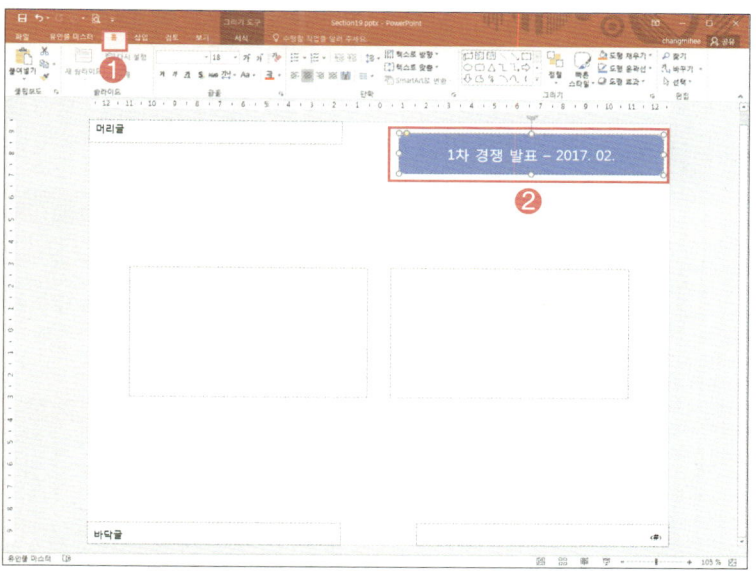

05 [유인물 마스터] 탭의 '마스터 보기 닫기'를 클릭하여 '기본 보기'로 전환합니다.

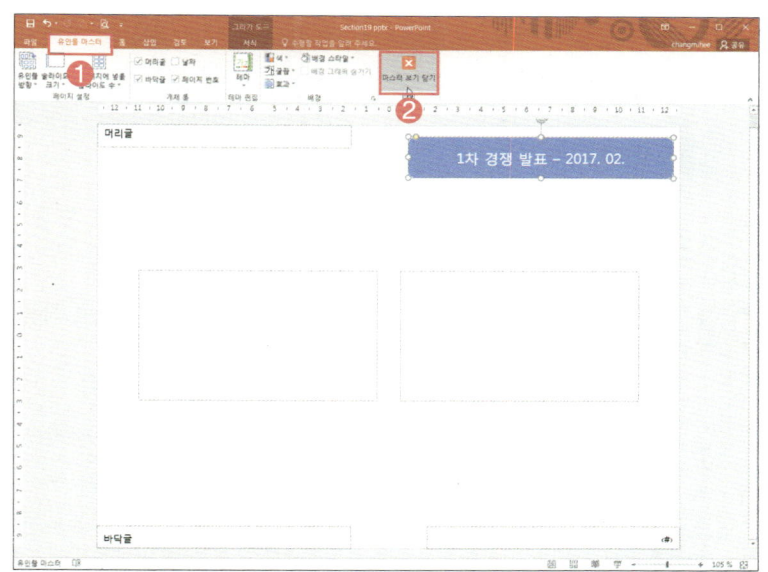

06 [파일] 탭의 [인쇄]를 클릭하여 '인쇄 영역'을 '유인물 : 2슬라이드'를 선택합니다. 슬라이드와 별도로 인쇄물을 관리할 수 있습니다.

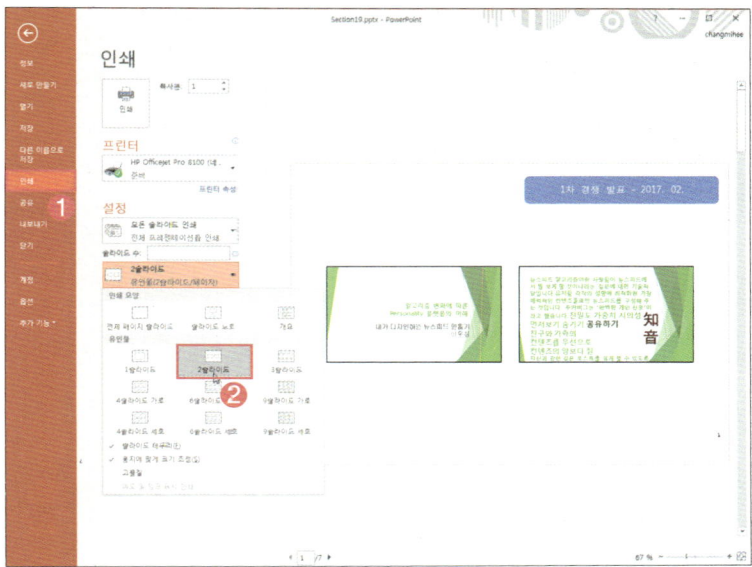

기초문제

❖ 준비파일 : Section19-기초.pptx   ❖ 완성파일 : Section19-기초-완성.pptx

01 'Section19-기초.pptx' 문서를 열고 다음의 조건대로 작성하시오.

조건

① 세 번째 슬라이드 노트에 'ICT 기술은 제 4차 산업과 함께 성장세를 보이고 있다'를 입력하세요.
② '슬라이드 노트'의 방향을 '가로'로 설정하세요.

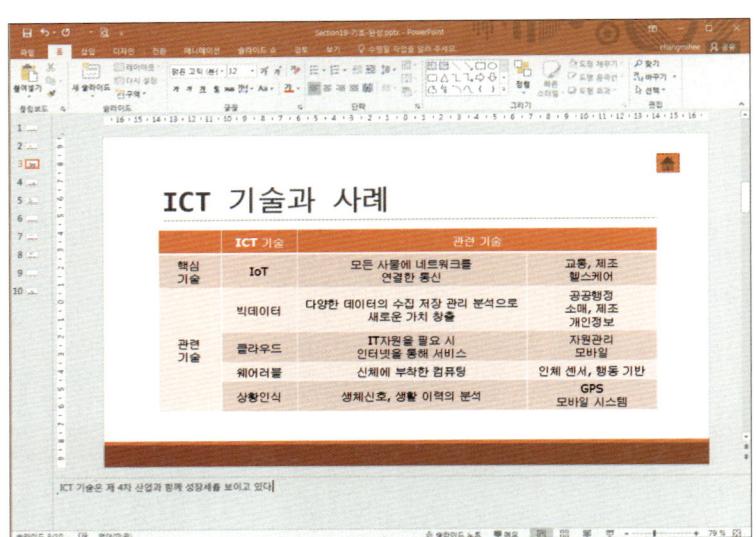

힌트
• [보기] – [마스터 보기] – [슬라이드 노트 마스터]
• [슬라이드 노트 방향] – [가로]

02 'Section19-기초.pptx' 문서에 이어서 다음의 조건대로 작성하시오.

조건

① '날짜'를 숨기세요.
② 슬라이드 노트 영역의 첫 번째 단락의 글꼴 크기를 16pt로 설정하세요.
③ 슬라이드 이미지의 크기를 작게 줄인 후 왼쪽으로 이동하세요.
④ 슬라이드 노트 영역의 크기를 크게 확대한 후 마스터 보기를 닫으세요.

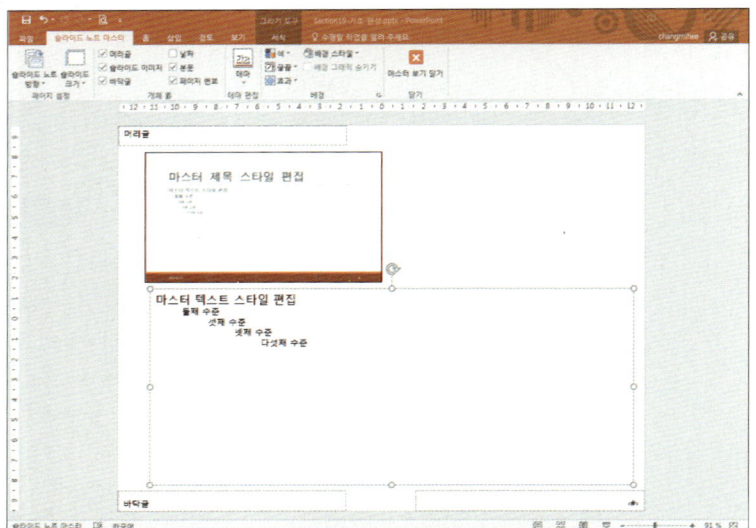

힌트
• [개체 틀] – [날짜]
• 첫 번째 단락 드래그 – [홈] – [글꼴]

❖ 준비파일 : Section19-심화.pptx   ❖ 완성파일 : Section19-심화-완성.pptx

01 'Section19-심화.pptx' 문서를 열고 다음의 조건대로 작성하시오.

[조건]
① '슬라이드 유인물'의 방향을 '가로'로 설정하세요.
② '날짜 표시'를 해제하세요.

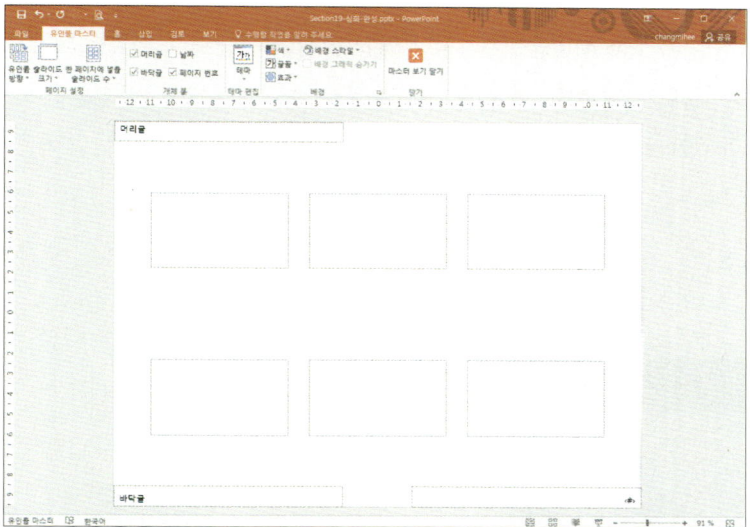

[힌트]
- [보기] – [마스터 보기] – [유인물 마스터]
- [유인물 방향] – [가로]
- [개체 틀] – [머리글], [날짜] 체크 해제

02 'Section19-심화.pptx' 문서에 이어서 다음의 조건대로 작성하시오.

[조건]
① '한 페이지에 넣을 슬라이드 수'를 '3슬라이드'로 설정하세요.
② '배경 스타일'을 '스타일 10' 로 설정하세요.
③ 유인물 머리글을 'IPTV 현황과 미래'를 입력하세요.

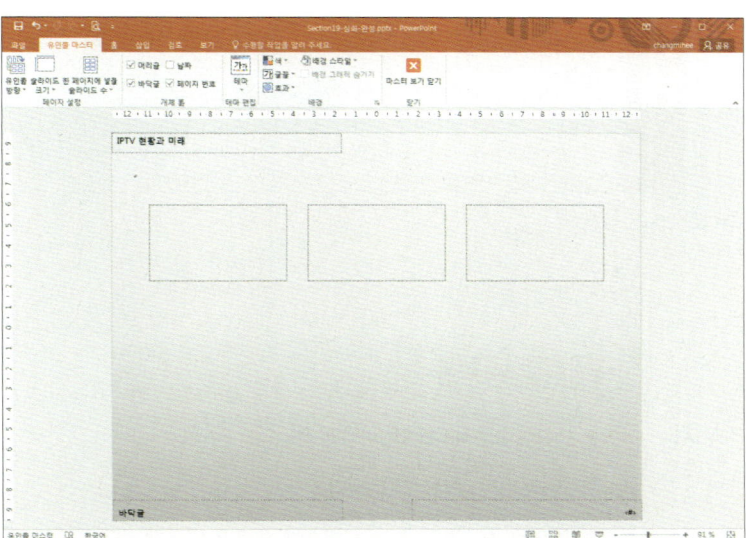

[힌트]
- [페이지 설정] – [한 페이지에 넣을 슬라이드 수] – [3슬라이드]
- [머리글] 영역 입력
- [배경] – [배경 스타일] – [스타일 10]

Power Point 2016

SECTION 20 프레젠테이션의 제작과 인쇄

파워포인트에서는 다양한 저장 방식을 제공하고 있습니다. 저장 파일 형식을 사용자가 원하는 형태로 저장할 수 있습니다. 파워포인트를 비디오로 저장이 가능하며, 이동 장치로 옮겼을 경우 오류없이 실행될 수 있도록 CD 패키지 저장을 제공하고 있습니다. 유인물을 배포하기 위한 인쇄 방법으로 슬라이드, 슬라이드 노트, 슬라이드 유인물 등을 인쇄할 수 있습니다.

PREVIEW

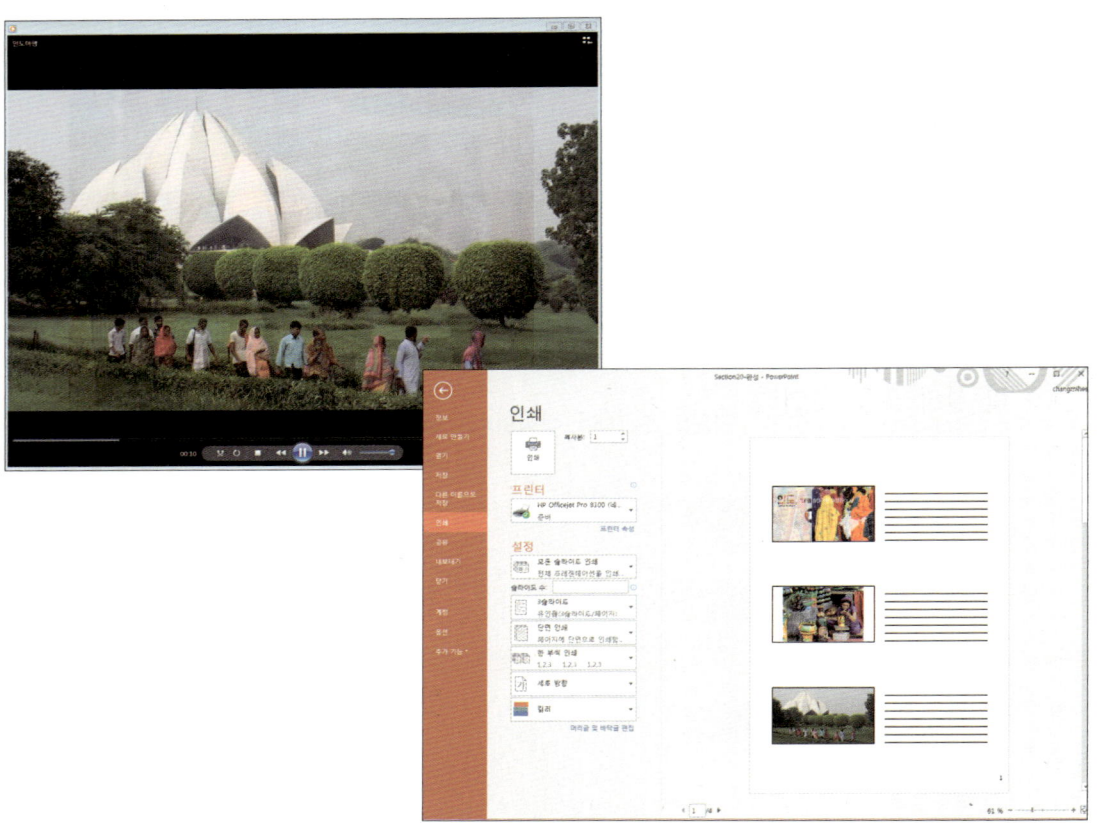

▲ 준비파일 : Section20.pptx 완성파일 : Section20-완성.pptx

학습내용

실습 01 슬라이드 비디오 만들기와 CD 패키지
실습 02 슬라이드의 다양한 인쇄
실습 03 용지 여백을 최소화하여 인쇄하기

체크포인트

- 슬라이드를 비디오로 저장해 봅니다.
- CD 패키지로 저장해 봅니다.
- 슬라이드를 슬라이드 노트와 유인물로 인쇄해 봅니다.
- 용지를 최소화하여 인쇄하는 방법을 알아봅니다.

슬라이드 비디오 만들기와 CD 패키지 저장

01 슬라이드가 자동으로 전환되도록 설정을 먼저 합니다. [전환] 탭에서 '슬라이드 화면 전환 : 밝기 변화'를 선택한 후 [타이밍] 그룹에서 '다음 시간 후 : 4'초를 설정하 후 '모두 적용'을 클릭합니다. 모든 슬라이드가 4초에 전환됩니다.

> Tip 비디오 파일로 저장하려면 시간 설정을 먼저 합니다. [전환] 효과 또는 [슬라이드 예행 연습]을 이용해 슬라이드에 시간을 설정합니다.

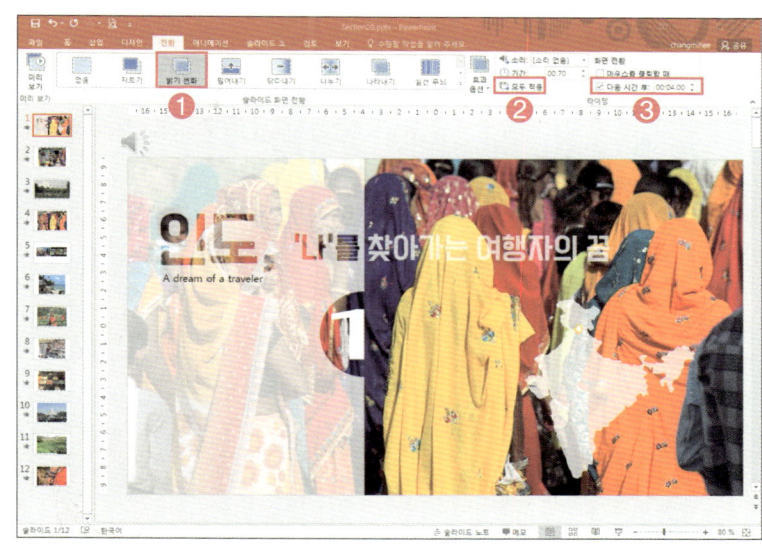

02 비디오 파일로 저장하기 위해 [파일] 탭의 [내보내기]를 클릭한 후 비디오 만들기(🖼)를 클릭합니다. 슬라이드에 저장된 시간을 이용해 자동 전환 되는 비디오를 만들기 위해 '기록된 시간 및 설명 사용'을 선택한 후 비디오 만들기(🖼)를 클릭합니다.

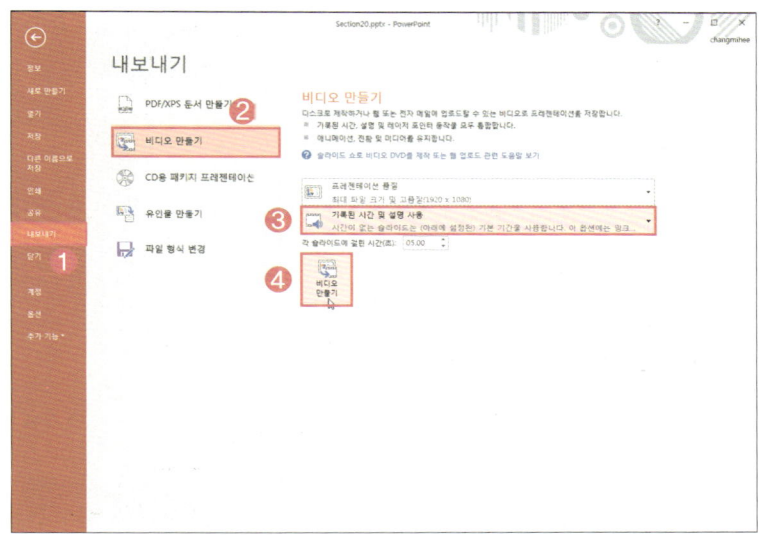

03 [다른 이름으로 저장] 대화상자의 '파일 이름 : 인도여행'을 입력합니다. 파일 형식은 'MPEG4 비디오(*.mp4)로 설정한 후 [저장]을 클릭합니다.

> Tip 비디오 파일형식으로 MP4, wmv 파일로 저장이 가능합니다.

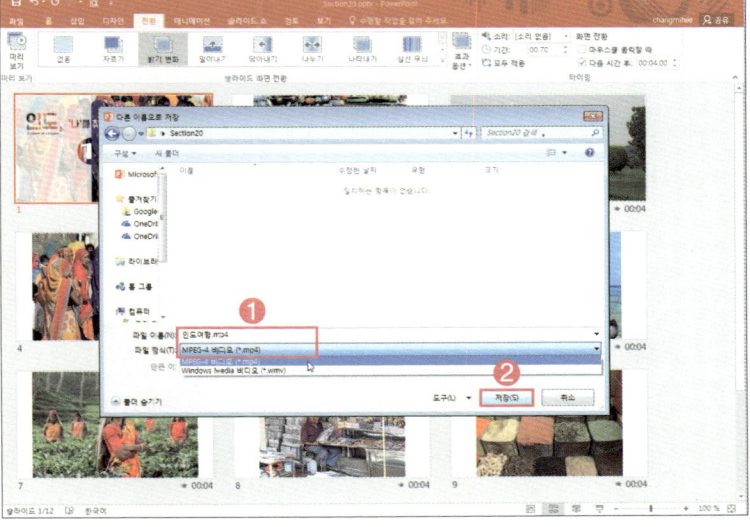

파워포인트 2016

04 여러 슬라이드 보기로 전환되며 상태표시줄에 '비디오 저장' 상태를 표시해 줍니다. 취소하려면 ⊗를 클릭합니다.

05 동영상을 실행하면 미리 설정된 슬라이드 화면 전환 시간에 맞춰 동영상으로 저장되어 실행됩니다.

06 작성된 프레젠테이션 파일을 패키지로 한꺼번에 저장하려면 CD패키지로 저장합니다. [파일] 탭의 [내보내기]의 CD용 패키지 프레젠테이션(⊙)을 선택한 후 CD패키지(⊙)를 클릭합니다.

> **Tip** 동영상, 음원 등 저장 경로가 바뀌면 작동하지 않습니다. CD패키지를 이용해 USB등 이동장치에 저장하면 다른 컴퓨터등에서 구현할 때 경로 변경등 오류 없이 사용할 수 있습니다.

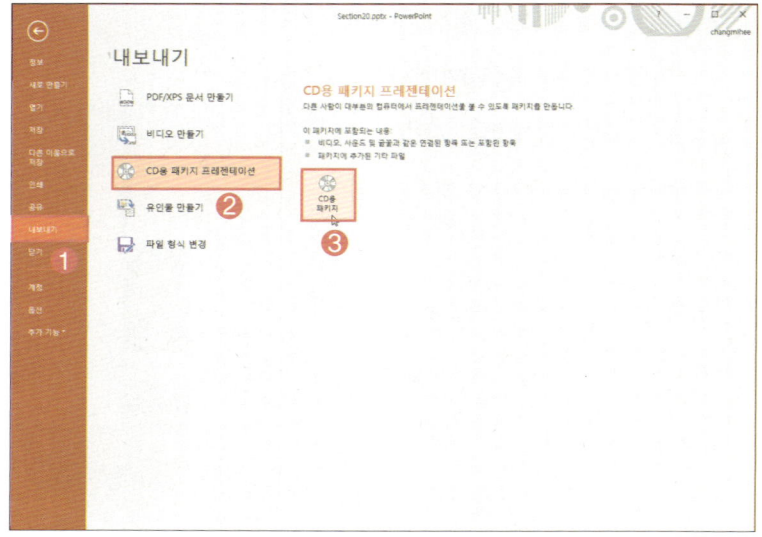

Section 20 | 프레젠테이션의 제작과 인쇄

07 [CD용 패키지] 대화상자에서 'CD 이름 : 인도여행 CD'를 입력한 후 '폴더로 복사'를 클릭합니다. [폴더에 복사] 대화상자에서 저장 위치를 변경하기 위해 [찾아보기]를 클릭하여 위치를 변경한 후 [확인]을 클릭합니다.

> Tip [옵션]을 클릭하여 '연결된 파일'과 '포함된 트루타입 글꼴'을 체크하세요. 체크 되어야 문서에서 연결된 동영상, 소리, 외부 파일이 포함되고 추가된 글꼴도 함께 저장됩니다.

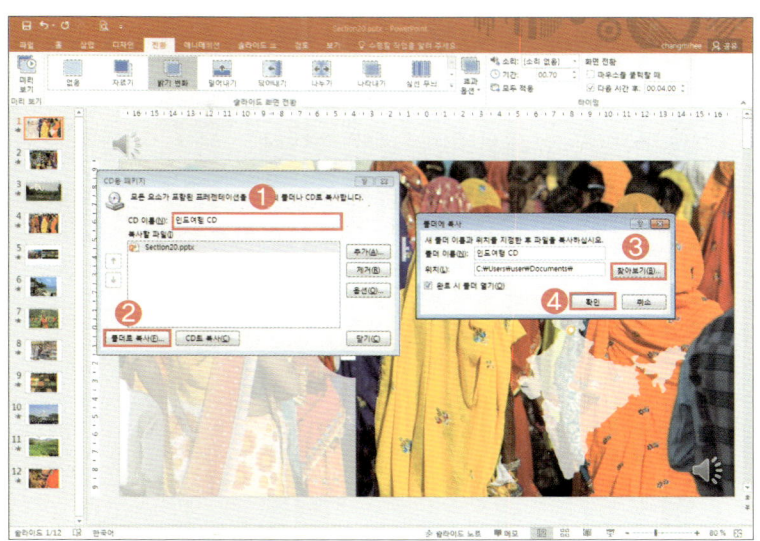

08 '연결된 파일을 패키지에 포함하시겠습니까?'라는 메시지 창이 표시되면 '예'를 클릭합니다.

> Tip 연결된 관련 파일도 복사됩니다. 또한 이미 문서에 포함되어 저장된 미디어 파일은 별도로 저장되지 않습니다.

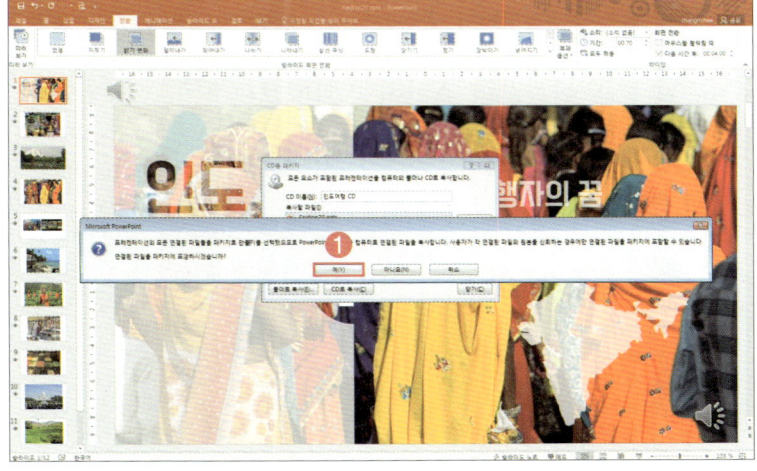

09 파일이 저장된 폴더가 열리면 저장된 파일을 확인합니다.

> Tip 'CD'에 저장하려면 CD-RW, CD-R등 쓰기가 가능한 빈 CD를 넣으세요.

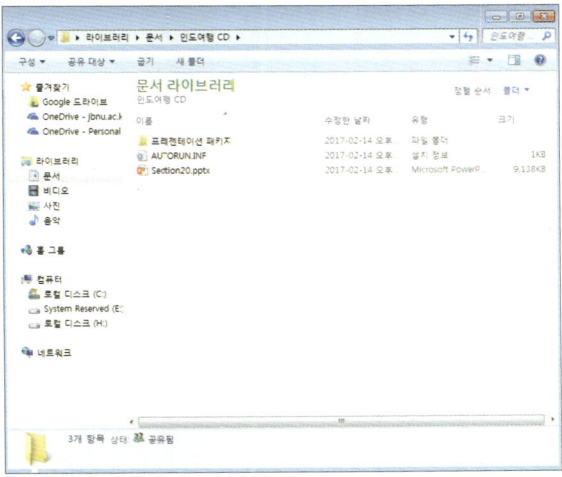

실습 02 슬라이드의 다양한 인쇄

01 슬라이드를 인쇄하기 위해 [파일] 탭의 [인쇄]를 클릭합니다. 모든 슬라이드를 인쇄하려면 '설정' 영역에서 '모든 슬라이드'를 선택합니다.

> **Tip** 선택된 현재 슬라이드만 인쇄할 때는 '현재 슬라이드 인쇄'를 선택합니다.

02 특정한 범위만 인쇄하려면 '범위 지정'을 클릭합니다. '슬라이드 수'에 '3-6'을 입력하면 슬라이드 3번 부터 슬라이드 6번까지 인쇄 범위가 설정됩니다.

> **Tip** 슬라이드 3번과 6번만 인쇄하려면 '3,6'을 입력합니다. 슬라이드 번호를 쉼표(,)로 구분하여 입력합니다.

03 슬라이드에 구역이 설정된 경우 구역별로 인쇄가 가능합니다. '설정'에서 '구역'의 '구역 이름'을 선택합니다. 특정 구역만 인쇄됩니다.

Section 20 | 프레젠테이션의 제작과 인쇄

04 인쇄 영역이 설정이 되면 한 페이지에 인쇄될 슬라이드를 선택합니다. 1페이지에 1슬라이드를 인쇄하려면 '전체 페이지 슬라이드'를 클릭합니다.

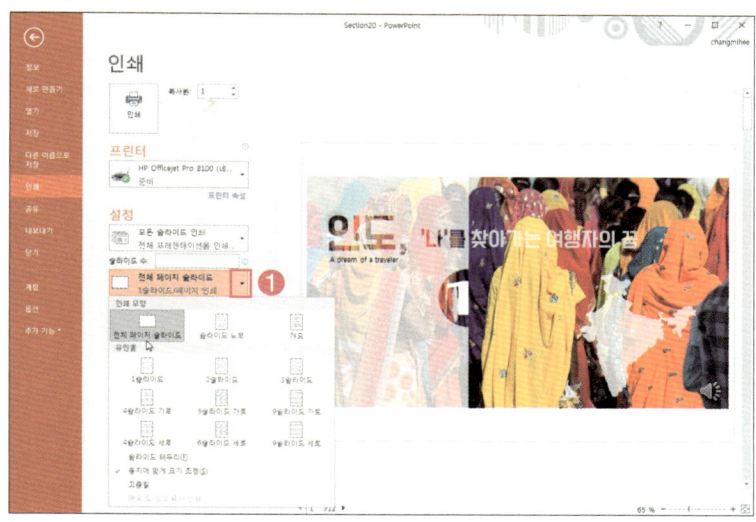

05 인쇄할 인쇄 모양을 선택합니다. 슬라이드 노트를 인쇄하려면 '슬라이드 노트'를 선택하고, 한 페이지에 여러 슬라이드를 인쇄하려면 '유인물'을 선택합니다. '슬라이드 테두리'와 '용지에 맞게 크기조절'에 체크 합니다.

> Tip 슬라이드 노트는 '슬라이드 노트 마스터'에서 설정한 대로 프린트 됩니다.
> 슬라이드 노트 편집은 [보기] – [마스터 보기] – [슬라이드 노트]에서 편집합니다.

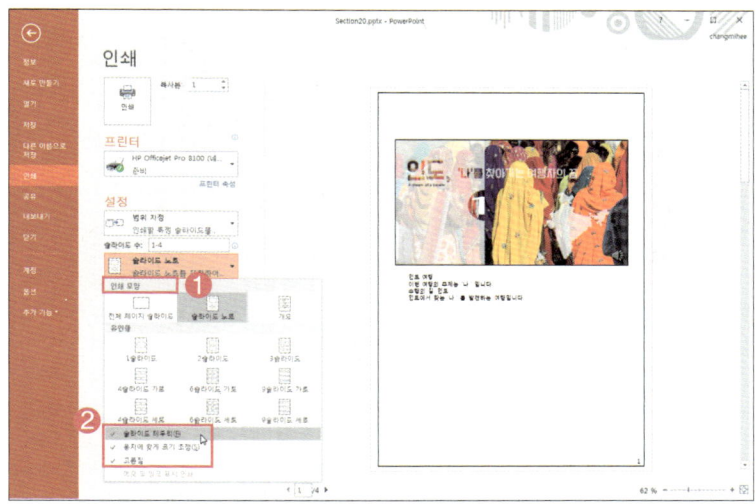

06 인쇄할 컬러를 선택할 수 있습니다.

211

실습 03 용지 여백을 최소화하여 인쇄하기

01 프린터를 할 때 슬라이드의 크기를 바꾸지 않고 원하는 용지에 프린터를 하기 위해 [파일] 탭의 [인쇄]에서 '프린터 속성'을 클릭합니다.

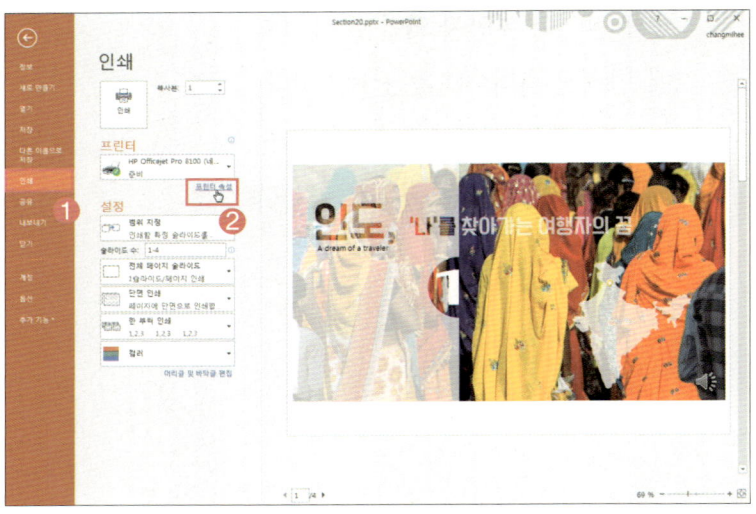

02 [프린터 속성] 대화상자에서 인쇄 방향을 '가로'로 선택한 후 '한 면에 인쇄할 페이지 수'는 2를 선택합니다.

> Tip 유인물 '2슬라이드'로 인쇄하면 여백이 많이 생기는 차이가 있습니다.

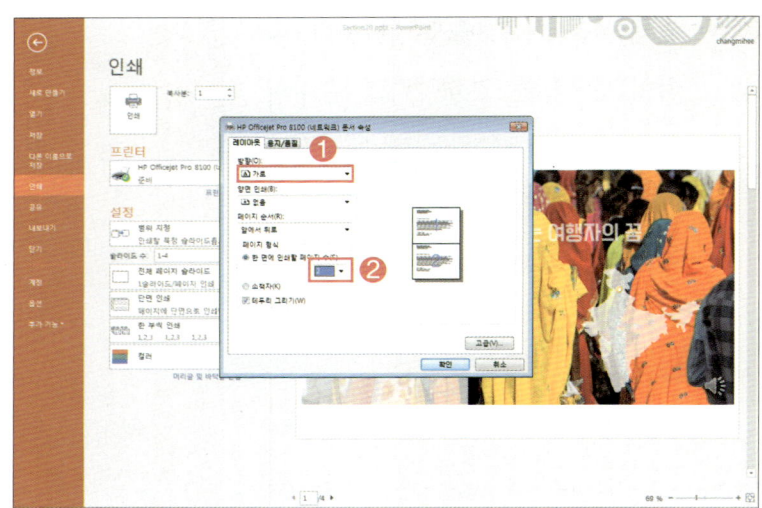

03 [용지/품지] 탭에서는 '인쇄할 용지'를 'A4'를 선택한 후 [확인]을 클릭합니다.

> Tip 프린터 속성은 제조사별로 다를 수 있습니다.

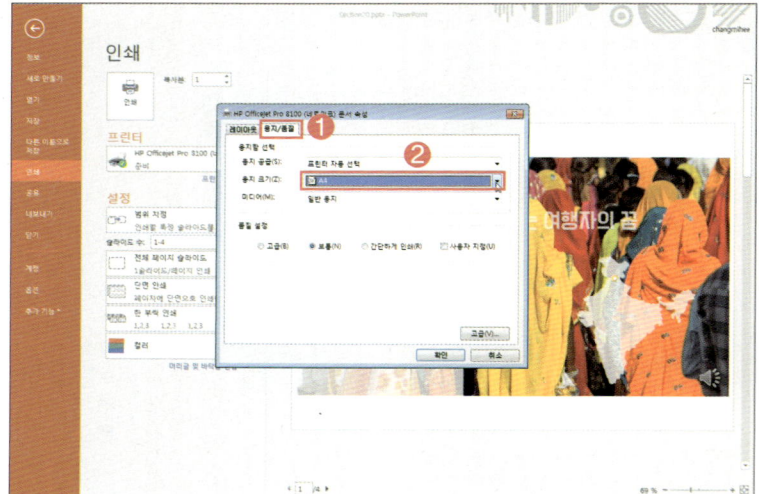

Section 20 | 프레젠테이션의 제작과 인쇄

04 [인쇄]에서 '유인물'의 '4슬라이드 가로'를 선택해 봅니다. 인쇄 용지는 '가로'로 선택합니다. [안쇄]에서 '유인물'로 인쇄하면 슬라이드가 작게 인쇄됩니다.

05 용지에 꽉 차게 인쇄하기 위해 [프린터] 속성을 클릭한 후 [레이아웃] 탭에서 '방향'은 '가로'로 선택하고, '한 면에 인쇄할 페이지 수'를 '4'로 바꿉니다. [확인]을 클릭하고 '인쇄 모양'은 '전체 페이지 슬라이드'를 선택합니다.

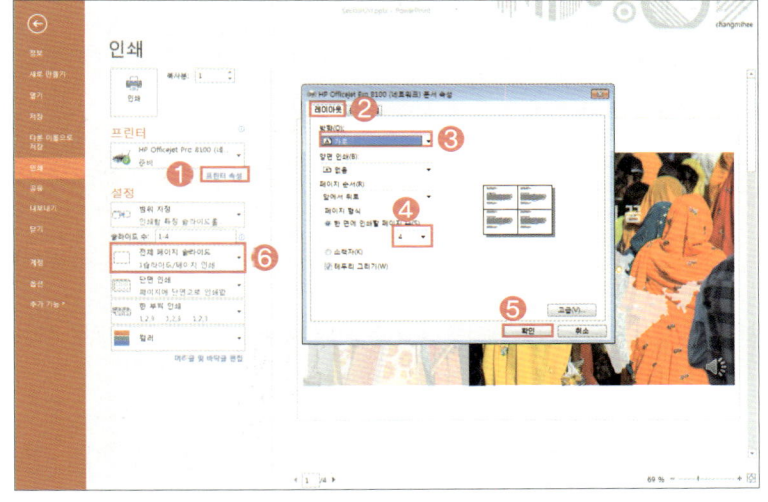

06 미리보기에는 표시되지 않지만 [인쇄]를 하면 가로 용지에 슬라이드 4장이 용지 여백 꽉차게 프린트 됩니다.

213

기초문제

❖ 준비파일 : Section20-기초.pptx ❖ 완성파일 : Section20-기초-완성.pptx

01 'Section20-기초.pptx' 문서를 열고 다음의 조건대로 작성하시오.

조건

① 슬라이드 '5'장에서 '15'장까지만 인쇄할 수 있도록 설정하세요.
② 한 페이지에 한 슬라이드가 인쇄될 수 있도록 설정하고, '슬라이드 테두리', '용지에 맞게 설정', '고품질'로 설정하세요.

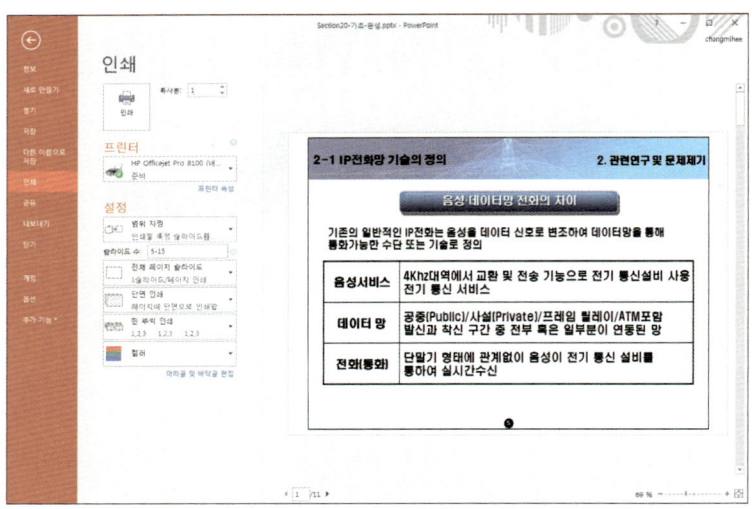

힌트
- [파일] – [인쇄] – [범위 지정]
- [전체 페이지 슬라이드] – '슬라이드 테두리', '용지에 맞게 설정', '고품질' 체크

02 'Section20-기초.pptx' 문서에 이어서 다음의 조건대로 작성하시오.

조건

① 슬라이드 노트를 인쇄하세요.
② 슬라이드 노트의 '머리글'과 '날짜'를 삭제하고, 슬라이드 이미지는 왼쪽으로 배치하세요.
③ '가로'로 '10장'을 '한 부씩 인쇄'하세요.

힌트
- [파일] – [인쇄] – [슬라이드 노트]
- [보기] – [마스터 보기] – [슬라이드 노트 마스터]

심화문제

❖ 준비파일 : Section20-심화.pptx   ❖ 완성파일 : Section20-심화-완성.pptx

01 'Section20-심화.pptx' 문서를 열고 다음의 조건대로 작성하시오.

① 각 슬라이드의 시간을 5초로 설정하고 '나홀로' 파일명의 비디오 파일(*.mp3)로 저장하세요.
② UBS등 이동경로가 바뀌어도 오류 없이 작동할 수 있도록 '나홀로'이름의 'CD용 패키지'로 '바탕화면'에 저장하세요. 단, 연결된 파일과 포함된 트루타입 글꼴을 포함하세요.

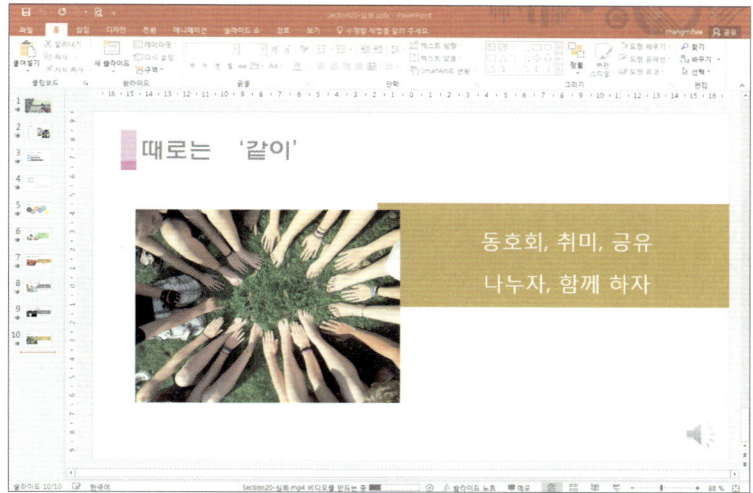

힌트
- [전환] – '다음시간 후 : 5초'
- [파일] – [내보내기] – [비디오 만들기] – [비디오 만들기]
- [파일] – [내보내기] – [CD용 패키지 프레젠테이션] – [CD용 패키지]

02 'Section20-심화.pptx' 문서에 이어서 다음의 조건대로 작성하시오.

① 모든 슬라이드를 유인물 3장으로 인쇄 하세요.
② 유인물의 날짜는 표시하지 않도록 설정 하세요.

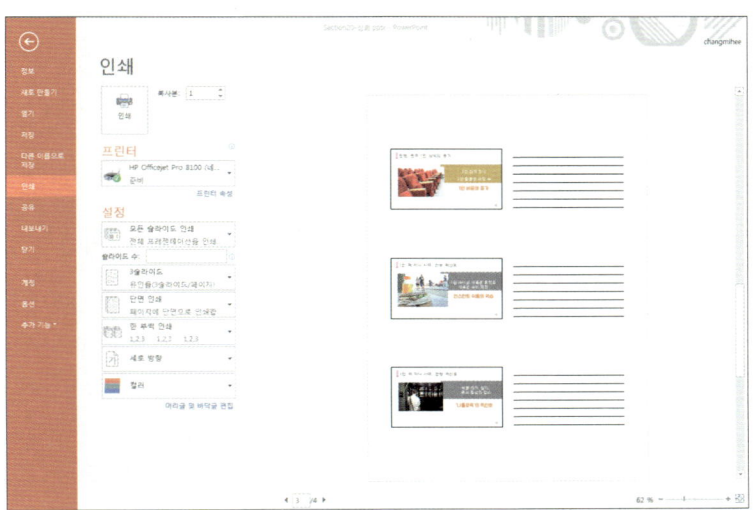

힌트
- [파일] – [인쇄] – [유인물] – [3슬라이드]
- [보기] – [마스터 보기] – [유인물 마스터] – [날짜] 체크 해제

파워포인트 2016

2017년 5월 25일 초판 1쇄 발행
2023년 5월 20일 초판 3쇄 인쇄
2023년 5월 30일 초판 3쇄 발행

펴낸곳	(주) 교학사
펴낸이	양진오
주 소	(공장)서울특별시 금천구 가산디지털1로 42 (가산동)
	(사무소)서울특별시 마포구 마포대로14길 4 (공덕동)
전 화	02-707-5314(편집)
팩 스	02-707-5316(편집), 02-839-2728(영업)
등 록	1962년 6월 26일 〈18-7〉

교학사 홈페이지   http://www.kyohak.co.kr

New My Love 시리즈

책을 만든 사람들

저 자	장미희
기 획	교학사 정보산업부
진 행	교학사 정보산업부
디자인	교학사 정보산업부

Copyright by KYOHAKSA
(주)교학사는 이 책에 대한 독점권을 가지고 있습니다. 따라서 (주)교학사의 서면 동의 없이는 책의 전체 또는 일부를 어떤 형태로도 사용할 수 없습니다. 또한 책에서 인용한 모든 프로그램은 각 개발사와 공급사에 의해 그 권리를 보호 받습니다.

파본은 바꾸어 드립니다.